에듀윌과 함께 시작하면,
당신도 합격할 수 있습니다!

오랜 직장 생활을 마감하며 찾아온 앞날에 대한 막연한 두려움
에듀윌만 믿고 공부해 합격의 길에 올라선 50대 은퇴자

출산한지 얼마 안돼 독박 육아를 하며 시작한 도전!
새벽 2~3시까지 공부해 8개월 만에 동차 합격한 아기엄마

만년 가구기사 보조로 5년 넘게 일하다, 달리는 차 안에서도
포기하지 않고 공부해 이제는 새로운 일을 찾게 된 합격생

누구나 합격할 수 있습니다.
시작하겠다는 '다짐' 하나면 충분합니다.

마지막 페이지를 덮으면,

에듀윌과 함께
공인중개사 합격이 시작됩니다.

공인중개사 1위

13년간 베스트셀러 1위
에듀윌 공인중개사 교재

기초부터 확실하게 기초/기본 이론

기초입문서(2종)

기본서(6종)

출제경향 파악 기출문제집

단원별 기출문제집(3종)

다양한 출제 유형 대비 문제집

기출응용 예상문제집(6종)

<이론/기출문제>를 단기에 단권으로 단단

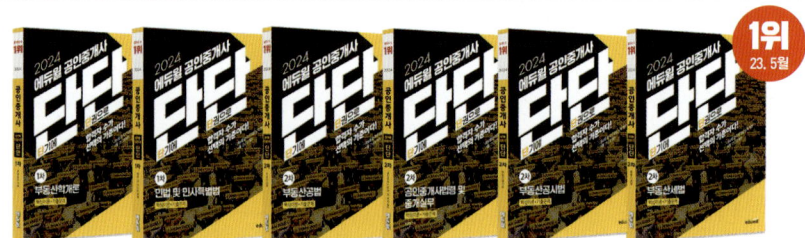
단단(6종)

합격을 위한 비법 대공개 합격서

이영방 합격서
부동산학개론

심정욱 합격서
민법 및 민사특별법

임선정 합격서
공인중개사법령 및 중개실무

김민석 합격서
부동산공시법

한영규 합격서
부동산세법

오시훈 합격서
부동산공법

신대운 합격서
쉬운 민법체계도

* 2023 대한민국 브랜드만족도 공인중개사 교육 1위 (한경비즈니스)
* YES24 수험서 자격증 공인중개사 베스트셀러 1위 (2011년 12월, 2012년 1월, 12월, 2013년 1월~5월, 8월~12월, 2014년 1월~5월, 7월~8월, 12월, 2015년 2월~4월, 2016년 2월, 4월, 6월, 12월, 2017년 1월~12월, 2018년 1월~12월, 2019년 1월~12월, 2020년 1월~12월, 2021년 1월~12월, 2022년 1월~12월, 2023년 1월~11일 일별 베스트, 매월 1위 교재는 다름)
* YES24 국내도서 해당분야 월별, 주별 베스트 기준

에듀윌 공인중개사

부족한 부분을 빠르게 보강하는 요약서/실전대비 교재

1차 핵심요약집+기출팩(1종)　　임선정 그림 암기법(공인중개사법령 및 중개실무)(1종)　　오시훈 키워드 암기장(부동산공법)(1종)　　심정욱 합격패스 암기노트(민법 및 민사특별법)(1종)

7일끝장 회차별 기출문제집(2종)　　실전모의고사 완성판(2종)

합격을 결정하는 파이널 교재

이영방 필살키　　심정욱 필살키　　임선정 필살키　　오시훈 필살키　　김민석 필살키　　한영규 필살키

더 많은
공인중개사 교재

* 해당 교재의 이미지는 변경될 수 있습니다.

공인중개사 1위

공인중개사, 에듀윌을 선택해야 하는 이유

8년간 아무도 깨지 못한 기록
합격자 수 1위

합격을 위한 최강 라인업
1타 교수진

공인중개사

합격만 해도 연 최대 300만원 지급
에듀윌 앰배서더

업계 최대 규모의 전국구 네트워크
동문회

* 2023 대한민국 브랜드만족도 공인중개사 교육 1위 (한경비즈니스)
* KRI 한국기록원 2016, 2017, 2019년 공인중개사 최다 합격자 배출 공식 인증 (2024년 현재까지 업계 최고 기록) * 에듀윌 공인중개사 과목별 온라인 주간반 강사별 수강점유율 기준 (2022년 11월)
* 앰배서더 가입은 에듀윌 공인중개사 수강 후 공인중개사 최종 합격자이면서, 에듀윌 공인중개사 동문회 정회원만 가능합니다. (상세 내용 홈페이지 유의사항 확인 필수)
* 에듀윌 공인중개사 동문회 정회원 가입 시, 가입 비용이 발생할 수 있습니다.   * 앰배서더 서비스는 당사 사정 또는 금융당국의 지도 및 권고에 의해 사전 고지 없이 조기종료될 수 있습니다.

에듀윌 공인중개사

1위 에듀윌만의
체계적인 합격 커리큘럼

합격자 수가 선택의 기준, 완벽한 합격 노하우
온라인 강의

① 전 과목 최신 교재 제공
② 업계 최강 교수진의 전 강의 수강 가능
③ 합격에 최적화 된 1:1 맞춤 학습 서비스

쉽고 빠른 합격의 첫걸음 기초용어집 무료 신청

최고의 학습 환경과 빈틈 없는 학습 관리
직영학원

① 현장 강의와 온라인 강의를 한번에
② 합격할 때까지 온라인 강의 평생 무제한 수강
③ 강의실, 자습실 등 프리미엄 호텔급 학원 시설

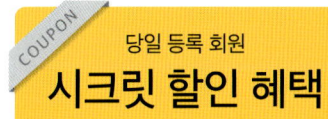 

설명회 참석 당일 등록 시 특별 수강 할인권 제공

친구 추천 이벤트

"**친구 추천**하고 한 달 만에
920만원 받았어요"

친구 1명 추천할 때마다 현금 10만원 제공
추천 참여 횟수 무제한 반복 가능

※ *a*o*h**** 회원의 2021년 2월 실제 리워드 금액 기준
※ 해당 이벤트는 예고 없이 변경되거나 종료될 수 있습니다.

친구 추천 이벤트
바로가기

자세한 내용이 궁금하다면 1600-6700
* 2023 대한민국 브랜드만족도 공인중개사 교육 1위 (한경비즈니스)

합격자 수 1위 에듀윌
6만 건이 넘는 후기

고○희 합격생

부알못, 육아맘도 딱 1년 만에 합격했어요.

저는 부동산에 관심이 전혀 없는 '부알못'이었는데, 부동산에 관심이 많은 남편의 권유로 공부를 시작했습니다. 남편 지인들이 에듀윌을 통해 많이 합격했고, '합격자 수 1위'라는 광고가 좋아 에듀윌을 선택하게 되었습니다. 교수님들이 커리큘럼대로만 하면 된다고 해서 믿고 따라갔는데 정말 반복 학습이 되더라고요. 아이 둘을 키우다 보니 낮에는 시간을 낼 수 없어서 밤에만 공부하는 게 쉽지 않아 포기하고 싶을 때도 있었지만 '에듀윌 지식인'을 통해 합격하신 선배님들과 함께 공부하는 동기들의 위로가 큰 힘이 되었습니다.

이○용 합격생

군복무 중에 에듀윌 커리큘럼만 믿고 공부해 합격

에듀윌이 합격자가 많기도 하고, 교수님이 많아 제가 원하는 강의를 고를 수 있는 점이 좋았습니다. 또, 커리큘럼이 잘 짜여 있어서 잘 따라만 가면 공부를 잘 할 수 있을 것 같아 에듀윌을 선택했습니다. 에듀윌의 커리큘럼대로 꾸준히 따라갔던 게 저만의 합격 비결인 것 같습니다.

안○원 합격생

5개월 만에 동차 합격, 낸 돈 그대로 돌려받았죠!

저는 야쿠르트 프레시매니저를 하다 60세에 도전하여 합격했습니다. 심화 과정부터 시작하다 보니 기본이 부족했는데, 교수님들이 하라는 대로 기본 과정과 책을 더 보면서 정리하며 따라갔던 게 주효했던 것 같습니다. 합격 후 100만 원 가까이 되는 큰 돈을 환급받아 남편이 주택관리사 공부를 한다고 해서 뒷받침해 줄 생각입니다. 저는 소공(소속 공인중개사)으로 활동을 하고 싶은 포부가 있어 최대 규모의 에듀윌 동문회 활동도 기대가 됩니다.

다음 합격의 주인공은 당신입니다!

더 많은 합격 비법

* 에듀윌 홈페이지 게시 건수 기준 (2023년 11월 기준)
* 2023 대한민국 브랜드만족도 공인중개사 교육 1위 (한경비즈니스)

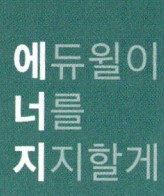

에듀윌이 너를 지지할게

ENERGY

세상을 움직이려면
먼저 나 자신을 움직여야 한다.

– 소크라테스(Socrates)

합격할 때까지 책임지는 개정법령 원스톱 서비스!

법령 개정이 잦은 공인중개사 시험. 일일이 찾아보지 마세요!
에듀윌에서는 필요한 개정법령만을 빠르게! 한번에! 제공해 드립니다.

| 에듀윌 도서몰 접속 (book.eduwill.net) | ▶ | 우측 정오표 아이콘 클릭 | ▶ | 카테고리 공인중개사 설정 후 교재 검색 |

개정법령 확인하기

2024
에듀윌 공인중개사
단단 2차

부동산공시법

공인중개사 시험을 준비해야 하는 이유
BEST 5

정년이 없어요
평생 일할 수 있어요!
갱신이 없는 자격증이에요.

전망이 좋아요
국가전문자격시험 중 접수인원 무려 1위!*
일자리전망, 발전가능성, 고용평등성 높은 직업!**

* 한국산업인력공단, 2021
** 커리어넷, 2021

누구나 도전할 수 있어요
나이, 성별, 경력, 학력 등 아무것도 필요 없어요!
응시 자격이 없는 열린 시험이에요.

학습부담이 적어요
평균 60점 이상이면 합격하는 절대평가 시험!
경쟁자 걱정 없는 시험이에요.

자격증 자체가 스펙이에요
부동산 관련 기업에 취업할 수 있고 창업도 할 수 있어요. 각종 공기업 취업 시에 가산점도 있어요.
정년퇴직 후 전문직으로 제2의 인생 시작도 가능하죠.
경매, 공매 행위까지 대행가능한 넓어진 업무영역은 보너스!

이렇게 좋은 공인중개사!
에듀윌과 함께라면 단기간에 합격할 수 있어요.

미리 알고 준비해야죠!

공인중개사 시험정보

✅ 시험일정

시험		2024년 제35회 제1·2차 시험(동시접수·시행)
접수기간	정기	매년 8월 2번째 월요일부터 금요일까지
	빈자리	매년 10월 2번째 목요일부터 금요일까지
시험일정		매년 10월 마지막 주 토요일

※ 정확한 시험일정은 큐넷 홈페이지(www.Q-Net.or.kr)에서 확인 가능합니다.

✅ 시험과목 및 방법

제1차 및 제2차 시험을 모두 객관식 5지 선택형으로 출제(매 과목당 40문항)하고, 같은 날[제1차 시험 100분, 제2차 시험 150분(100분, 50분 분리시행)]에 구분하여 시행합니다.

구분	시험과목	문항 수	시험시간
제1차 시험 1교시 (2과목)	1. 부동산학개론(부동산감정평가론 포함) 2. 민법 및 민사특별법 중 부동산 중개에 관련되는 규정	과목당 40문항	100분 (09:30~11:10)
제2차 시험 1교시 (2과목)	1. 공인중개사의 업무 및 부동산 거래신고 등에 관한 법령 및 중개실무 2. 부동산공법 중 부동산 중개에 관련되는 규정	과목당 40문항	100분 (13:00~14:40)
제2차 시험 2교시 (1과목)	부동산공시에 관한 법령(부동산등기법, 공간정보의 구축 및 관리 등에 관한 법률) 및 부동산 관련 세법	40문항	50분 (15:30~16:20)

※ 답안은 시험시행일에 시행되고 있는 법령을 기준으로 작성하여야 합니다.

✅ 합격 기준

구분	합격결정 기준
제1차 시험	매 과목 100점을 만점으로 하여 매 과목 40점 이상, 전 과목 평균 60점 이상 득점한 자
제2차 시험	매 과목 100점을 만점으로 하여 매 과목 40점 이상, 전 과목 평균 60점 이상 득점한 자

※ 1차·2차 시험은 동시 응시가 가능하나, 1차 시험에 불합격하고 2차만 합격한 경우 2차 성적은 무효로 합니다.

시험분석 및 합격전략

부동산공시법 완전정복!

☑ 2023년 제34회 시험분석

• PART별 출제비중 및 출제경향

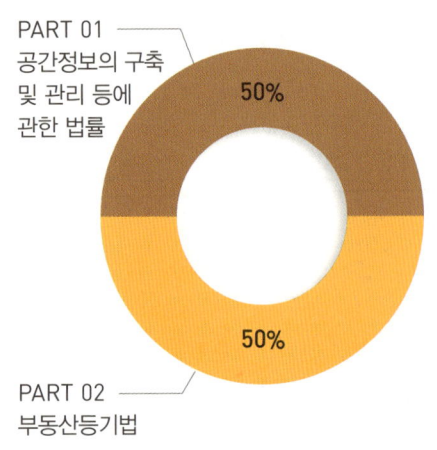

PART 01 공간정보의 구축 및 관리 등에 관한 법률 50%
PART 02 부동산등기법 50%

제34회 시험에서 공간정보의 구축 및 관리 등에 관한 법률은 축척변경과 관련된 2문제를 제외하면 전체적으로 무난한 난이도로 출제되었습니다. 예전에 비하여 단답형 문제가 많았고, 박스형 문제와 괄호 넣기 문제들은 대표적인 내용들로 출제되어 정답 찾기가 수월했을 것으로 생각됩니다. 부동산등기법은 그동안 출제된 적이 없었던 인감증명 제출, 등기필정보의 구성 등을 정답으로 한 난이도 높은 문제들이 출제되어 전체적으로 쉽지는 않았지만, 기출문제 범위에서 출제된 문제들은 쉽게 정답을 고를 수 있어 기출문제를 충실히 공부했다면 7~8문제 정도는 맞혔을 것으로 예상됩니다.

• PART별 출제 키워드

PART	출제 키워드 및 연계 THEME	
PART 01	• 지목의 구분(03) • 축척이 600분의 1인 경우(04) • 지상경계점등록부 등록사항(04) • 대지권등록부 · 경계점좌표등록부 공통 등록사항(05) • 토지대장 등록기준(05) • 확정공고 포함사항(09)	• 지적정리 등의 통지 시기(10) • 착수 · 변경 및 완료 사실 신고(10) • 지적측량수행계획서(11) • 지적삼각보조점성과의 등본 발급기관(11) • 지적측량의 측량기간 및 검사기간(11) • 중앙지적위원회의 구성 및 회의(12)
PART 02	• 등기할 수 없는 것(13) • 등기한 권리의 순위(13) • 규약 폐지(14) • 등기신청(15) • 첨부정보(17) • 법 제29조 제2호의 위반사유(18)	• 등기필정보(18) • 이의신청(18) • 군수의 확인(19) • 용익권등기(21) • 근저당권등기(22) • 가등기(24)

*괄호 안 숫자는 해당 키워드의 연계 THEME입니다.

✅ 2024년 제35회 합격전략

• 부동산공시법 과목의 특징
1. 부동산공시법은 공간정보의 구축 및 관리 등에 관한 법률과 부동산등기법으로 구성된다.
2. 공간정보의 구축 및 관리 등에 관한 법률은 지적사무 절차를 규정한 법으로 내용이 많지 않아 고득점이 용이하다.
3. 부동산등기법은 등기절차를 규정한 법으로 내용이 많고 절차가 쉽지 않지만, 반복적으로 출제되는 부분이 있으므로 이를 공략한다면 기본적인 점수(7개 내외)는 얻을 수 있다.

• 우리는 이렇게 대비하도록 해요!

부동산공시법은 기출문제를 완벽하게 정리하는 것이 합격의 첩경

공간정보의 구축 및 관리 등에 관한 법률은 기출문제를 재구성하는 비율이 아주 높으므로(9~10문제) 기출문제를 정확하게 정리하는 것만으로도 고득점이 용이합니다. 부동산등기법은 공간정보의 구축 및 관리 등에 관한 법률에 비하여 기출문제를 재구성하는 비율이 상대적으로 낮지만 적어도 6~7문제 정도는 충분히 커버할 수 있으므로 역시 기출문제를 완벽하게 숙지하여야 합니다.

출제비중

공간정보의 구축 및 관리 등에 관한 법률은 전범위에서 고르게 출제되므로 특정 부분을 집중해서 공부하는 것은 효율적이지 않습니다. 반면, 부동산등기법은 제2장의 구분건물의 등기절차 제3장의 등기절차의 개시 유형, 신청정보, 등기필정보, 각하사유, 이의신청 제4장의 소유권과 저당권 제5장의 가등기와 부기등기는 출제 비중이 높으므로 정확하게 숙지하여야 합니다.

합격까지 단단하게! 에듀윌 초압축 커리큘럼의 도움받기!

부동산공시법 합격 점수까지, 하루 2시간이면 충분합니다!
에듀윌 공인중개사에서 제공하는 **하루 2시간 스피드 패스**는 31년간 에듀윌의 합격 노하우를 바탕으로, 시험에 필요한 내용만 집중적으로 학습할 수 있도록 도와주는 고효율·초압축 커리큘럼입니다.
하루 2시간 스피드 패스로 누구보다 빠르고, 쉽게 합격을 준비하세요!

자세한 내용은 QR 스캔 ▼

✅ 하루 2시간 스피드 패스 과정

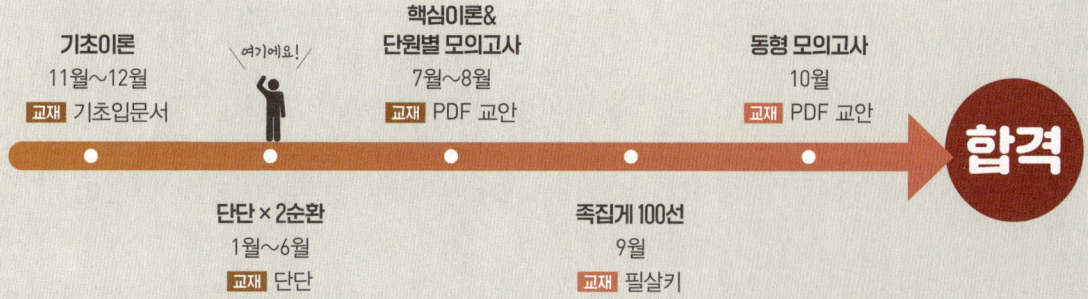

단기에 단원으로!
단단의 구성과 특징

대표기출로 유형 익히기

기본으로 알아야 하는 대표기출

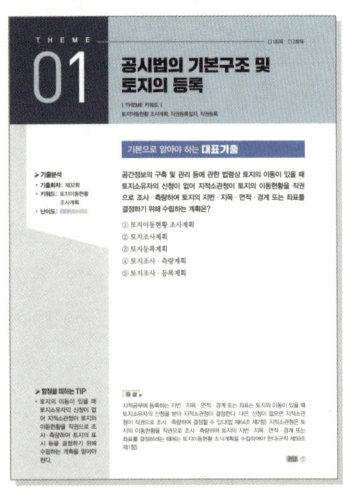

- 테마를 대표하는 엄선된 기출문제 수록
- 깊이 있는 학습을 위한 상세한 해설, 키워드, 함정을 피하는 TIP 수록

핵심이론 단단하게 정리하기

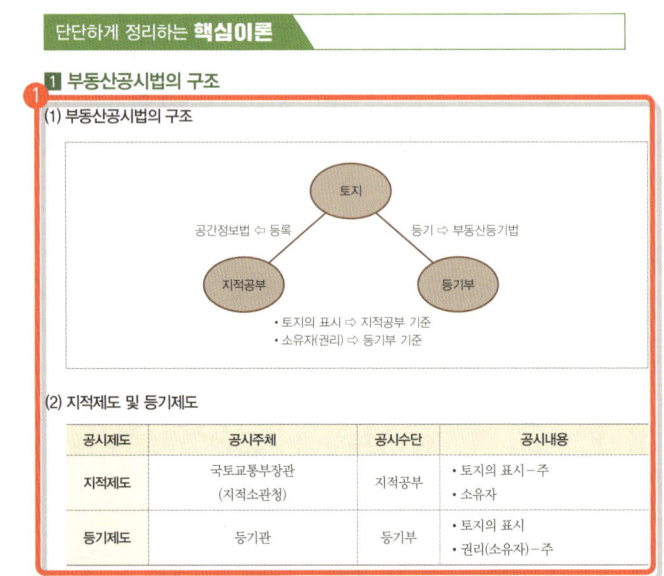

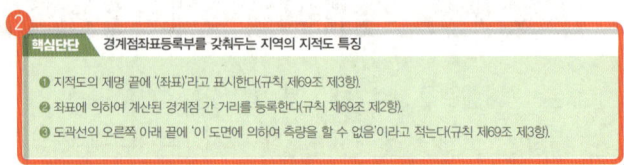

단단하게 정리하는 핵심이론
① 출제 가능성이 높은 이론만을 요약·정리
② 암기가 필요한 주요 내용은 '핵심단단'으로 수록
③ 완벽한 이해를 돕는 다양한 학습요소 제공

기본기출&완성기출로 단단하게 문제풀기

기본문제와 완성문제로 **단단기출**

01 등기신청의 각하사유가 <u>아닌</u> 것은? 　제26회
[기본기출]
① 공동가등기권자 중 일부의 가등기권자가 자기의 지분만에 관하여 본등기를 신청한 경우
② 구분건물의 전유부분과 대지사용권의 분리처분 금지에 위반한 등기를 신청한 경우
③ 저당권을 피담보채권과 분리하여 양도하거나, 피담보채권과 분리하여 채권의 담보로 하는 등기를 신청한 경우
④ 이미 보존등기된 부동산에 대하여 다시 보존등기를 신청한 경우
⑤ 법령에 근거가 없는 특약사항의 등기를 신청한 경우

[키워드] 각하사유
[난이도]
[해설] 공동가등기권자 중 일부의 가등기권자가 자기의 지분만에 관하여 본등기를 신청하는 경우는 허용되는 경우로서 각하사유가 아니다. 다만, 공동가등기권자 중 일부의 가등기권자가 전원 명의의 본등기를 신청하는 경우는 각하사유에 해당한다.

02 「부동산등기법」 제29조 제2호의 '사건이 등기할 것이 <u>아닌</u> 경우'에 해당하는 것을 모두 고른 것은?
[완성기출] (다툼이 있으면 판례에 따름) 　제34회

㉠ 위조한 개명허가서를 첨부한 등기명의인 표시변경등기신청
㉡ 「하천법」상 하천에 대한 지상권설정등기신청
㉢ 법령에 근거가 없는 특약사항의 등기신청
㉣ 일부지분에 대한 소유권보존등기신청

① ㉠　　　　　　② ㉠, ㉡
③ ㉢, ㉣　　　　④ ㉡, ㉢, ㉣
⑤ ㉠, ㉡, ㉢, ㉣

[키워드] 법 제29조 제2호의 위반사유
[난이도]
[해설] ㉡ 「하천법」상 하천에 대한 지상권설정등기신청: 「하천법」상 하천에 대한 지상권설정등기는 허용되지 않으므로 제2호 위반에 해당한다(등기예규 제1387호).
㉢㉣ 법 제29조 제2호 사건이 등기할 것이 아닌 경우에 해당한다. 일부지분에 대한 소유권보존등기를 신청한 경우, 그것은 제9조 위반).
㉠ 위조한 개명허가서를 첨부한 등기명의인 표시변경등기신청: 위조된 첨부정보는 유효한 정보가 아니므로 그 정보를 제공하지 않은 것으로 보아 각하한다(법 제29조).

정답 01 ① 02 ④

기본문제와 완성문제로 단단기출
① 기본기 점검을 위한 기본기출 수록
② 문제해결능력 향상을 위한 완성기출 수록
＋ 상세한 해설, 키워드, 난이도 등 제공

최신 출제경향 확인하기

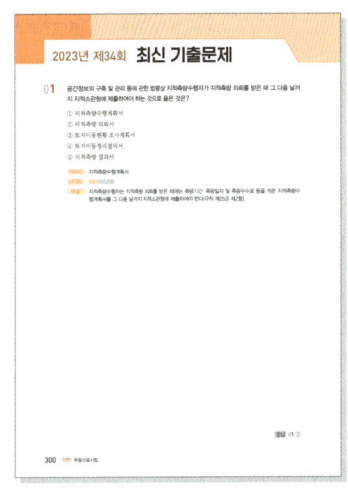

2023년 제34회 최신 기출문제

제34회 최신 기출문제를 상세한 해설, 키워드, 난이도와 함께 제공

머리말

공인중개사 시험은 평균 60점 이상이면 합격하는 절대평가 방식으로 시행됩니다. 각 과목에서 담고 있는 모든 내용을 알아야 합격하는 것이 아니라 60% 이상만 알면 합격할 수 있다는 의미입니다. 시험이 절대평가 방식임에도 불구하고 수험생의 개인적인 학습능력을 고려하지 않고, 백화점식 교재로 수업을 진행하는 것이 합리적이지 않다는 생각을 하였습니다. 또한 시간이 없어 학습에만 집중할 수 없는 직장인이나 아이를 돌봐야 하는 주부, 학창시절에 집중적으로 공부를 해본 경험이 부족한 분 등 시험공부에 핸디캡이 있거나 단기간에 합격을 원하는 수험생을 위한 교재의 필요성도 부각되었습니다.

이러한 현실적인 필요성에 의하여 단단 교재를 기획하였고, 다음과 같은 특징으로 이 책을 구성하였습니다.
첫째, 기출문제를 완벽하게 분석해서 출제 문항 수에 맞게 구성했습니다. 공간정보의 구축 및 관리 등에 관한 법률과 부동산등기법을 각각 12개의 테마로 나눠 총 24개 테마로 분류하였습니다. 테마별로 내용을 나누고 결합하여 보다 집중적이고 효율적인 학습이 가능합니다.
둘째, 내용과 문제를 한 번에 볼 수 있도록 하였습니다. 이론을 학습한 후 그에 관한 기출문제를 풀면서 내용과 실제로 그 이론이 문제에 어떻게 적용되는지 파악함으로써 보다 효과적인 학습이 가능하도록 하였습니다.
셋째, 기출문제를 기준으로 시험과 관계없는 이론이나 과거에 출제됐지만 현재는 출제 가능성이 없는 내용을 배제하여 학습 분량을 줄였습니다. 교재가 얇아지면 수험생의 학습 부담이 줄어들고, 효율적인 반복학습이 가능해지므로 그만큼 합격 가능성도 높아집니다.
넷째, 복잡한 내용을 표로 정리하여 일목요연하게 내용을 파악할 수 있도록 하였습니다. 다만, 표를 사용하더라도 문장은 완성형으로 구성하여 출제되는 지문과 이질감이 없도록 하였습니다.

교재가 두껍다고 내용이 충실하고, 얇다고 부족한 것은 아닙니다. 시험의 성격에 맞게 구성된 책이 좋은 교재입니다. 〈2024 에듀윌 공인중개사 단단 2차 부동산공시법〉은 두껍지는 않지만 합격에 필요한 핵심 내용만을 담고 있으므로 여러분의 합격을 책임질 수 있습니다.
여러분의 시간과 노력이 이 책과 하나가 된다면 훌륭한 결실을 맺을 거라고 확신합니다.
여러분의 합격을 진심으로 기원합니다.

저자 김민석

약력
- 現 에듀윌 부동산공시법 전임 교수
- 前 방송대학TV(2013년~2019년) 강사
- 前 주요 공인중개사학원 부동산공시법 강사

저서
에듀윌 공인중개사 부동산공시법 기초입문서,
기본서, 단단, 합격서, 단원별/회차별 기출문제집,
핵심요약집, 기출응용 예상문제집, 실전모의고사, 필살키 등 집필

차례

PART 01　공간정보의 구축 및 관리 등에 관한 법률

THEME 01	공시법의 기본구조 및 토지의 등록	14
THEME 02	지번	20
THEME 03	지목	28
THEME 04	경계 및 면적	41
THEME 05	지적공부의 종류 및 등록사항	51
THEME 06	지적공부의 보존, 반출, 이용, 복구	64
THEME 07	부동산종합공부	73
THEME 08	토지의 이동	82
THEME 09	축척변경	100
THEME 10	지적정리 및 지적정리 후의 절차	111
THEME 11	지적측량의 대상 및 절차	124
THEME 12	지적위원회 및 지적측량 적부심사	134

PART 02　부동산등기법

THEME 13	등기할 사항, 등기의 유효요건 및 효력	144
THEME 14	등기부 및 구분건물에 관한 등기	155
THEME 15	등기의 개시 및 등기신청적격	170
THEME 16	등기의 신청유형	179
THEME 17	신청정보 및 첨부정보	194
THEME 18	등기관의 처분 및 이의신청	207
THEME 19	소유권보존등기	222
THEME 20	소유권이전등기	229
THEME 21	용익권등기 (지상권, 지역권, 전세권, 임차권)	250
THEME 22	담보권등기(저당권, 권리질권)	259
THEME 23	변경등기, 경정등기, 말소등기, 말소회복등기, 멸실등기, 부기등기	271
THEME 24	가등기, 가압류등기, 가처분등기	284

2023년 제34회 최신 기출문제

300

PART 01

공간정보의 구축 및 관리 등에 관한 법률

최근 5개년 출제비중 및 학습전략

PART 1 50%

공간정보의 구축 및 관리 등에 관한 법률은 기출문제를 바탕으로 단단에 있는 법 규정을 중심으로 대비하면 10문제 이상을 맞힐 수 있습니다. 토지의 등록(지번, 지목, 면적, 경계), 지적공부의 등록사항, 토지의 이동 및 지적정리, 지적측량의 대상 및 절차를 중심으로 학습하는 것이 좋습니다.

부동산공시법

THEME 01	공시법의 기본구조 및 토지의 등록
THEME 02	지번
THEME 03	지목
THEME 04	경계 및 면적
THEME 05	지적공부의 종류 및 등록사항
THEME 06	지적공부의 보존, 반출, 이용, 복구
THEME 07	부동산종합공부
THEME 08	토지의 이동
THEME 09	축척변경
THEME 10	지적정리 및 지적정리 후의 절차
THEME 11	지적측량의 대상 및 절차
THEME 12	지적위원회 및 지적측량 적부심사

THEME 01

공시법의 기본구조 및 토지의 등록

| THEME 키워드 |
토지이동현황 조사계획, 직권등록절차, 직권등록

기본으로 알아야 하는 대표기출

▶ **기출분석**
- **기출회차**: 제32회
- **키워드**: 토지이동현황 조사계획
- **난이도**:

공간정보의 구축 및 관리 등에 관한 법령상 토지의 이동이 있을 때 토지소유자의 신청이 없어 지적소관청이 토지의 이동현황을 직권으로 조사·측량하여 토지의 지번·지목·면적·경계 또는 좌표를 결정하기 위해 수립하는 계획은?

① 토지이동현황 조사계획
② 토지조사계획
③ 토지등록계획
④ 토지조사·측량계획
⑤ 토지조사·등록계획

▶ **함정을 피하는 TIP**
- 토지의 이동이 있을 때 토지소유자의 신청이 없어 지적소관청이 토지의 이동현황을 직권으로 조사·측량하여 토지의 표시 등을 결정하기 위해 수립하는 계획을 알아야 한다.

해설

지적공부에 등록하는 지번·지목·면적·경계 또는 좌표는 토지의 이동이 있을 때 토지소유자의 신청을 받아 지적소관청이 결정한다. 다만, 신청이 없으면 지적소관청이 직권으로 조사·측량하여 결정할 수 있다(법 제64조 제2항). 지적소관청은 토지의 이동현황을 직권으로 조사·측량하여 토지의 지번·지목·면적·경계 또는 좌표를 결정하려는 때에는 토지이동현황 조사계획을 수립하여야 한다(규칙 제59조 제1항).

정답 ①

단단하게 정리하는 **핵심이론**

1 부동산공시법의 구조

(1) 부동산공시법의 구조

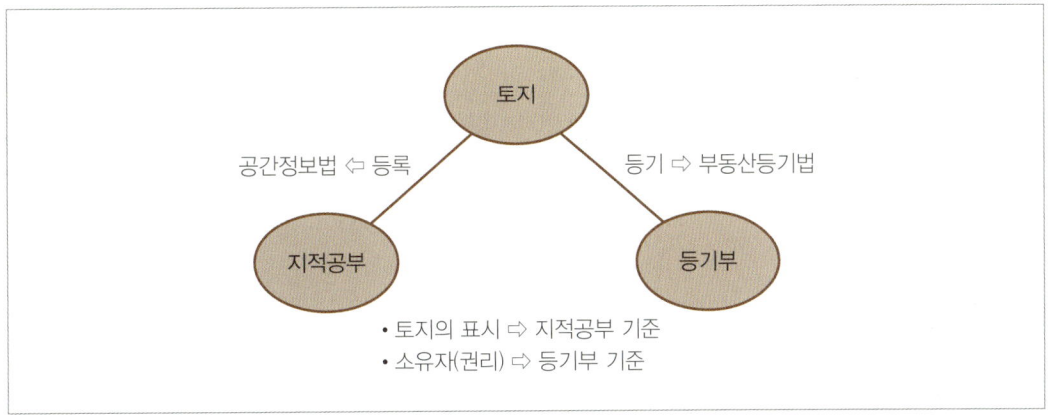

(2) 지적제도 및 등기제도

공시제도	공시주체	공시수단	공시내용
지적제도	국토교통부장관 (지적소관청)	지적공부	• 토지의 표시 - 주 • 소유자
등기제도	등기관	등기부	• 토지의 표시 • 권리(소유자) - 주

2 지적의 의의 및 용어의 정의

(1) 지적의 의의

'지적'이란 대한민국의 모든 토지를 필지 단위로 구획하여 토지의 표시(물리적 현황)와 소유자 등을 국가 또는 국가의 위임을 받은 기관이 지적공부에 등록하여 관리하는 기록을 말한다.

(필지: 대통령령으로 정하는 바에 따라 구획되는 토지의 등록단위)

(2) 용어의 정의

지적소관청	지적공부를 관리하는 **특별자치시장, 시장**(제주특별자치도 설치 및 국제자유도시 조성을 위한 특별법 제10조 제2항에 따른 행정시의 시장을 포함하며, 「지방자치법」 제3조 제3항에 따라 자치구가 아닌 구를 두는 시의 시장은 제외한다)·**군수 또는 구청장**(자치구가 아닌 구의 구청장을 포함한다)을 말한다.
토지의 표시	지적공부에 토지의 **소재·지번(地番)·지목(地目)·면적·경계 또는 좌표**를 등록한 것을 말한다.
필지	대통령령으로 정하는 바에 따라 구획되는 **토지의 등록단위**를 말한다.
토지의 이동	**토지의 표시**를 새로 정하거나 변경 또는 말소하는 것을 말한다.

3 토지의 등록

① **국토교통부장관**은 **모든 토지**에 대하여 필지마다 토지의 소재·지번·지목·면적·경계 또는 좌표 등을 조사·측량하여 지적공부에 등록하여야 한다(법 제64조 제1항).

② 지적공부에 등록하는 지번·지목·면적·경계 또는 좌표는 토지의 이동이 있을 때에 **토지소유자의 신청**을 받아 지적소관청이 결정한다. 다만, 신청이 없으면 **지적소관청이 직권**으로 조사·측량하여 결정할 수 있다(법 제64조 제2항).

③ 지적소관청의 직권에 의한 등록절차(규칙 제59조)

토지이동현황 조사계획 수립	지적소관청은 토지의 이동현황을 직권으로 조사·측량하여 토지의 지번·지목·면적·경계·좌표를 결정하려는 때에는 **토지이동현황 조사계획**을 수립하여야 한다. 이 경우 토지이동현황 조사계획은 **시·군·구**별로 수립하되, 부득이한 사유가 있는 때에는 읍·면·동별로 수립할 수 있다.
토지이동 조사부의 작성	지적소관청은 토지이동현황 조사계획에 따라 토지의 이동현황을 조사한 때에는 **토지이동 조사부**에 토지의 이동현황을 적어야 한다.
토지이동정리결의서에 첨부	지적소관청은 토지이동현황 조사결과에 따라 지적공부를 정리하려는 때에는 토지이동 조사부를 근거로 토지이동 조서를 작성하여 **토지이동정리결의서**에 첨부하여야 한다.
지적공부 정리	지적소관청은 토지이동현황 조사 결과에 따라 토지의 지번·지목·면적·경계 또는 좌표를 결정한 때에는 이에 따라 **지적공부를 정리**하여야 한다.

기본문제와 완성문제로 단단기출

01 공간정보의 구축 및 관리 등에 관한 법령상 토지의 조사·등록에 관한 설명으로 **틀린** 것은?

기본 기출

제24회

① 국토교통부장관은 모든 토지에 대하여 필지별로 소재·지번·지목·면적·경계 또는 좌표 등을 조사·측량하여 지적공부에 등록하여야 한다.
② 지적공부에 등록하는 지번·지목·면적·경계 또는 좌표는 토지의 이동이 있을 때 토지소유자의 신청을 받아 지적소관청이 결정한다. 다만, 신청이 없으면 지적소관청이 직권으로 조사·측량하여 결정할 수 있다.
③ 지적소관청은 토지의 이동현황을 직권으로 조사·측량하여 토지의 지번·지목·면적·경계 또는 좌표를 결정하려는 때에는 토지이동현황 조사계획을 수립하여 시·도지사 또는 대도시 시장의 승인을 받아야 한다.
④ 지적소관청은 토지이동현황 조사계획에 따라 토지의 이동현황을 조사한 때에는 토지이동 조사부에 토지의 이동현황을 적어야 한다.
⑤ 지적소관청은 토지이동현황 조사결과에 따라 토지의 지번·지목·면적·경계 또는 좌표를 결정한 때에는 이에 따라 지적공부를 정리하여야 한다.

키워드 직권등록절차

난이도

해설 지적소관청은 법 제64조 제2항 단서에 따라 토지의 이동현황을 직권으로 조사·측량하여 토지의 지번·지목·면적·경계 또는 좌표를 결정하려는 때에는 토지이동현황 조사계획을 수립하여야 하는데(규칙 제59조 제1항), 이 경우 시·도지사나 대도시 시장의 승인을 받을 필요는 없다.

정답 01 ③

02 기본 기출

공간정보의 구축 및 관리 등에 관한 법령상 토지의 조사·등록에 관한 설명이다. ( )에 들어갈 내용으로 옳은 것은?

제33회

> 지적소관청은 토지의 이동현황을 직권으로 조사·측량하여 토지의 지번·지목·면적·경계 또는 좌표를 결정하려는 때에는 토지이동현황 조사계획을 수립하여야 한다. 이 경우 토지이동현황 조사계획은 (㉠)별로 수립하되, 부득이한 사유가 있는 때에는 (㉡)별로 수립할 수 있다.

① ㉠: 시·군·구 ㉡: 읍·면·동
② ㉠: 시·군·구 ㉡: 시·도
③ ㉠: 읍·면·동 ㉡: 시·군·구
④ ㉠: 읍·면·동 ㉡: 시·도
⑤ ㉠: 시·도   ㉡: 시·군·구

키워드 > 토지이동현황 조사계획

난이도 >

해설 > 지적소관청은 토지의 이동현황을 직권으로 조사·측량하여 토지의 지번·지목·면적·경계 또는 좌표를 결정하려는 때에는 토지이동현황 조사계획을 수립하여야 한다. 이 경우 토지이동현황 조사계획은 '시·군·구'별로 수립하되, 부득이한 사유가 있는 때에는 '읍·면·동'별로 수립할 수 있다(규칙 제59조 제1항).

정답 02 ①

03 공간정보의 구축 및 관리 등에 관한 법령상 토지의 등록 등에 관한 설명으로 옳은 것은? 제28회

기본 기출

① 지적공부에 등록하는 지번·지목·면적·경계 또는 좌표는 토지의 이동이 있을 때 토지소유자의 신청을 받아 지적소관청이 결정하되, 신청이 없으면 지적소관청이 직권으로 조사·측량하여 결정할 수 있다.

② 지적소관청은 토지의 이용현황을 직권으로 조사·측량하여 토지의 지번·지목·면적·경계 또는 좌표를 결정하려는 때에는 토지이용계획을 수립하여야 한다.

③ 토지소유자가 지번을 변경하려면 지번변경 사유와 지번변경 대상토지의 지번·지목·면적에 대한 상세한 내용을 기재하여 지적소관청에 신청하여야 한다.

④ 지적소관청은 토지가 일시적 또는 임시적인 용도로 사용되는 경우로서 토지소유자의 신청이 있는 경우에는 지목을 변경할 수 있다.

⑤ 지적도의 축척이 600분의 1인 지역과 경계점좌표등록부에 등록하는 지역의 1필지 면적이 $1m^2$ 미만일 때에는 $1m^2$로 한다.

키워드 〉 직권등록

난이도 〉

해설 〉 ② 지적소관청은 토지의 이동현황을 직권으로 조사·측량하여 토지의 지번·지목·면적·경계 또는 좌표를 결정하려는 때에는 토지이동현황 조사계획을 수립하여야 한다.
③ 지번변경은 토지소유자의 신청에 의한 것이 아니라, 지적소관청이 지적공부에 등록된 지번을 변경할 필요가 있다고 인정하면 시·도지사나 대도시 시장의 승인을 받아 지번부여지역의 전부 또는 일부에 대하여 지번을 새로 부여할 수 있다.
④ 토지가 일시적 또는 임시적인 용도로 사용되는 경우에는 지목변경의 대상이 되지 않는다.
⑤ 지적도의 축척이 600분의 1인 지역과 경계점좌표등록부에 등록하는 지역의 1필지 면적이 $0.1m^2$ 미만일 때에는 $0.1m^2$로 한다.

정답 03 ①

THEME 02 지번

| THEME 키워드 |
지번, 지번부여, 토지이동에 따른 지번부여, 지적확정측량지역 지번부여방법 준용, 도시개발사업 준공 전 지번

기본으로 알아야 하는 대표기출

> **기출분석**
> - 기출회차: 제29회
> - 키워드: 지번부여
> - 난이도: ■■□

공간정보의 구축 및 관리 등에 관한 법령상 지번의 구성 및 부여방법 등에 관한 설명으로 **틀린** 것은?

① 지번은 아라비아숫자로 표기하되, 임야대장 및 임야도에 등록하는 토지의 지번은 숫자 앞에 '산'자를 붙인다.
② 지번은 북서에서 남동으로 순차적으로 부여한다.
③ 지번은 본번과 부번으로 구성하되, 본번과 부번 사이에 '-' 표시로 연결한다.
④ 지번은 국토교통부장관이 시·군·구별로 차례대로 부여한다.
⑤ 분할의 경우에는 분할 후의 필지 중 1필지의 지번은 분할 전의 지번으로 하고, 나머지 필지의 지번은 본번의 최종 부번 다음 순번으로 부번을 부여한다.

> **함정을 피하는 TIP**
> - 지번의 구성 및 지번의 부여방법을 알아야 한다.

해설
지번은 지적소관청이 지번부여지역별로 차례대로 부여한다(법 제66조 제1항). '지번부여지역'이라 함은 지번을 부여하는 단위지역으로서 동·리 또는 이에 준하는 지역을 말한다.

정답 ④

단단하게 정리하는 **핵심이론**

1 지번부여의 기본원칙

> 필지에 부여하여 지적공부에 등록한 번호

① 지번은 **지적소관청**이 **지번부여지역별**로 차례대로 부여한다(법 제66조 제1항).
② 지번은 아라비아숫자로 표기하되, 임야대장 및 임야도에 등록하는 토지의 지번은 **숫자 앞에 '산'** 자를 붙인다(영 제56조 제1항).
③ 지번은 **본번과 부번**으로 구성하되, 본번과 부번 사이에 '-' 표시로 연결한다. 이 경우 '-' 표시는 **'의'라고 읽는다**(영 제56조 제2항).
④ 지번은 **북서에서 남동**으로 순차적으로 부여한다(영 제56조 제3항 제1호).

2 토지이동에 따른 지번부여

(1) 신규등록 및 등록전환

원칙	그 지번부여지역에서 인접 토지의 **본번에 부번**을 붙여서 지번을 부여한다.
예외	다음에 해당하는 경우에는 그 지번부여지역의 최종 **본번**의 다음 순번부터 **본번**으로 하여 순차적으로 지번을 부여할 수 있다. ① 대상토지가 당해 지번부여지역 안의 최종 지번의 토지에 **인접**하여 있는 경우 ② 대상토지가 이미 등록된 토지와 멀리 **떨어져** 있어서 등록된 토지의 본번에 부번을 부여하는 것이 불합리한 경우 ③ 대상토지가 **여러 필지**로 되어 있는 경우

(1) 원칙: 인접 토지의 **본번에 부번**   (2) 예외: 최종 **본번**의 다음 순번부터 **본번**
　　　　　　　　　　　　　　　　　　① 최종 지번 토지에 인접된 경우   ③ 여러 필지로 된 경우
　　　　　　　　　　　　　　　　　　② 멀리 떨어져 있는 경우

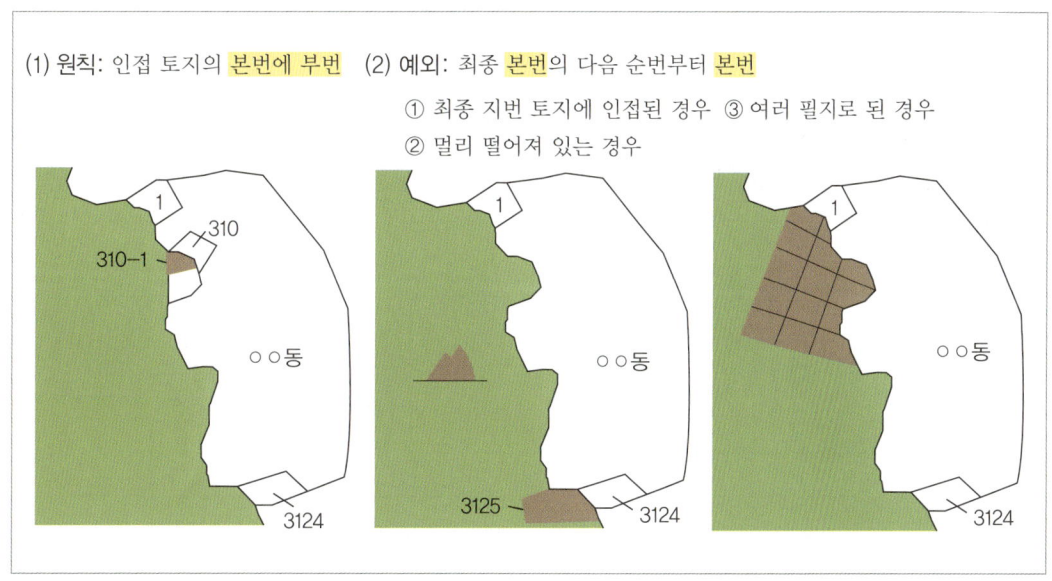

(2) 분할

┌─ 지적공부에 등록된 1필지를 2필지 이상으로 나누어 등록하는 것

원칙	분할 후의 필지 중 1필지의 지번은 분할 전의 지번으로 하고, 나머지 필지의 지번은 본번의 최종 부번 다음 순번으로 부번을 부여한다.
예외	주거·사무실 등의 건축물이 있는 필지에 대하여는 분할 전의 지번을 우선하여 부여하여야 한다.

(1) 1필지는 분할 전 지번
   나머지는 본번의 최종 부번 다음 순번으로 부번

72-1	72-2	72-61	72-3	72-4	72-5
					72-60

(2) 건축물 – 우선하여
   분할 전의 지번 부여

72-61   72-2

(3) 합병

┌─ 지적공부에 등록된 2필지 이상을 1필지로 합하여 등록하는 것

원칙	합병대상 지번 중 선순위의 지번을 그 지번으로 하되, 본번으로 된 지번이 있는 때에는 본번 중 선순위의 지번을 합병 후의 지번으로 한다.
예외	토지소유자가 합병 전의 필지에 주거·사무실 등의 건축물이 있어서 그 건축물이 위치한 지번을 합병 후의 지번으로 신청할 때에는 그 지번을 합병 후의 지번으로 부여하여야 한다.

(1) 선순위

72	73
75	74

⇩

72

(2) 본번 중 선순위

72-3	73
75	74-5

⇩

73

(3) 건축물 – 신청할 때

72-3	73
75	74-5

⇩

74-5

(4) 지적확정측량 시행지역(=도시개발사업 등 시행지역)

원칙	지적확정측량을 실시한 지역의 각 필지에 지번을 새로이 부여하는 경우에는 본번으로 부여한다.
예외	부여할 수 있는 종전 지번의 수가 새로이 부여할 지번의 수보다 적은 때, 즉 필지 > 본번 ① 블록단위로 하나의 본번을 부여한 후 필지별로 부번을 부여할 수 있다. ② 그 지번부여지역의 최종 본번 다음 순번부터 본번으로 하여 차례로 지번을 부여할 수 있다.
공사준공 전	지적소관청은 도시개발사업 등이 준공되기 전에 사업시행자가 지번부여신청을 하는 때에는 지번을 부여할 수 있다. 지번을 부여하는 때에는 도시개발사업 등 신고에 있어서의 사업계획도에 따른다(영 제56조 제4항, 규칙 제61조).
준용하는 경우	지적확정측량 실시지역의 지번부여 방법을 준용하는 경우는 다음과 같다. ① 지번부여지역의 지번변경을 하는 때 ② 축척변경 시행지역의 필지에 지번을 부여할 때 ③ 행정구역 개편에 따라 새로 지번을 부여할 때

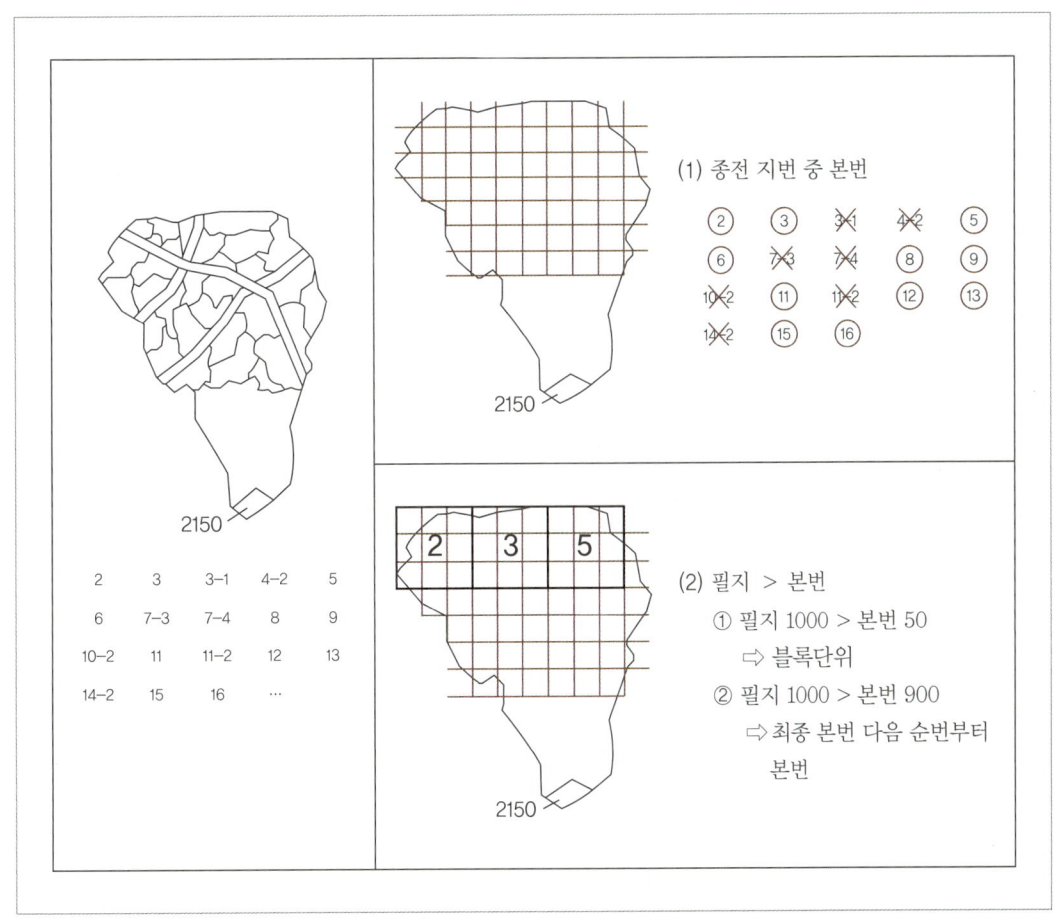

3 지번변경

의의	지적소관청은 '지적공부에 등록된 지번을 변경할 필요'가 있다고 인정하면 시·도지사나 대도시 시장의 승인을 받아 지번부여지역의 전부 또는 일부에 대하여 지번을 새로 부여할 수 있는데, 이를 '지번변경'이라 한다(법 제66조 제2항).
지번부여방법	지번변경의 경우 지번의 부여는 지적확정측량을 실시한 지역에서의 지번부여방법을 준용한다(영 제56조 제3항 제6호).

4 결번

종전에는 사용하다가 현재는 사용하지 않게 된 지번

결번발생사유	도시개발사업, 지번변경, 축척변경, 행정구역개편, 합병, 등록전환, 지번정정 등
결번대장	지적소관청은 결번이 생긴 때에는 지체 없이 그 사유를 결번대장에 적어 영구히 보존하여야 한다.

기본문제와 완성문제로 단단기출

01 공간정보의 구축 및 관리 등에 관한 법령상 지번에 관한 설명으로 옳은 것은? 제26회

기본 기출
① 지적소관청이 지번을 변경하기 위해서는 국토교통부장관의 승인을 받아야 한다.
② 임야대장 및 임야도에 등록하는 토지의 지번은 숫자 뒤에 '산' 자를 붙인다.
③ 지번은 본번(本番)과 부번(副番)으로 구성하며, 북동에서 남서로 순차적으로 부여한다.
④ 분할의 경우에는 분할된 필지마다 새로운 본번을 부여한다.
⑤ 지적소관청은 축척변경으로 지번에 결번이 생긴 때에는 지체 없이 그 사유를 결번대장에 적어 영구히 보존하여야 한다.

> 키워드 › 지번
>
> 난이도 ›
>
> 해설 › ① 지적소관청이 지번을 변경하기 위해서는 시·도지사나 대도시 시장의 승인을 받아야 한다.
> ② 임야대장 및 임야도에 등록하는 토지의 지번은 숫자 앞에 '산' 자를 붙인다.
> ③ 지번은 본번(本番)과 부번(副番)으로 구성되며, 북서에서 남동으로 순차적으로 부여한다.
> ④ 분할의 경우에는 분할 후의 필지 중 1필지의 지번은 분할 전의 지번으로 하고, 나머지 필지의 지번은 본번의 최종 부번 다음 순번으로 부번을 부여하는 것을 원칙으로 한다.

정답 01 ⑤

02 지번의 부여 및 부여방법 등에 관한 설명으로 틀린 것은?

제23회

기본 기출

① 지적소관청은 지번을 변경할 필요가 있다고 인정하면 시·도지사나 대도시 시장의 승인을 받아 지번부여지역의 전부 또는 일부에 대하여 지번을 새로 부여할 수 있다.
② 신규등록의 경우에는 그 지번부여지역에서 인접 토지의 본번에 부번을 붙여서 지번을 부여하는 것을 원칙으로 한다.
③ 분할의 경우에는 분할 후의 필지 중 1필지의 지번은 분할 전의 지번으로 하고, 나머지 필지의 지번은 최종 본번의 다음 순번의 본번을 순차적으로 부여하여야 한다.
④ 등록전환 대상토지가 여러 필지로 되어 있는 경우에는 그 지번부여지역의 최종 본번의 다음 순번부터 본번으로 하여 순차적으로 지번을 부여할 수 있다.
⑤ 합병의 경우로서 토지소유자가 합병 전의 필지에 대하여 주거사무실 등의 건축물이 있어서 그 건축물이 위치한 지번을 합병 후의 지번으로 신청할 때에는 그 지번을 합병 후의 지번으로 부여하여야 한다.

키워드 › 토지이동에 따른 지번부여

난이도 ›

해설 › 분할의 경우에는 분할 후의 필지 중 1필지의 지번은 분할 전의 지번으로 하고, 나머지 필지의 지번은 본번의 최종 부번 다음 순번으로 부번을 부여한다(영 제56조 제3항 제3호).

정답 02 ③

03 기본 기출

공간정보의 구축 및 관리 등에 관한 법령상 지적확정측량을 실시한 지역의 각 필지에 지번을 새로 부여하는 방법을 준용하는 것을 모두 고른 것은? 제28회

> ㉠ 지번부여지역의 지번을 변경할 때
> ㉡ 행정구역 개편에 따라 새로 지번을 부여할 때
> ㉢ 축척변경 시행지역의 필지에 지번을 부여할 때
> ㉣ 등록사항 정정으로 지번을 정정하여 부여할 때
> ㉤ 바다로 된 토지가 등록말소된 후 다시 회복등록을 위해 지번을 부여할 때

① ㉠
② ㉠, ㉡
③ ㉠, ㉡, ㉢
④ ㉠, ㉡, ㉢, ㉣
⑤ ㉡, ㉢, ㉣, ㉤

키워드 지적확정측량지역 지번부여방법 준용

난이도

해설 다음의 어느 하나에 해당할 때에는 지적확정측량을 실시한 지역의 지번부여방법을 준용하여 지번을 부여한다(영 제56조 제3항 제6호).

> 1. 법 제66조 제2항에 따라 지번부여지역의 지번을 변경할 때
> 2. 법 제85조 제2항에 따른 행정구역 개편에 따라 새로 지번을 부여할 때
> 3. 영 제72조 제1항에 따라 축척변경 시행지역의 필지에 지번을 부여할 때

04 기본 기출

공간정보의 구축 및 관리 등에 관한 법령상 지번부여에 관한 설명이다. ( ) 안에 들어갈 내용으로 옳은 것은? 제27회

> 지적소관청은 도시개발사업 등이 준공되기 전에 사업시행자가 지번부여 신청을 하면 지번을 부여할 수 있으며, 도시개발사업 등이 준공되기 전에 지번을 부여하는 때에는 ( )에 따르되, 지적확정측량을 실시한 지역의 지번부여방법에 따라 지번을 부여하여야 한다.

① 사업계획도
② 사업인가서
③ 지적도
④ 토지대장
⑤ 토지분할조서

키워드 도시개발사업 준공 전 지번

난이도

해설 영 제56조 제4항, 규칙 제61조에 근거하여 사업계획도에 따라 지번을 부여하여야 한다.

정답 03 ③ 04 ①

THEME 03 지목

| THEME 키워드 |
지목, 지목의 구분, 잡종지, 지목의 부호 표기

☐ 1회독 ☐ 2회독

> **기출분석**
> - **기출회차:** 제31회
> - **키워드:** 잡종지
> - **난이도:** ■■■□

기본으로 알아야 하는 대표기출

공간정보의 구축 및 관리 등에 관한 법령상 지목을 잡종지로 정할 수 있는 것으로만 나열한 것은? (단, 원상회복을 조건으로 돌을 캐내는 곳 또는 흙을 파내는 곳으로 허가된 토지는 제외함)

① 변전소, 송신소, 수신소 및 지하에서 석유류 등이 용출되는 용출구(湧出口)와 그 유지(維持)에 사용되는 부지
② 여객자동차터미널, 자동차운전학원 및 폐차장 등 자동차와 관련된 독립적인 시설물을 갖춘 부지
③ 갈대밭, 실외에 물건을 쌓아두는 부지, 산림 및 원야(原野)를 이루고 있는 암석지·자갈땅·모래땅·황무지 등의 토지
④ 공항·항만시설 부지 및 물건 등을 보관하거나 저장하기 위하여 독립적으로 설치된 보관시설물의 부지
⑤ 도축장, 쓰레기처리장, 오물처리장 및 일반 공중의 위락·휴양 등에 적합한 시설물을 종합적으로 갖춘 야영장·식물원 등의 토지

해설

① 변전소, 송신소, 수신소 부지의 지목은 '잡종지'이지만, 지하에서 석유류 등이 용출되는 용출구(湧出口)와 그 유지(維持)에 사용되는 부지의 지목은 '광천지'이다.
③ 갈대밭, 실외에 물건을 쌓아두는 부지의 지목은 '잡종지'이지만, 산림 및 원야(原野)를 이루고 있는 암석지·자갈땅·모래땅·황무지 등의 토지의 지목은 '임야'이다.
④ 공항·항만시설 부지의 지목은 '잡종지'이지만, 물건 등을 보관하거나 저장하기 위하여 독립적으로 설치된 보관시설물의 부지의 지목은 '창고용지'이다.
⑤ 도축장, 쓰레기처리장, 오물처리장의 지목은 '잡종지'이지만, 일반 공중의 위락·휴양 등에 적합한 시설물을 종합적으로 갖춘 야영장·식물원 등의 토지의 지목은 '유원지'이다.

정답 ②

> **함정을 피하는 TIP**
> - 28가지 지목의 종류 중 잡종지에 관한 내용을 파악하고 있어야 한다.

단단하게 정리하는 **핵심이론**

1 지목의 설정원칙

지목법정주의	지목의 종류와 내용은 법령으로 정하여 등록한다. ⇨ 28가지
1필 1목의 원칙	1필지에는 1개의 지목만 정하여 등록한다.
주용도추종의 원칙 (=주지목추종의 원칙)	1필지가 2가지 이상의 용도로 사용되는 경우, 주된 용도에 따라 지목을 정하여 등록한다.
일시변경불변의 원칙 (=영속성의 원칙)	토지가 임시적 또는 일시적인 용도로 사용되는 때에는 지목을 변경하지 않는다.
사용목적추종의 원칙	도시개발사업, 농어촌정비사업 기타 토지개발사업 등의 공사가 준공된 토지는 그 사용목적에 따라 지목을 정하여 등록한다.

※ 토지의 주된 용도에 따라 토지의 종류를 구분하여 지적공부에 등록한 것

2 지목의 구분(영 제58조)

지목 구분		내용
1	전 (전)	① 물을 상시적으로 이용하지 않고 곡물·원예작물(과수류는 제외한다)·약초·뽕나무·닥나무·묘목·관상수 등의 식물을 주로 재배하는 토지 ② 식용으로 죽순을 재배하는 토지
2	답 (답)	물을 상시적으로 직접 이용하여 벼·연·미나리·왕골 등의 식물을 주로 재배하는 토지
3	과수원 (과)	① 사과·배·밤·호두·귤나무 등 과수류를 집단적으로 재배하는 토지와 이에 접속된 저장고 등 부속시설물의 부지 ② 다만, 주거용 건축물의 부지는 '대'로 한다.
4	목장용지 (목)	① 축산업 및 낙농업을 하기 위하여 초지를 조성한 토지 ②「축산법」제2조에 따른 가축을 사육하는 축사 등의 부지(양계장, 양돈장 등) ③ 위 ① 및 ②의 토지와 접속된 부속시설물의 부지 ④ 다만, 주거용 건축물의 부지는 '대'로 한다.
5	임야 (임)	산림 및 원야를 이루고 있는 수림지·죽림지·암석지·자갈땅·모래땅·습지·황무지 등의 토지
6	광천지 (광)	① 지하에서 온수·약수·석유류 등이 용출되는 용출구와 그 유지에 사용되는 부지 ② 다만, 온수·약수·석유류 등을 일정한 장소로 운송하는 송수관·송유관 및 저장시설의 부지는 제외한다.

7	염전 (염)	① 바닷물을 끌어들여 <mark>소금을 채취</mark>하기 위하여 조성된 토지와 이에 접속된 제염장 등 부속시설물의 부지 ② 다만, 천일제염 방식으로 하지 아니하고 <mark>동력</mark>으로 바닷물을 끌어들여 소금을 제조하는 <mark>공장시설물</mark>의 부지는 <mark>제외</mark>한다.

8	대
	(대)
		① 영구적 건축물 중 주거·사무실·점포와 <mark>박물관·극장·미술관</mark> 등 문화시설과 이에 접속된 정원 및 부속시설물의 부지
		②「국토의 계획 및 이용에 관한 법률」 등 관계 법령에 따른 <mark>택지조성공사가 준공</mark>된 토지
		⚠ 지목을 '대'로 하는 것
		  1. 과수원 안의 주거용 건축물의 부지
		  2. 목장 안의 주거용 건축물의 부지
		  3. 묘지의 관리를 위한 건축물의 부지
		  4. 아파트 단지 안에 설치된 통로의 부지

9	공장용지 (장)	① <mark>제조업</mark>을 하고 있는 공장시설물의 부지 ②「산업집적활성화 및 공장설립에 관한 법률」 등 관계 법령에 따른 공장부지 조성공사가 준공된 토지 ③ 위 ① 및 ②의 토지와 <mark>같은 구역에 있는</mark> 의료시설 등 부속시설물의 부지
10	학교용지 (학)	① 학교의 교사와 이에 접속된 체육장 등 부속시설물의 부지 ② 다만, 학교시설구역으로부터 <mark>완전히 분리</mark>된 실습지, 기숙사, 사택 등의 부지와 교육용에 직접 이용하지 않는 임야는 학교용지로 보지 않는다.
11	주차장 (차)	① 자동차 등의 주차에 필요한 <mark>독립적인 시설</mark>을 갖춘 부지와 <mark>주차전용 건축물</mark> 및 이에 접속된 부속시설물의 부지 ② 자동차 등의 판매 목적으로 설치된 <mark>물류장 및 야외전시장</mark>의 부지는 <mark>제외</mark>한다. ③「주차장법」 제2조 제1호 가목 및 다목에 따른 <mark>노상주차장</mark> 및 <mark>부설주차장</mark>의 부지는 <mark>제외</mark>한다. ④ 다만, 「주차장법」 제19조 제4항에 따라 시설물의 부지 <mark>인근</mark>에 설치된 부설주차장의 지목은 '주차장'이다.
12	주유소 용지 (주)	① 석유·석유제품, 액화석유가스, 전기 또는 수소 등의 판매를 위하여 일정한 설비를 갖춘 시설물의 부지 ② 저유소 및 원유저장소의 부지와 이에 접속된 부속시설물의 부지 ③ 다만, 자동차·선박·기차 등의 제작 또는 <mark>정비공장 안</mark>에 설치된 급유·송유시설 등의 부지는 <mark>제외</mark>한다.
13	창고용지 (창)	물건 등을 보관하거나 저장하기 위하여 <mark>독립적으로 설치된 보관시설물</mark>의 부지와 이에 접속된 부속시설물의 부지 ⚠ 실외에 물건을 쌓아두는 곳의 지목은 '잡종지'이다.

14	도로 (도)	① 일반 공중의 교통 운수를 위하여 보행이나 차량운행에 필요한 일정한 설비 또는 형태를 갖추어 이용되는 토지 ② 「도로법」 등 관계 법령에 따라 도로로 개설된 토지 ③ 고속도로의 휴게소 부지 ④ 2필지 이상에 진입하는 통로로 이용되는 토지 ⑤ 다만, 아파트·공장 등 단일 용도의 일정한 단지 안에 설치된 통로 등은 제외한다.
15	철도용지 (철)	교통 운수를 위하여 일정한 궤도 등의 설비와 형태를 갖추어 이용되는 토지와 이에 접속된 역사·차고·발전시설 및 공작창 등 부속시설물의 부지
16	제방 (제)	조수·자연유수·모래·바람 등을 막기 위하여 설치된 방조제·방수제·방사제·방파제 등의 부지
17	하천 (천)	자연의 유수가 있거나 있을 것으로 예상되는 토지
18	구거 (구)	① 용수 또는 배수를 위하여 일정한 형태를 갖춘 인공적인 수로·둑 및 그 부속시설물의 부지 ② 자연의 유수가 있거나 있을 것으로 예상되는 소규모 수로부지
19	유지 (유)	① 물이 고이거나 상시적으로 물을 저장하고 있는 댐·저수지·소류지·호수·연못 등의 토지 ② 연·왕골 등이 자생하는 배수가 잘 되지 아니하는 토지
20	양어장 (양)	육상에 인공으로 조성된 수산생물의 번식 또는 양식을 위한 시설을 갖춘 부지와 이에 접속된 부속시설물의 부지
21	수도용지 (수)	물을 정수하여 공급하기 위한 취수·저수·도수·정수·송수 및 배수 시설의 부지 및 이에 접속된 부속시설물의 부지
22	공원 (공)	일반 공중의 보건·휴양 및 정서생활에 이용하기 위한 시설을 갖춘 토지로서 「국토의 계획 및 이용에 관한 법률」에 따라 공원 또는 녹지로 결정·고시된 토지
23	체육용지 (체)	① 국민의 건강증진 등을 위한 체육활동에 적합한 시설과 형태를 갖춘 종합운동장·실내체육관·야구장·골프장·스키장·승마장·경륜장 등 체육시설의 토지와 이에 접속된 부속시설물의 부지 ② 체육시설로서의 영속성과 독립성이 미흡한 정구장·골프연습장·실내수영장 및 체육도장의 토지는 제외한다. ③ 유수를 이용한 요트장 및 카누장의 토지는 제외한다.
24	유원지 (원)	① 일반 공중의 위락·휴양 등에 적합한 시설물을 종합적으로 갖춘 수영장·유선장·낚시터·어린이놀이터·동물원·식물원·민속촌·경마장·야영장 등의 토지와 이에 접속된 부속시설물의 부지 ② 다만, 이들 시설과의 거리 등으로 보아 독립적인 것으로 인정되는 숙식시설 및 유기장의 부지와 하천·구거 또는 유지(공유인 것으로 한정한다)로 분류되는 것은 제외한다. 하천보다 규모가 작은 4~5m 폭의 개울

25	종교용지 (종)	일반 공중의 종교의식을 위하여 예배·법요·설교·제사 등을 하기 위한 교회·사찰·향교 등 건축물의 부지와 이에 접속된 부속시설물의 부지
26	사적지 (사)	① 문화재로 지정된 역사적인 유적·고적·기념물 등을 보존하기 위하여 구획된 토지 ② 다만, 학교용지·공원·종교용지 등 다른 지목으로 된 토지에 있는 유적·고적·기념물 등을 보호하기 위하여 구획된 토지는 제외한다.
27	묘지 (묘)	① 사람의 시체나 유골이 매장된 토지 ② 「도시공원 및 녹지 등에 관한 법률」에 따른 묘지공원으로 결정·고시된 토지 ③ 「장사 등에 관한 법률」 제2조 제9호에 따른 봉안시설과 이에 접속된 부속시설물의 부지 ④ 다만, 묘지의 관리를 위한 건축물의 부지는 '대'로 한다.
28	잡종지 (잡)	① 갈대밭, 실외에 물건을 쌓아두는 곳, 야외시장 및 공동우물 ② 돌을 캐내는 곳, 흙을 파내는 곳. 다만, 원상회복을 조건으로 돌을 캐내는 곳 또는 흙을 파내는 곳으로 허가된 토지는 제외한다. ③ 변전소, 송신소, 수신소 및 송유시설 등의 부지 ④ 여객자동차터미널, 자동차운전학원 및 폐차장 등 자동차와 관련된 독립적인 시설물을 갖춘 부지 ⑤ 공항시설 및 항만시설 부지 ⑥ 도축장, 쓰레기처리장 및 오물처리장 등의 부지 ⑦ 그 밖에 다른 지목에 속하지 않는 토지

3 지목의 표기방법

① 토지대장 및 임야대장에는 지목을 정식명칭으로 표기한다.
② 지적도 및 임야도에는 지목을 부호로 표기한다. 부호는 지목의 첫 글자로 표기하는 것이 원칙이지만, '공장용지', '주차장', '유원지', '하천'은 두 번째 글자로 표기한다(규칙 제64조).

핵심단단 지목의 표기방법

원칙	주유소용지 ⇨ '주'	공원 ⇨ '공'	유지 ⇨ '유'	학교용지 ⇨ '학'
예외	주차장 ⇨ '차'	공장용지 ⇨ '장'	유원지 ⇨ '원'	하천 ⇨ '천'

기본문제와 완성문제로 단단기출

01 공간정보의 구축 및 관리 등에 관한 법령상 지목의 구분, 표기방법, 설정방법 등에 관한 설명으로 틀린 것은?
기본 기출
제27회

① 지목을 지적도 및 임야도에 등록하는 때에는 부호로 표기한다.
② 온수·약수·석유류 등을 일정한 장소로 운송하는 송수관·송유관 및 저장시설의 부지의 지목은 '광천지'로 한다.
③ 필지마다 하나의 지목을 설정하여야 한다.
④ 1필지가 둘 이상의 용도로 활용되는 경우에는 주된 용도에 따라 지목을 설정하여야 한다.
⑤ 토지가 일시적 또는 임시적인 용도로 사용될 때에는 지목을 변경하지 아니한다.

| 키워드 | 지목 |

| 난이도 | |

| 해설 | 지하에서 온수·약수·석유류 등이 용출되는 용출구와 그 유지에 사용되는 부지의 지목은 '광천지'이지만, 온수·약수·석유류 등을 일정한 장소로 운송하는 송수관·송유관 및 저장시설의 부지의 지목은 '광천지'로 하지 않는다.

정답 01 ②

02 공간정보의 구축 및 관리 등에 관한 법령에서 규정하고 있는 지목의 종류를 모두 고른 것은?

기본 기출   제28회

㉠ 선로용지	㉡ 체육용지
㉢ 창고용지	㉣ 철도용지
㉤ 종교용지	㉥ 항만용지

① ㉠, ㉡, ㉢
② ㉡, ㉤, ㉥
③ ㉠, ㉢, ㉣, ㉥
④ ㉠, ㉣, ㉤, ㉥
⑤ ㉡, ㉢, ㉣, ㉤

키워드 › 지목의 구분

난이도 ›

해설 › ㉡㉢㉣㉤ 지목은 전·답·과수원·목장용지·임야·광천지·염전·대(垈)·공장용지·학교용지·주차장·주유소용지·창고용지·도로·철도용지·제방(堤防)·하천·구거(溝渠)·유지(溜池)·양어장·수도용지·공원·체육용지·유원지·종교용지·사적지·묘지·잡종지로 구분하여 정한다(법 제67조 제1항).
㉠㉥ 선로용지와 항만용지는 지목에 해당하지 않는다.

03 공간정보의 구축 및 관리 등에 관한 법령상 지목과 지적도면에 등록하는 부호의 연결이 틀린 것을 모두 고른 것은?

기본 기출   제29회

㉠ 공원 – 공	㉡ 목장용지 – 장
㉢ 하천 – 하	㉣ 주차장 – 차
㉤ 양어장 – 어	

① ㉡, ㉢, ㉤
② ㉡, ㉣, ㉤
③ ㉢, ㉣, ㉤
④ ㉠, ㉡, ㉢, ㉣
⑤ ㉠, ㉡, ㉣, ㉤

키워드 › 지목의 부호 표기

난이도 ›

해설 › ㉡ 목장용지 – '목'이라고 표기하여야 한다.
㉢ 하천 – '천'이라고 표기하여야 한다.
㉤ 양어장 – '양'이라고 표기하여야 한다.

정답 02 ⑤ 03 ①

04 공간정보의 구축 및 관리 등에 관한 법령상 지목의 구분에 관한 설명으로 옳은 것은? 제33회

① 온수·약수·석유류 등을 일정한 장소로 운송하는 송수관·송유관 및 저장시설의 부지는 '광천지'로 한다.
② 사과·배·밤·호두·귤나무 등 과수류를 집단적으로 재배하는 토지와 이에 접속된 주거용 건축물의 부지는 '과수원'으로 한다.
③ 종교용지에 있는 유적·고적·기념물 등을 보호하기 위하여 구획된 토지는 '사적지'로 한다.
④ 물을 정수하여 공급하기 위한 취수·저수·도수(導水)·정수·송수 및 배수 시설의 부지 및 이에 접속된 부속시설물의 부지는 '수도용지'로 한다.
⑤ 교통 운수를 위하여 일정한 궤도 등의 설비와 형태를 갖추어 이용되는 토지와 이에 접속된 차고·발전시설 등 부속시설물의 부지는 '도로'로 한다.

키워드 ▷ 지목의 구분

난이도 ▰▰▰▱▱

해설 ① 온수·약수·석유류 등을 일정한 장소로 운송하는 송수관·송유관 및 저장시설의 부지는 '광천지'로 하지 않는다.
② 사과·배·밤·호두·귤나무 등 과수류를 집단적으로 재배하는 토지의 지목은 '과수원'이지만, 이에 접속된 주거용 건축물의 부지의 지목은 '대'로 한다.
③ 학교용지·공원·종교용지 등 다른 지목으로 된 토지에 있는 유적·고적·기념물 등을 보호하기 위하여 구획된 토지는 '사적지'로 하지 않는다.
⑤ 교통 운수를 위하여 일정한 궤도 등의 설비와 형태를 갖추어 이용되는 토지와 이에 접속된 역사·차고·발전시설 및 공작창 등 부속시설물의 부지의 지목은 '철도용지'이다.

정답 04 ④

05 공간정보의 구축 및 관리 등에 관한 법령상 지목의 구분에 관한 설명으로 옳은 것은? 제28회

① 물을 정수하여 공급하기 위한 취수·저수·도수(導水)·정수·송수 및 배수 시설의 부지 및 이에 접속된 부속시설물의 부지 지목은 '수도용지'로 한다.
②「산업집적활성화 및 공장설립에 관한 법률」 등 관계 법령에 따른 공장부지 조성공사가 준공된 토지의 지목은 '산업용지'로 한다.
③ 물이 고이거나 상시적으로 물을 저장하고 있는 댐·저수지·소류지(沼溜地) 등의 토지와 연·왕골 등을 재배하는 토지의 지목은 '유지'로 한다.
④ 물을 상시적으로 이용하지 않고 곡물·원예작물(과수류 포함) 등의 식물을 주로 재배하는 토지와 죽림지의 지목은 '전'으로 한다.
⑤ 학교용지·공원 등 다른 지목으로 된 토지에 있는 유적·고적·기념물 등을 보호하기 위하여 구획된 토지의 지목은 '사적지'로 한다.

| 키워드 | 지목의 구분 |

| 난이도 |

| 해설 | ②「산업집적활성화 및 공장설립에 관한 법률」 등 관계 법령에 따른 공장부지 조성공사가 준공된 토지의 지목은 '공장용지'로 한다.
③ 물이 고이거나 상시적으로 물을 저장하고 있는 댐·저수지·소류지(沼溜地)·호수·연못 등의 토지와 연·왕골 등이 자생하는 배수가 잘 되지 아니하는 토지의 지목은 '유지'로 한다.
④ 물을 상시적으로 이용하지 않고 곡물·원예작물(과수류는 제외한다)·약초·뽕나무·닥나무·묘목·관상수 등의 식물을 주로 재배하는 토지와 식용(食用)으로 죽순을 재배하는 토지의 지목은 '전'으로 한다.
⑤ 문화재로 지정된 역사적인 유적·고적·기념물 등을 보존하기 위하여 구획된 토지의 지목은 '사적지'로 한다. 다만, 학교용지·공원·종교용지 등 다른 지목으로 된 토지에 있는 유적·고적·기념물 등을 보호하기 위하여 구획된 토지는 제외한다.

정답 05 ①

06 공간정보의 구축 및 관리 등에 관한 법령상 지목의 구분으로 틀린 것은? 제27회

① 학교의 교사와 이에 접속된 체육장 등 부속시설물의 부지의 지목은 '학교용지'로 한다.
② 물건 등을 보관하거나 저장하기 위하여 독립적으로 설치된 보관시설물의 부지와 이에 접속된 부속시설물의 부지의 지목은 '창고용지'로 한다.
③ 사람의 시체나 유골이 매장된 토지, 「장사 등에 관한 법률」 제2조 제9호에 따른 봉안시설과 이에 접속된 부속시설물의 부지 및 묘지의 관리를 위한 건축물의 부지의 지목은 '묘지'로 한다.
④ 교통 운수를 위하여 일정한 궤도 등의 설비와 형태를 갖추어 이용되는 토지와 이에 접속된 역사·차고·발전시설 및 공작창 등 부속시설물의 부지의 지목은 '철도용지'로 한다.
⑤ 육상에 인공으로 조성된 수산생물의 번식 또는 양식을 위한 시설을 갖춘 부지와 이에 접속된 부속시설물의 부지의 지목은 '양어장'으로 한다.

| 키워드 | 지목의 구분 |

| 난이도 | |

| 해설 | 사람의 시체나 유골이 매장된 토지와 「장사 등에 관한 법률」 제2조 제9호에 따른 봉안시설과 이에 접속된 부속시설물의 부지의 지목은 '묘지'이지만, 묘지의 관리를 위한 건축물의 부지의 지목은 '대'로 한다.

07 공간정보의 구축 및 관리 등에 관한 법령상 지목을 도로로 정할 수 없는 것은? (단, 아파트·공장 등 단일 용도의 일정한 단지 안에 설치된 통로 등은 제외함) 제31회

① 일반 공중(公衆)의 교통 운수를 위하여 보행이나 차량운행에 필요한 일정한 설비 또는 형태를 갖추어 이용되는 토지
② 「도로법」 등 관계 법령에 따라 도로로 개설된 토지
③ 고속도로의 휴게소 부지
④ 2필지 이상에 진입하는 통로로 이용되는 토지
⑤ 교통 운수를 위하여 일정한 궤도 등의 설비와 형태를 갖추어 이용되는 토지

| 키워드 | 지목의 구분(도로) |

| 난이도 | |

| 해설 | 교통 운수를 위하여 일정한 궤도 등의 설비와 형태를 갖추어 이용되는 토지와 이에 접속된 역사·차고·발전시설 및 공작창 등 부속시설물의 부지의 지목은 '철도용지'이다(영 제58조 제15호).

정답 06 ③ 07 ⑤

08 공간정보의 구축 및 관리 등에 관한 법령상 지목의 구분으로 옳은 것은?

제34회

① 온수 · 약수 · 석유류 등을 일정한 장소로 운송하는 송수관 · 송유관 및 저장시설의 부지는 '광천지'로 한다.
② 일반 공중의 종교의식을 위하여 예배 · 법요 · 설교 · 제사 등을 하기 위한 교회 · 사찰 · 향교 등 건축물의 부지와 이에 접속된 부속시설물의 부지는 '사적지'로 한다.
③ 자연의 유수(流水)가 있거나 있을 것으로 예상되는 토지는 '구거'로 한다.
④ 제조업을 하고 있는 공장시설물의 부지와 같은 구역에 있는 의료시설 등 부속시설물의 부지는 '공장용지'로 한다.
⑤ 일반 공중의 보건 · 휴양 및 정서생활에 이용하기 위한 시설을 갖춘 토지로서 「국토의 계획 및 이용에 관한 법률」에 따라 공원 또는 녹지로 결정 · 고시된 토지는 '체육용지'로 한다.

키워드 〉 지목의 구분

난이도 〉

해설 〉 ① 온수 · 약수 · 석유류 등을 일정한 장소로 운송하는 송수관 · 송유관 및 저장시설의 부지는 '광천지'로 하지 않는다.
② 일반 공중의 종교의식을 위하여 예배 · 법요 · 설교 · 제사 등을 하기 위한 교회 · 사찰 · 향교 등 건축물의 부지와 이에 접속된 부속시설물의 부지는 '종교용지'로 한다.
③ 자연의 유수(流水)가 있거나 있을 것으로 예상되는 토지는 '하천'으로 한다.
⑤ 일반 공중의 보건 · 휴양 및 정서생활에 이용하기 위한 시설을 갖춘 토지로서 「국토의 계획 및 이용에 관한 법률」에 따라 공원 또는 녹지로 결정 · 고시된 토지는 '공원'으로 한다.

정답 08 ④

09 공간정보의 구축 및 관리 등에 관한 법령상 지목의 구분에 관한 설명으로 틀린 것은? 제32회

① 바닷물을 끌어들여 소금을 채취하기 위하여 조성된 토지와 이에 접속된 제염장(製鹽場) 등 부속시설물의 부지는 '염전'으로 한다. 다만, 천일제염 방식으로 하지 아니하고 동력으로 바닷물을 끌어들여 소금을 제조하는 공장시설물의 부지는 제외한다.

② 저유소(貯油所) 및 원유저장소의 부지와 이에 접속된 부속시설물의 부지는 '주유소용지'로 한다. 다만, 자동차·선박·기차 등의 제작 또는 정비공장 안에 설치된 급유·송유시설 등의 부지는 제외한다.

③ 물이 고이거나 상시적으로 물을 저장하고 있는 댐·저수지·소류지(沼溜地)·호수·연못 등의 토지와 물을 상시적으로 직접 이용하여 연(蓮)·왕골 등의 식물을 주로 재배하는 토지는 '유지'로 한다.

④ 일반 공중의 보건·휴양 및 정서생활에 이용하기 위한 시설을 갖춘 토지로서「국토의 계획 및 이용에 관한 법률」에 따라 공원 또는 녹지로 결정·고시된 토지는 '공원'으로 한다.

⑤ 용수(用水) 또는 배수(排水)를 위하여 일정한 형태를 갖춘 인공적인 수로·둑 및 그 부속시설물의 부지와 자연의 유수(流水)가 있거나 있을 것으로 예상되는 소규모 수로부지는 '구거'로 한다.

키워드 > 지목의 구분

난이도 >

해설 > 물이 고이거나 상시적으로 물을 저장하고 있는 댐·저수지·소류지·호수·연못 등의 토지의 지목은 '유지'이지만, 물을 상시적으로 직접 이용하여 연·왕골 등의 식물을 주로 재배하는 토지는 '답'으로 한다.

정답 09 ③

10 공간정보의 구축 및 관리 등에 관한 법령상 지목의 구분에 관한 설명으로 옳은 것은? 제29회

① 일반 공중의 보건·휴양 및 정서생활에 이용하기 위한 시설을 갖춘 토지로서 「국토의 계획 및 이용에 관한 법률」에 따라 공원 또는 녹지로 결정·고시된 토지는 '체육용지'로 한다.
② 온수·약수·석유류 등을 일정한 장소로 운송하는 송수관·송유관 및 저장시설의 부지는 '광천지'로 한다.
③ 물을 상시적으로 직접 이용하여 연(蓮)·미나리·왕골 등의 식물을 주로 재배하는 토지는 '답'으로 한다.
④ 해상에 인공으로 조성된 수산생물의 번식 또는 양식을 위한 시설을 갖춘 부지는 '양어장'으로 한다.
⑤ 자연의 유수(流水)가 있거나 있을 것으로 예상되는 소규모 수로부지는 '하천'으로 한다.

키워드 > 지목의 구분

난이도 >

해설 > ① 일반 공중의 보건·휴양 및 정서생활에 이용하기 위한 시설을 갖춘 토지로서 「국토의 계획 및 이용에 관한 법률」에 따라 공원 또는 녹지로 결정·고시된 토지는 '공원'으로 한다.
② 온수·약수·석유류 등을 일정한 장소로 운송하는 송수관·송유관 및 저장시설의 부지는 '광천지'로 하지 않는다.
④ 바다는 지적의 대상이 될 수 없으므로 '해상'을 '육상'으로 바꿔야 한다.
⑤ 자연의 유수(流水)가 있거나 있을 것으로 예상되는 소규모 수로부지는 '구거'로 한다.

정답 **10** ③

THEME 04

경계 및 면적

| THEME 키워드 |
경계, 지상경계의 결정기준, 분할과 지상경계, 지상경계점등록부 등록사항, 면적측정대상, 면적의 결정, 축척이 600분의 1인 경우, 끝수처리

기본으로 알아야 하는 대표기출

> **기출분석**
> - **기출회차:** 제32회
> - **키워드:** 지상경계의 결정기준
> - **난이도:**

공간정보의 구축 및 관리 등에 관한 법령상 지상경계의 결정기준으로 옳은 것은? (단, 지상경계의 구획을 형성하는 구조물 등의 소유자가 다른 경우는 제외함)

① 인접되는 토지 간에 높낮이 차이가 있는 경우: 그 구조물 등의 하단부
② 공유수면매립지의 토지 중 제방 등을 토지에 편입하여 등록하는 경우: 그 경사면의 하단부
③ 도로·구거 등의 토지에 절토(땅깎기)된 부분이 있는 경우: 바깥쪽 어깨부분
④ 토지가 해면 또는 수면에 접하는 경우: 최소만조위 또는 최소만수위가 되는 선
⑤ 연접되는 토지 간에 높낮이 차이가 없는 경우: 그 구조물 등의 상단부

> **함정을 피하는 TIP**
> - 지상경계의 결정기준 5가지를 알아야 한다.

> **해설**
> ② 공유수면매립지의 토지 중 제방 등을 토지에 편입하여 등록하는 경우: 바깥쪽 어깨부분
> ③ 도로·구거 등의 토지에 절토(땅깎기)된 부분이 있는 경우: 그 경사면의 상단부
> ④ 토지가 해면 또는 수면에 접하는 경우: 최대만조위 또는 최대만수위가 되는 선
> ⑤ 연접되는 토지 간에 높낮이 차이가 없는 경우: 그 구조물 등의 중앙
>
> 정답 ①

단단하게 정리하는 **핵심이론**

1 경계
└ 필지별로 경계점들을 직선으로 연결하여 지적공부에 등록한 선

(1) 지상경계 및 지상경계점등록부

① 토지의 지상경계는 둑·담장이나 그 밖에 구획의 목표가 될 만한 구조물 및 경계점표지 등으로 구분한다(법 제65조 제1항).

② 지적소관청은 토지의 이동에 따라 지상경계를 새로 정한 경우에는 지상경계점등록부를 작성·관리하여야 한다(법 제65조 제2항).

③ 지상경계점등록부에 다음의 사항을 등록하여야 한다(법 제65조 제2항, 규칙 제60조).

> ㉠ 토지의 소재
> ㉡ 지번 ─ 필지를 구획하는 선의 굴곡점
> ㉢ 경계점표지의 종류 및 경계점 위치
> ㉣ 경계점 위치 설명도
> ㉤ 경계점 좌표(경계점좌표등록부 시행지역에 한정한다)
> ㉥ 경계점의 사진 파일 ─ 지적측량기준점 또는 경계점의 위치를 평면직각종횡선수치로 표시한 것
> ㉦ 공부상 지목과 실제 토지이용 지목

(2) 지상경계 결정기준(영 제55조 제1항·제2항)

① 지상경계를 새로 결정하고자 하는 경우에는 다음의 기준에 따른다.

> ㉠ 도로·구거 등의 토지에 절토(땅깎기)된 부분이 있는 경우: 그 경사면의 상단부
> ㉡ 연접되는 토지 간에 높낮이 차이가 없는 경우: 그 구조물 등의 중앙
> ㉢ 연접되는 토지 간에 높낮이 차이가 있는 경우: 그 구조물 등의 하단부
> ㉣ 토지가 해면 또는 수면에 접하는 경우: 최대만조위 또는 최대만수위가 되는 선
> ㉤ 공유수면매립지의 토지 중 제방 등을 토지에 편입하여 등록하는 경우: 바깥쪽 어깨부분

② 지상경계의 구획을 형성하는 구조물 등의 소유자가 다른 경우에는 위 ①의 ㉠, ㉡, ㉢의 내용에도 불구하고 그 소유권에 따라 지상경계를 결정한다.

(3) 분할에 따른 지상경계

① 토지를 분할하려는 경우에는 지상경계점에 경계점표지를 설치하여(= 설치한 후) 측량할 수 있다(영 제55조 제3항).

② 분할에 따른 지상경계는 지상건축물을 걸리게 결정하여서는 아니 된다. 다만, 다음의 어느 하나에 해당하는 경우에는 그렇지 않다(영 제55조 제4항).

> ⊙ 「국토의 계획 및 이용에 관한 법률」의 규정에 따른 도시·군관리계획 결정고시와 지형도면 고시가 된 도시·군관리계획선에 따라 토지를 분할하는 경우
> ⓒ 도시개발사업 등의 사업시행자가 사업지구의 경계를 결정하기 위하여 토지를 분할하고자 하는 경우
> ⓒ 공공사업 등으로 인하여 학교용지·도로·철도용지·제방·하천·구거·유지·수도용지 등의 지목으로 되는 토지를 분할하는 경우
> ⓔ 법원의 확정판결이 있는 경우

(4) 도시개발사업 등의 경계결정

도시개발사업 등이 완료되어 실시하는 지적확정측량의 경계는 공사가 완료된 현황대로 결정하되, 공사가 완료된 현황이 사업계획도와 다를 때에는 미리 사업시행자에게 그 사실을 통지하여야 한다(영 제55조 제5항).

2 면적

(1) 의의

면적이란 지적공부에 등록한 필지의 수평면상 넓이를 말한다.

(2) 면적측정

① 면적측정의 방법

전자면적측정기	평판측량 또는 전자평판측량방법으로 세부측량을 실시하여 필지의 경계를 지적도나 임야도에 등록하는 지역에서 사용한다.
좌표면적계산법	경위의측량방법으로 세부측량을 실시하여 필지의 경계점을 경계점좌표등록부에 등록하는 지역에서 사용한다.

② 면적측정의 대상(지적측량 시행규칙 제19조)

면적측정 (○)	⊙ 지적공부를 복구하는 경우 ⓒ 신규등록하는 경우 ⓒ 등록전환하는 경우 ⓔ 분할하는 경우 ⑩ 축척변경하는 경우 ⓑ 면적 또는 경계를 정정하는 경우 ⓢ 경계복원측량 및 지적현황측량에 면적측정이 수반되는 경우 ⓞ 도시개발사업 등으로 인한 토지의 이동에 따라 토지의 표시를 새로 결정하는 경우
면적측정 (×)	⊙ 합병 ⓒ 지목변경 ⓒ 지번변경 ⓔ 미터법의 시행으로 면적을 환산하는 경우 ⑩ 경계복원측량과 지적현황측량을 하는 경우

(3) 끝수처리 연습

축척	1/1,000~1/6,000, 임야도지역		1/600, 경계점좌표등록부 시행지역	
내용	① 제곱미터 단위까지 등록 ② 1m² 미만이면 1m²로 등록		① 제곱미터 이하 한 자리까지 등록 ② 0.1m² 미만이면 0.1m²로 등록	
	측정면적	등록면적	측정면적	등록면적
연습	63.6	64	65.78	65.8
	64.4	64	65.83	65.8
	63.5	64	65.75	65.8
	64.5	64	65.85	65.8
	0.3	1	0.03	0.1
	64.8	65	65.68	65.7
	64.86	65	65.662	65.7
	64.52	65	65.653	65.7

> **핵심단단** 면적의 결정 및 측량계산의 끝수처리(영 제60조)
>
> 1. 일반지역
>   ① 토지의 면적은 제곱미터 단위(=1의 자리)로 한다.
>   ② 1제곱미터 미만의 끝수가 있는 경우 0.5제곱미터 미만인 때에는 버리고, 0.5제곱미터를 초과하는 때에는 올리며, 0.5제곱미터인 때에는 구하고자 하는 끝자리의 숫자가 0 또는 짝수이면 버리고 홀수이면 올린다.
>   ③ 다만, 1필지의 면적이 1제곱미터 미만인 때에는 1제곱미터로 한다.
> 2. 지적도의 축척이 600분의 1인 지역과 경계점좌표등록부 시행지역
>   ① 토지의 면적은 제곱미터 이하 한 자리 단위(=소수 첫째자리)로 한다.
>   ② 0.1제곱미터 미만의 끝수가 있는 경우 0.05제곱미터 미만인 때에는 버리고, 0.05제곱미터를 초과하는 때에는 올리며, 0.05제곱미터인 때에는 구하고자 하는 끝자리의 숫자가 0 또는 짝수이면 버리고 홀수이면 올린다.
>   ③ 다만, 1필지의 면적이 0.1제곱미터 미만인 때에는 0.1제곱미터로 한다.

기본문제와 완성문제로 **단단기출**

01 공간정보의 구축 및 관리 등에 관한 법령상 지상경계의 구분 및 결정기준 등에 관한 설명으로 **틀린** 것은?
제27회

① 토지의 지상경계는 둑·담장 그 밖에 구획의 목표가 될 만한 구조물 및 경계점표지 등으로 표시한다.
② 토지가 해면 또는 수면에 접하는 경우 평균해수면이 되는 선을 지상경계의 결정기준으로 한다.
③ 분할에 따른 지상경계는 지상건축물을 걸리게 결정하여서는 아니 된다. 다만, 법원의 확정판결이 있는 경우에는 그러하지 아니하다.
④ 매매 등을 위하여 토지를 분할하려는 경우 지상경계점에 경계점표지를 설치하여 측량할 수 있다.
⑤ 공유수면매립지의 토지 중 제방 등을 토지에 편입하여 등록하는 경우 바깥쪽 어깨부분을 지상경계의 결정기준으로 한다.

| 키워드 | 경계 |

| 난이도 | |

| 해설 | 토지가 해면 또는 수면에 접하는 경우 최대만조위 또는 최대만수위가 되는 선을 지상경계의 결정기준으로 한다(영 제55조 제1항 제4호).

정답 01 ②

02 공간정보의 구축 및 관리 등에 관한 법령상 분할에 따른 지상경계를 지상건축물에 걸리게 결정할 수 없는 경우는?

기본 기출

제24회

① 소유권 이전 및 매매를 위하여 토지를 분할하는 경우
② 법원의 확정판결에 따라 토지를 분할하는 경우
③ 도시개발사업 시행자가 사업지구의 경계를 결정하기 위하여 토지를 분할하는 경우
④ 「국토의 계획 및 이용에 관한 법률」에 따른 도시·군관리계획 결정고시와 지형도면 고시가 된 지역의 도시·군관리계획선에 따라 토지를 분할하는 경우
⑤ 공공사업 등에 따라 학교용지·도로·철도용지·제방 등의 지목으로 되는 토지를 분할하는 경우

키워드 분할과 지상경계

난이도

해설 분할에 따른 지상경계는 지상건축물을 걸리게 결정해서는 아니 된다. 다만, 다음의 어느 하나에 해당하는 경우에는 그러하지 아니하다(영 제55조 제4항).

> 1. 법원의 확정판결이 있는 경우
> 2. 공공사업 등에 따라 학교용지·도로·철도용지·제방·하천·구거·유지·수도용지 등의 지목으로 되는 토지를 분할하는 경우
> 3. 도시개발사업 등의 사업시행자가 사업지구의 경계를 결정하기 위하여 토지를 분할하는 경우
> 4. 「국토의 계획 및 이용에 관한 법률」의 규정에 따른 도시·군관리계획 결정고시와 지형도면 고시가 된 지역의 도시·군관리계획선에 따라 토지를 분할하는 경우

정답 02 ①

03 공간정보의 구축 및 관리 등에 관한 법령상 지상경계의 구분 및 결정기준 등에 관한 설명으로 틀린 것은?   제29회

① 토지의 지상경계는 둑, 담장이나 그 밖에 구획의 목표가 될 만한 구조물 및 경계점표지 등으로 구분한다.
② 지적소관청은 토지의 이동에 따라 지상경계를 새로 정한 경우에는 경계점 위치 설명도 등을 등록한 경계점좌표등록부를 작성·관리하여야 한다.
③ 도시개발사업 등의 사업시행자가 사업지구의 경계를 결정하기 위하여 토지를 분할하려는 경우에는 지상경계점에 경계점표지를 설치하여 측량할 수 있다.
④ 토지가 수면에 접하는 경우 지상경계의 결정기준은 최대만수위가 되는 선으로 한다.
⑤ 공유수면매립지의 토지 중 제방 등을 토지에 편입하여 등록하는 경우 지상경계의 결정기준은 바깥쪽 어깨부분으로 한다.

키워드 〉 경계
난이도 〉
해설 〉 지적소관청은 토지의 이동에 따라 지상경계를 새로 정한 경우에는 경계점 위치 설명도 등을 등록한 지상경계점등록부를 작성·관리하여야 한다(법 제65조 제2항).

04 공간정보의 구축 및 관리 등에 관한 법령상 지적소관청이 토지의 이동에 따라 지상경계를 새로 정한 경우에 경계점 위치 설명도와 경계점표지의 종류 등을 등록하여 관리하는 장부는?   제30회

① 토지이동조사부
② 부동산종합공부
③ 경계점좌표등록부
④ 지상경계점등록부
⑤ 토지이동정리결의서

키워드 〉 지상경계점등록부 등록사항
난이도 〉
해설 〉 지적소관청은 토지의 이동에 따라 지상경계를 새로 정한 경우에는 지상경계점등록부를 작성·관리하여야 한다(법 제65조 제2항).

정답 03 ② 04 ④

05 공간정보의 구축 및 관리 등에 관한 법령상 지상경계점등록부의 등록사항으로 틀린 것은? 제34회

기본 기출
① 지적도면의 번호
② 토지의 소재
③ 공부상 지목과 실제 토지이용 지목
④ 경계점의 사진 파일
⑤ 경계점표지의 종류 및 경계점 위치

키워드 > 지상경계점등록부 등록사항

난이도 >

해설 > 지상경계점등록부에 다음의 사항을 등록하여야 한다(법 제65조 제2항, 규칙 제60조).

> 1. 토지의 소재
> 2. 지번
> 3. 경계점표지의 종류 및 경계점 위치
> 4. 경계점 위치 설명도
> 5. 경계점 좌표(경계점좌표등록부 시행지역에 한정한다)
> 6. 경계점의 사진 파일
> 7. 공부상 지목과 실제 토지이용 지목

정답 05 ①

06 공간정보의 구축 및 관리 등에 관한 법령상 세부측량 시 필지마다 면적을 측정하여야 하는 경우가 아닌 것은?

제24회

① 지적공부의 복구를 하는 경우
② 등록전환을 하는 경우
③ 지목변경을 하는 경우
④ 축척변경을 하는 경우
⑤ 도시개발사업 등으로 인한 토지의 이동에 따라 토지의 표시를 새로 결정하는 경우

> 키워드 면적측정대상
> 난이도
> 해설 지목변경을 하는 경우는 경계나 좌표의 변경이 없으므로 면적측정을 요하지 않는다.

07 지적공부에 등록하는 면적에 관한 설명으로 틀린 것은?

제25회

① 면적은 토지대장 및 경계점좌표등록부의 등록사항이다.
② 지적도의 축척이 600분의 1인 지역의 토지면적은 m^2 이하 한 자리 단위로 한다.
③ 지적도의 축척이 1,200분의 1인 지역의 1필지 면적이 $1m^2$ 미만일 때에는 $1m^2$로 한다.
④ 임야도의 축척이 6,000분의 1인 지역의 1필지 면적이 $1m^2$ 미만일 때에는 $1m^2$로 한다.
⑤ 경계점좌표등록부에 등록하는 지역의 1필지 면적이 $0.1m^2$ 미만일 때에는 $0.1m^2$로 한다.

> 키워드 면적의 결정
> 난이도
> 해설 면적은 토지대장과 임야대장에만 등록할 뿐 경계점좌표등록부에는 등록하지 않는다(법 제73조, 규칙 제71조).

정답 06 ③ 07 ①

08 공간정보의 구축 및 관리 등에 관한 법령상 지적도의 축척이 600분의 1인 지역에서 신규등록할 1필지의 면적을 측정한 값이 145.450m²인 경우 토지대장에 등록하는 면적의 결정으로 옳은 것은?

제34회

① 145m²
② 145.4m²
③ 145.45m²
④ 145.5m²
⑤ 146m²

키워드 › 축척이 600분의 1인 경우

난이도 ›

해설 › 지적도의 축척이 600분의 1인 지역은 경계점좌표등록부를 갖춰두는 지역이므로 제곱미터 이하 한 자리 단위로 등록하여야 한다. 0.1m² 미만의 끝수가 있는 경우 그 끝수가 0.05m²일 때에는 구하려는 끝자리의 숫자가 0 또는 짝수이면 버리고, 홀수이면 올린다(영 제60조 제1항 제2호). 문제의 경우 끝수가 0.05이고 구하려는 끝자리의 숫자가 4이므로 145.4m²로 등록하여야 한다.

09 공간정보의 구축 및 관리 등에 관한 법령상 지적도의 축척이 600분의 1인 지역에서 신규등록할 1필지의 면적을 계산한 값이 0.050m²이었다. 토지대장에 등록하는 면적의 결정으로 옳은 것은?

제30회

① 0.01m²
② 0.05m²
③ 0.1m²
④ 0.5m²
⑤ 1.0m²

키워드 › 끝수처리

난이도 ›

해설 › 지적도의 축척이 600분의 1인 지역과 경계점좌표등록부에 등록하는 지역의 토지 면적은 1필지의 면적이 0.1m² 미만일 때에는 0.1m²로 한다(영 제60조 제1항 제2호).

정답 08 ② 09 ③

THEME 05 지적공부의 종류 및 등록사항

□ 1회독 □ 2회독

| THEME 키워드 |
토지대장 등록사항, 대장(토지대장·임야대장·공유지연명부·대지권등록부) 등록사항, 지적도의 축척, 지적도면 등록사항, 경계점좌표등록부를 갖춰두는 지역의 지적도, 경계점좌표등록부 등록사항, 지적공부 등록사항

기본으로 알아야 하는 대표기출

> **기출분석**
> - **기출회차:** 제27회
> - **키워드:** 지적공부 등록사항
> - **난이도:** ■■■□

공간정보의 구축 및 관리 등에 관한 법령상 지적공부와 등록사항의 연결이 틀린 것은?

① 토지대장 – 토지의 소재, 토지의 고유번호
② 임야대장 – 지번, 개별공시지가와 그 기준일
③ 지적도 – 경계, 건축물 및 구조물 등의 위치
④ 공유지연명부 – 소유권 지분, 전유부분의 건물표시
⑤ 대지권등록부 – 대지권 비율, 건물의 명칭

> **함정을 피하는 TIP**
> - 각 지적공부의 등록사항을 알고 이를 연결시킬 수 있어야 한다.

해설
소유권 지분은 공유지연명부의 등록사항이지만, 전유부분의 건물표시는 대지권등록부의 등록사항에 해당한다.

정답 ④

단단하게 정리하는 **핵심이론**

1 지적공부의 분류 및 등록사항

지적공부 (○)	① 대장 – 토지대장, 임야대장, 공유지연명부, 대지권등록부 ② 도면 ┬ 지적도면: 지적도, 임야도 　　　　└ 경계점좌표등록부 ③ 정보처리시스템을 통하여 기록·저장된 지적공부
지적공부 (×)	부동산등기부, 건축물대장, 부동산종합공부, 지상경계점등록부, 결번대장 등
등록사항	① 토지의 표시: 소재, 지번, 지목, 면적, 경계 또는 좌표 ② 소유자 등

2 토지대장 및 임야대장

토지대장 및 임야대장에는 다음의 사항을 각각 등록한다(법 제71조 제1항, 규칙 제68조 제2항).

① 토지의 소재
② 지번
③ 지목 및 축척
④ 면적
⑤ 고유번호
⑥ 필지별 대장의 장 번호
⑦ 개별공시지가와 그 기준일
⑧ 토지의 이동사유
⑨ 소유자의 성명(명칭)·주소·주민등록번호
⑩ 토지소유자가 변경된 날과 그 원인
⑪ 지적도(임야도)의 번호

토지대장(별지 제63호 서식)

고유번호	2818510600-10023-0045			토 지 대 장		도면번호	347	발급번호	20142818500000161 3
토지소재	인천광역시 연수구 송도동					장번호	3-1	처리시각	12시03분10초
지 번	23-45	축 척	수치			비 고		발급자	

토 지 표 시				소 유 자		
지 목	면 적(m²)	사 유		변 동 일 자	주 소	
				변 동 원 인	성명 또는 명칭	등록번호
(08)대	*57,654.6*	(21)2001년 11월 01일 9991번에서 분할		2000년02월21일	인천광역시	423
				(02)소유권보존		
(08)대	*57,654.6*	(52)2006년 03월 06일 동춘동 991-25번에서 행정관할구역변경		2004년02월18일	부산광역시 영도구 봉래동5가 29	
				(03)소유권이전	주식회사한진중공업	110111-0*****
		-- 이하여백 --		2006년06월08일		
				(21)대지권설정		
					-- 이하여백 --	

등 급 수 정 연 월 일	( )	( )	( )	( )	( )	( )	( )	( )
토 지 등 급 (기준수확량등급)								
개별공시지가 기준일	2002년01월01일	2003년01월01일	2004년01월01일	2005년01월01일	2006년01월01일	2007년01월01일	2008년01월01일	용도지역 등
개별공시지가(원/m²)	160,000	500,000	800,000	900,000	1,200,000	2,100,000	2,500,000	( )

3 공유지연명부

공유지연명부에는 다음의 사항을 등록한다(법 제71조 제2항, 규칙 제68조 제3항).

① 토지의 소재
② 지번
③ 소유권 지분
④ 소유자의 성명(명칭)·주소·주민등록번호
⑤ 토지소유자가 변경된 날과 그 원인
⑥ 토지의 고유번호
⑦ 필지별 공유지연명부의 장 번호

4 대지권등록부

대지권등록부에는 다음의 사항을 등록한다(법 제71조 제3항, 규칙 제68조 제4항).

① 토지의 소재
② 지번
③ 소유권 지분
④ 소유자의 성명(명칭)·주소·주민등록번호
⑤ 토지소유자가 변경된 날과 그 원인
⑥ 토지의 고유번호
⑦ 집합건물별 대지권등록부의 장 번호
⑧ 건물의 명칭
⑨ 전유부분의 건물의 표시
⑩ 대지권의 비율

5 지적도면(지적도 및 임야도)

① 토지대장에 등록한 필지는 지적도에 등록하고, 임야대장에 등록한 토지는 임야도에 등록한다.
② 지적소관청은 지적도면의 관리에 필요한 경우에는 지번부여지역마다 일람도와 지번색인표를 작성하여 갖춰둘 수 있다(규칙 제69조 제5항).
   └ 하나의 지번부여지역에 어떤 시설이 있는지를 한번에 볼 수 있게 만든 도면
③ 지적도면의 법정축척(규칙 제69조 제6항)

지적도	1/500, 1/600, 1/1,000, 1/1,200, 1/2,400, 1/3,000, 1/6,000
임야도	1/3,000, 1/6,000

④ 지적도면에는 다음의 사항을 등록한다(법 제72조, 규칙 제69조 제2항).

> ㉠ 토지의 소재
> ㉡ 지번
> ㉢ 지목 – 부호로 표시한다.
> ㉣ 경계 – 경계는 0.1mm 폭으로 제도한다.
> ㉤ 지적도면의 색인도(일람도 ×)
> ㉥ 지적도면의 제명 및 축척
> ㉦ 도곽선과 그 수치 – 도곽선은 0.1mm 폭으로 제도한다.
> ㉧ 삼각점 및 지적기준점의 위치
> ㉨ 건축물 및 구조물 등의 위치
> ㉩ 좌표에 의하여 계산된 경계점 간의 거리(경계점좌표등록부를 갖춰두는 지역에 한정한다)

핵심단단 경계점좌표등록부를 갖춰두는 지역의 지적도 특징

❶ 지적도의 제명 끝에 '(좌표)'라고 표시한다(규칙 제69조 제3항).
❷ 좌표에 의하여 계산된 경계점 간 거리를 등록한다(규칙 제69조 제2항).
❸ 도곽선의 오른쪽 아래 끝에 '이 도면에 의하여 측량을 할 수 없음'이라고 적는다(규칙 제69조 제3항).

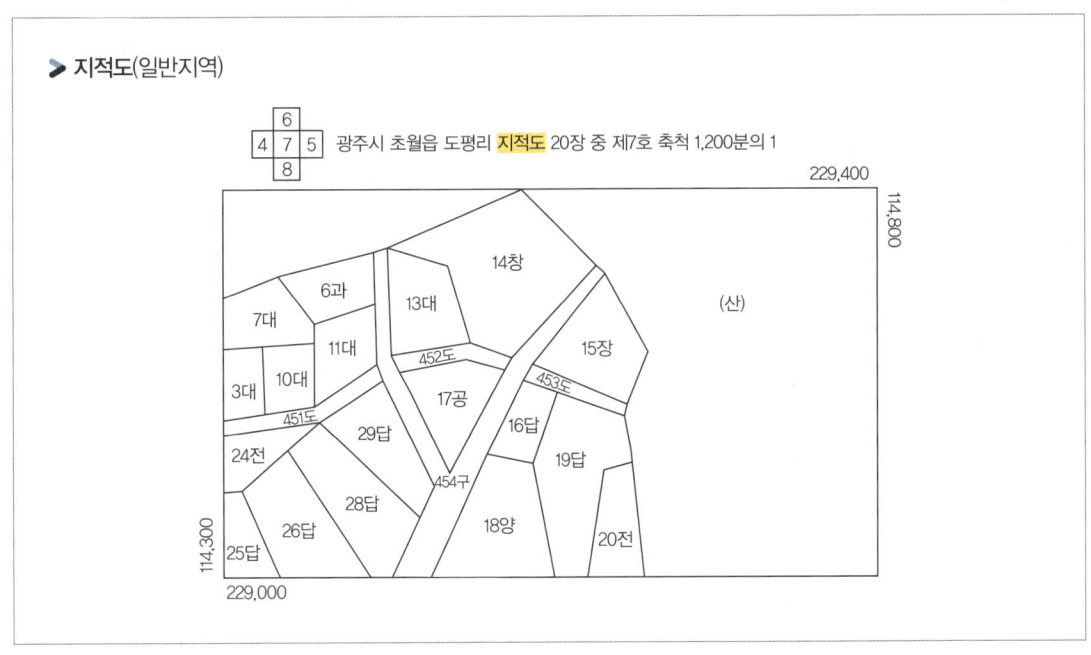

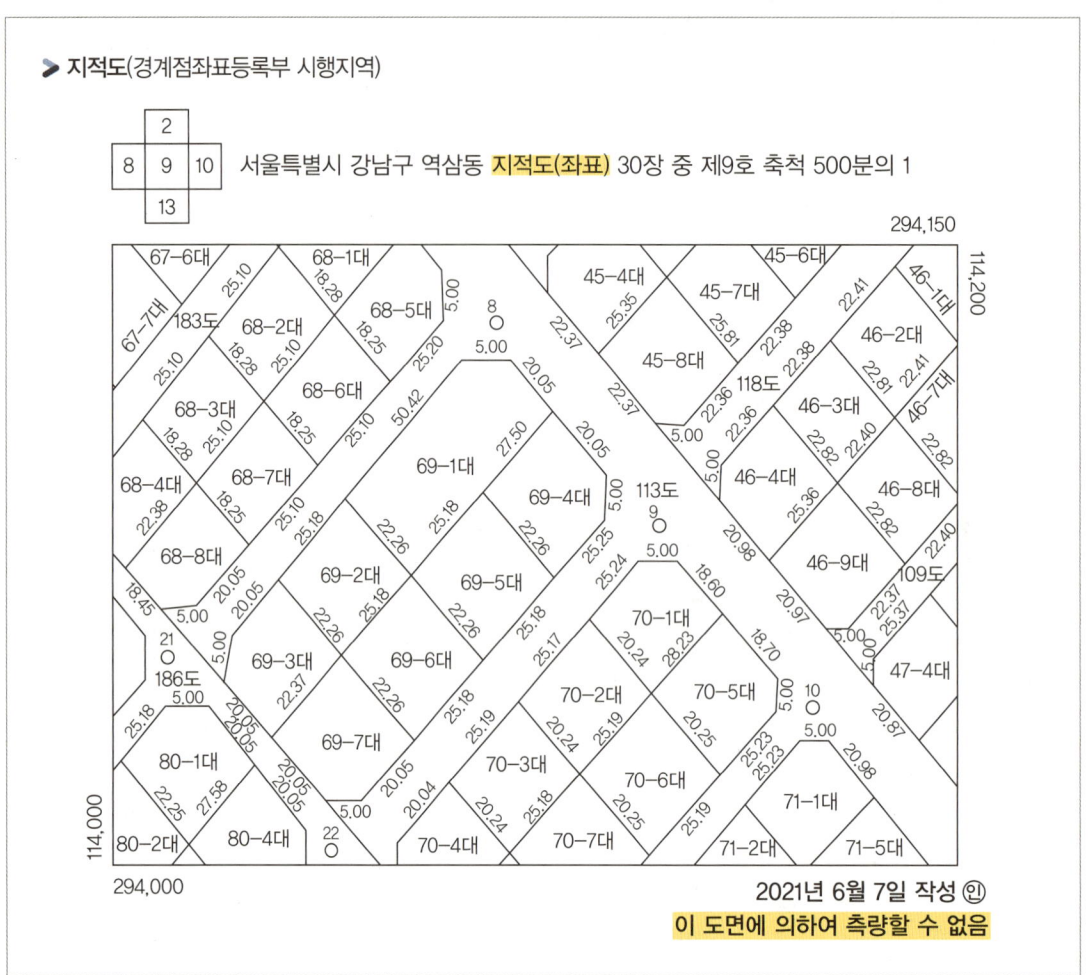

6 경계점좌표등록부

(1) 작성지역

① 경계점좌표등록부는 <mark>도시개발사업</mark> 등에 따라 새로 지적공부에 등록하는 토지에 대하여 작성하고 갖춰두어야 한다(법 제73조).

② 구체적으로 경계점좌표등록부를 갖춰두는 토지는 <mark>지적확정측량</mark> 또는 <mark>축척변경</mark>을 위한 측량을 실시하여 경계점을 좌표로 등록한 지역의 토지로 한다(규칙 제71조 제2항).

(2) 등록사항(법 제73조, 규칙 제71조 제3항)

① 토지의 소재
② 지번
③ 좌표
④ 부호 및 부호도
⑤ 지적도면의 번호
⑥ 토지의 고유번호
⑦ 필지별 경계점좌표등록부의 장번호

(3) 특징

① 경계점좌표등록부에 등록한 토지는 반드시 '토지대장'과 '지적도'를 함께 작성하고 갖춰두어야 한다.
② 경계점좌표등록부를 비치한 지역에 있어서는 토지의 경계설정과 지표상의 복원은 '좌표'에 의하고, 지적도에 의할 수 없다.

핵심단단 등록사항 정리

구분	토지대장, 임야대장	공유지 연명부	대지권 등록부	지적도, 임야도	경계점좌표 등록부	암기
소재, 지번	○	○	○	○	○	다 된다
지목	○	×	×	○	×	목도장
면적	○	×	×	×	×	면장
경계	×	×	×	○	×	경도
좌표	×	×	×	×	○	—
소유자	○	○	○	×	×	소대장
소유권 지분	×	○	○	×	×	지대공
고유번호, 장 번호	○	○	○	×	○	고장도 없다
축척	○	×	×	○	×	축도장
개별공시지가, 토지이동사유	○	×	×	×	×	개사장
특징	면적, 개별공시지가, 토지이동사유		건물명칭, 전유부분의 건물표시, 대지권비율	건축물 및 구조물의 위치	부호 및 부호도	

⚠ 1. 장 ⇨ 토지대장, 임야대장
　2. 도 ⇨ 지적도, 임야도
　3. 대장 ⇨ 토지대장, 임야대장, 공유지연명부, 대지권등록부

기본문제와 완성문제로 단단기출

01 공간정보의 구축 및 관리 등에 관한 법령상 토지의 이동사유를 등록하는 지적공부는? 제26회

기본 기출

① 경계점좌표등록부
② 대지권등록부
③ 토지대장
④ 공유지연명부
⑤ 지적도

> 키워드 〉 토지대장 등록사항
> 난이도 〉
> 해설 〉 토지의 이동사유와 개별공시지가는 토지대장 및 임야대장에만 등록한다.

02 공간정보의 구축 및 관리 등에 관한 법령상 대지권등록부의 등록사항만으로 나열된 것이 아닌 것은? 제33회

기본 기출

① 지번, 지목
② 토지의 소재, 토지의 고유번호
③ 대지권 비율, 전유부분(專有部分)의 건물표시
④ 소유권 지분, 토지소유자가 변경된 날과 그 원인
⑤ 건물의 명칭, 집합건물별 대지권등록부의 장번호

> 키워드 〉 대지권등록부 등록사항
> 난이도 〉
> 해설 〉 지목은 토지대장, 임야대장, 지적도, 임야도에 등록한다.
> 보충 〉 대지권등록부에는 다음의 사항을 등록하여야 한다(법 제71조 제3항, 규칙 제68조 제4항).
>
>> 1. 토지의 소재
>> 2. 지번
>> 3. 소유자의 성명 또는 명칭, 주소 및 주민등록번호
>> 4. 토지소유자가 변경된 날과 그 원인
>> 5. 소유권 지분
>> 6. 토지의 고유번호
>> 7. 집합건물별 대지권등록부의 장 번호
>> 8. 건물의 명칭
>> 9. 전유부분의 건물표시
>> 10. 대지권 비율

정답 01 ③ 02 ①

03 공간정보의 구축 및 관리 등에 관한 법령상 공유지연명부와 대지권등록부의 공통 등록사항을 모두 고른 것은?

제32회

> ⊙ 지번
> ⓒ 소유권 지분
> ⓒ 소유자의 성명 또는 명칭, 주소 및 주민등록번호
> ② 토지의 고유번호
> ⓜ 토지소유자가 변경된 날과 그 원인

① ⊙, ⓒ, ⓒ
② ⊙, ⓒ, ②, ⓜ
③ ⊙, ⓒ, ②, ⓜ
④ ⓒ, ⓒ, ②, ⓜ
⑤ ⊙, ⓒ, ⓒ, ②, ⓜ

키워드 공유지연명부·대지권등록부 등록사항

난이도

해설 ⊙ⓒⓒ②ⓜ 모두 공유지연명부와 대지권등록부의 공통 등록사항이다.

보충 공유지연명부·대지권등록부 등록사항

공유지연명부 등록사항	대지권등록부 등록사항
• 토지의 소재, 지번 • 토지의 고유번호 • 공유지연명부의 장번호 • 소유자의 성명·주소·주민등록번호 • 토지소유자가 변경된 날과 그 원인 • 소유권 지분	• 토지의 소재, 지번 • 토지의 고유번호 • 대지권등록부의 장번호 • 소유자의 성명·주소·주민등록번호 • 토지소유자가 변경된 날과 그 원인 • 소유권 지분 • 건물명칭 • 전유부분의 건물의 표시 • 대지권 비율

정답 03 ⑤

04 공간정보의 구축 및 관리 등에 관한 법령상 지적공부와 등록사항이 옳은 것은? 제31회

① 토지대장 – 경계와 면적
② 임야대장 – 건축물 및 구조물 등의 위치
③ 공유지연명부 – 소유권 지분과 토지의 이동사유
④ 대지권등록부 – 대지권 비율과 지목
⑤ 토지대장·임야대장·공유지연명부·대지권등록부 – 토지소유자가 변경된 날과 그 원인

키워드 〉 대장(토지대장·임야대장·공유지연명부·대지권등록부) 등록사항

난이도 〉

해설 〉 ① 경계는 지적도면에 등록한다.
② 건축물 및 구조물 등의 위치는 지적도면에 등록한다.
③ 토지의 이동사유는 토지대장 및 임야대장에 등록한다.
④ 지목은 토지(임야)대장 및 지적(임야)도에 등록한다.

---

05 공간정보의 구축 및 관리 등에 관한 법령상 지적도의 축척에 해당하는 것을 모두 고른 것은? 제29회

㉠ 1/1,000 ㉡ 1/2,000
㉢ 1/2,400 ㉣ 1/3,000
㉤ 1/6,000

① ㉠, ㉢
② ㉠, ㉡, ㉢
③ ㉠, ㉣, ㉤
④ ㉡, ㉣, ㉤
⑤ ㉠, ㉢, ㉣, ㉤

키워드 〉 지적도의 축척

난이도 〉

해설 〉 지적도면에 사용하는 법정축척은 다음과 같다(규칙 제69조 제6항).

1. 지적도: 1/500, 1/600, 1/1,000, 1/1,200, 1/2,400, 1/3,000, 1/6,000
2. 임야도: 1/3,000, 1/6,000

정답 04 ⑤ 05 ⑤

06 공간정보의 구축 및 관리 등에 관한 법령상 지적도면의 등록사항을 모두 고른 것은? 제32회 수정

> ⊙ 토지의 소재
> ⓒ 좌표에 의하여 계산된 경계점 간의 거리(경계점좌표등록부를 갖춰두는 지역으로 한정한다)
> ⓒ 삼각점 및 지적기준의 위치
> ⓔ 건축물 및 구조물 등의 위치
> ⓜ 도곽선(圖廓線)과 그 수치

① ㉠, ㉢, ㉣
② ㉡, ㉢, ㉤
③ ㉡, ㉣, ㉤
④ ㉠, ㉡, ㉢, ㉣
⑤ ㉠, ㉡, ㉢, ㉣, ㉤

키워드 지적도면 등록사항

난이도

해설 지적도면에는 다음의 사항을 등록하여야 한다(법 제72조, 규칙 제69조).

> 1. 토지의 소재
> 2. 지번
> 3. 지목
> 4. 경계
> 5. 지적도면의 색인도
> 6. 지적도면의 제명 및 축척
> 7. 도곽선(圖廓線)과 그 수치
> 8. 삼각점 및 지적기준점의 위치
> 9. 건축물 및 구조물 등의 위치
> 10. 좌표에 의하여 계산된 경계점 간의 거리(경계점좌표등록부를 갖춰두는 지역으로 한정한다)

정답 06 ⑤

07 공간정보의 구축 및 관리 등에 관한 법령상 지적도면 등의 등록사항 등에 관한 설명으로 **틀린** 것은?

제29회

① 지적소관청은 지적도면의 관리에 필요한 경우에는 지번부여지역마다 일람도와 지번색인표를 작성하여 갖춰둘 수 있다.
② 지적도면의 축척은 지적도 7종, 임야도 2종으로 구분한다.
③ 지적도면의 색인도, 건축물 및 구조물 등의 위치는 지적도면의 등록사항에 해당한다.
④ 경계점좌표등록부를 갖춰두는 지역의 임야도에는 해당 도면의 제명 끝에 '(좌표)'라고 표시하고 도곽선의 오른쪽 아래 끝에 '이 도면에 의하여 측량을 할 수 없음'이라고 적어야 한다.
⑤ 지적도면에는 지적소관청의 직인을 날인하여야 한다. 다만, 정보처리시스템을 이용하여 관리하는 지적도면의 경우에는 그러하지 아니하다.

키워드 경계점좌표등록부를 갖춰두는 지역의 지적도

난이도 ■■■■

해설 경계점좌표등록부를 갖춰두는 지역은 반드시 지적도를 작성하여야 하므로 임야도가 아니라 지적도의 제명 끝에 '(좌표)'라고 표시하고 도곽선의 오른쪽 아래 끝에 '이 도면에 의하여 측량을 할 수 없음'이라고 적어야 한다.

08 공간정보의 구축 및 관리 등에 관한 법령상 경계점좌표등록부의 등록사항으로 옳은 것만 나열한 것은?

제27회

① 지번, 토지의 이동사유
② 토지의 고유번호, 부호 및 부호도
③ 경계, 삼각점 및 지적기준점의 위치
④ 좌표, 건축물 및 구조물 등의 위치
⑤ 면적, 필지별 경계점좌표등록부의 장번호

키워드 경계점좌표등록부 등록사항

난이도 ■■■

해설 ① 토지의 이동사유는 토지대장 및 임야대장의 등록사항이다.
③ 경계, 삼각점 및 지적기준점의 위치는 지적도면의 등록사항이다.
④ 건축물 및 구조물 등의 위치는 지적도면의 등록사항이다.
⑤ 면적은 토지대장 및 임야대장의 등록사항이다.

정답 07 ④ 08 ②

09 기본 기출

공간정보의 구축 및 관리 등에 관한 법령상 경계점좌표등록부를 갖춰두는 지역의 지적공부 및 토지의 등록 등에 관한 설명으로 **틀린** 것은? 제28회

① 지적도에는 해당 도면의 제명 앞에 '(수치)'라고 표시하여야 한다.
② 지적도에는 도곽선의 오른쪽 아래 끝에 '이 도면에 의하여 측량을 할 수 없음'이라고 적어야 한다.
③ 토지면적은 m^2 이하 한 자리 단위로 결정하여야 한다.
④ 면적측정 방법은 좌표면적계산법에 의한다.
⑤ 경계점좌표등록부를 갖춰두는 토지는 지적확정측량 또는 축척변경을 위한 측량을 실시하여 경계점을 좌표로 등록한 지역의 토지로 한다.

> 키워드 〉 경계점좌표등록부를 갖춰두는 지역의 지적도
> 난이도 〉
> 해설 〉 경계점좌표등록부를 갖춰두는 지역의 지적도에는 해당 도면의 제명 끝에 '(좌표)'라고 표시하고, 도곽선의 오른쪽 아래 끝에 '이 도면에 의하여 측량을 할 수 없음'이라고 적어야 한다(규칙 제69조 제3항).

10 완성 기출

다음 중 지적공부와 등록사항의 연결이 **틀린** 것은? 제25회

① 임야대장 – 토지의 소재 및 개별공시지가와 그 기준일
② 경계점좌표등록부 – 좌표와 건축물 및 구조물 등의 위치
③ 대지권등록부 – 대지권 비율과 전유부분(專有部分)의 건물표시
④ 임야도 – 경계와 삼각점 및 지적기준점의 위치
⑤ 공유지연명부 – 소유권 지분 및 토지소유자가 변경된 날과 그 원인

> 키워드 〉 지적공부 등록사항
> 난이도 〉
> 해설 〉 건축물 및 구조물 등의 위치는 지적도면의 등록사항에 해당하며, 경계점좌표등록부의 등록사항에는 해당하지 않는다.

정답 09 ① 10 ②

THEME 06

지적공부의 보존, 반출, 이용, 복구

| THEME 키워드 |
지적공부의 보존, 지적공부의 보존 및 관리방법, 지적공부의 관리 및 복구, 지적공부의 복구, 지적공부 복구자료

□ 1회독 □ 2회독

기출분석
- **기출회차:** 제32회
- **키워드:** 지적공부의 보존
- **난이도:** ■■□

기본으로 알아야 하는 **대표기출**

공간정보의 구축 및 관리 등에 관한 법령상 지적공부의 보존 등에 관한 설명으로 옳은 것을 모두 고른 것은?

> ㉠ 지적서고는 지적사무를 처리하는 사무실과 연접(連接)하여 설치하여야 한다.
> ㉡ 지적소관청은 천재지변이나 그 밖에 이에 준하는 재난을 피하기 위하여 필요한 경우에는 지적공부를 해당 청사 밖으로 반출할 수 있다.
> ㉢ 지적공부를 정보처리시스템을 통하여 기록·저장한 경우 관할 시·도지사, 시장·군수 또는 구청장은 그 지적공부를 지적정보관리체계에 영구히 보존하여야 한다.
> ㉣ 카드로 된 토지대장·임야대장 등은 200장 단위로 바인더(binder)에 넣어 보관하여야 한다.

① ㉠, ㉢
② ㉡, ㉣
③ ㉢, ㉣
④ ㉠, ㉡, ㉢
⑤ ㉠, ㉡, ㉣

함정을 피하는 TIP
- 지적공부 및 정보처리시스템을 통하여 기록·저장한 지적공부의 보존 및 반출에 관한 내용을 알고 있어야 한다.

해설

㉣ 카드로 된 토지대장·임야대장·공유지연명부·대지권등록부 및 경계점좌표등록부는 100장 단위로 바인더(binder)에 넣어 보관하여야 한다(규칙 제66조 제1항).

정답 ④

단단하게 정리하는 **핵심이론**

1 지적공부의 보존

지적공부 (종이)	**지적소관청**은 해당 청사에 **지적서고**를 설치하고 그곳에 지적공부를 영구히 보존하여야 한다. 다만, 지적공부를 정보처리시스템을 통하여 기록·저장한 경우는 지적서고에 보존하지 않는다(법 제69조 제1항).
지적공부 (정보처리시스템)	지적공부를 정보처리시스템을 통하여 기록·저장한 경우 관할 **시·도지사, 시장·군수 또는 구청장**은 그 지적공부를 **지적정보관리체계**에 영구히 보존하여야 한다(법 제69조 제2항).
지적공부 복제	**국토교통부장관**은 정보처리시스템을 통하여 기록·저장한 지적공부가 멸실되거나 훼손될 경우를 대비하여 지적공부를 복제하여 관리하는 정보관리체계를 구축하여야 한다(법 제69조 제3항).

2 지적공부의 열람 및 등본 발급

지적공부 (종이)	지적공부를 열람하거나 그 등본을 발급받으려는 자는 **해당 지적소관청**에 이를 신청하여야 한다(법 제75조 제1항 본문).
지적공부 (정보처리시스템)	정보처리시스템을 통하여 기록·저장된 지적공부(지적도 및 임야도는 제외한다)를 열람하거나 그 등본을 발급받으려는 경우에는 **특별자치시장, 시장·군수 또는 구청장**이나 **읍·면·동의 장**에게 신청할 수 있다(법 제75조 제1항 단서).
신청서 제출	지적공부를 열람하거나 그 등본을 발급받으려는 자는 지적공부·부동산종합공부 열람·발급 신청서(전자문서로 된 신청서를 포함한다)를 **지적소관청 또는 읍·면·동장**에게 제출하여야 한다(규칙 제74조 제1항).

3 지적공부의 반출(법 제69조 제1항)

지적공부는 다음의 경우를 제외하고는 해당 청사 밖으로 반출하지 못한다.

① **천재지변**이나 그 밖에 이에 준하는 재난을 피하기 위하여 필요한 경우
② 관할 **시·도지사 또는 대도시 시장의 승인**을 받은 경우

4 지적전산자료의 이용(법 제76조)

① 지적공부에 관한 전산자료(연속지적도를 포함)를 이용하거나 활용하려는 자는 다음의 구분에 따라 국토교통부장관, 시·도지사 또는 지적소관청에 지적전산자료를 신청하여야 한다.

전국 단위의 지적전산자료	국토교통부장관, 시·도지사 또는 지적소관청
시·도 단위의 지적전산자료	시·도지사 또는 지적소관청
시·군·구 단위의 지적전산자료	지적소관청

② 지적전산자료를 신청하려는 자는 지적전산자료의 이용 또는 활용 목적 등에 관하여 미리 관계 중앙행정기관의 심사를 받아야 한다. 다만, 중앙행정기관의 장, 그 소속 기관의 장 또는 지방자치단체의 장이 신청하는 경우에는 그러하지 아니하다(법 제76조 제2항).

③ 다음의 어느 하나에 해당하는 경우에는 관계 중앙행정기관의 심사를 받지 아니할 수 있다(법 제76조 제3항).

> ㉠ 토지소유자가 자기 토지에 대한 지적전산자료를 신청하는 경우
> ㉡ 토지소유자가 사망하여 그 상속인이 피상속인의 토지에 대한 지적전산자료를 신청하는 경우
> ㉢ 「개인정보 보호법」 제2조 제1호에 따른 개인정보를 제외한 지적전산자료를 신청하는 경우

5 지적정보 전담 관리기구

① 국토교통부장관은 지적공부의 효율적인 관리 및 활용을 위하여 지적정보 전담 관리기구를 설치·운영한다(법 제70조 제1항).

② 국토교통부장관은 지적공부를 과세나 부동산정책자료 등으로 활용하기 위하여 주민등록전산자료, 가족관계등록전산자료, 부동산등기전산자료 또는 공시지가전산자료 등을 관리하는 기관에 그 자료를 요청할 수 있으며 요청을 받은 관리기관의 장은 특별한 사정이 없으면 그 요청을 따라야 한다(법 제70조 제2항).

6 지적공부의 복구

① 지적공부의 복구는 소유자의 신청에 의하지 않고 지적소관청이 직권으로 한다. 이 경우 시·도지사나 대도시 시장의 승인을 요하지 않는다.

② 지적소관청(정보처리시스템에 의하여 기록·저장된 지적공부의 경우에는 시·도지사, 시장·군수 또는 구청장)은 지적공부의 전부 또는 일부가 멸실되거나 훼손된 경우에는 지체 없이 이를 복구하여야 한다(법 제74조).

③ 복구자료

토지의 표시	㉠ 지적공부의 등본 ㉡ 측량결과도 ㉢ 토지이동정리결의서 ㉣ 토지(건물)등기사항증명서 등 등기사실을 증명하는 서류 ㉤ 지적소관청이 작성하거나 발행한 지적공부의 등록내용을 증명하는 서류 ㉥ 정보관리체계에 따라 복제된 지적공부 ㉦ 법원의 확정판결서 정본 또는 사본
소유자	부동산등기부나 법원의 확정판결

④ 복구절차

복구자료 조사	—
지적복구자료조사서 및 복구자료도 작성	㉠ 지적소관청은 조사된 복구자료 중 토지대장·임야대장 및 공유지연명부의 등록 내용을 증명하는 서류 등에 따라 지적복구자료조사서를 작성한다. ㉡ 지적소관청은 조사된 복구자료 중 지적도면의 등록 내용을 증명하는 서류 등에 따라 복구자료도를 작성하여야 한다.
복구측량	다음의 경우 복구측량을 하여야 한다(규칙 제73조 제3항). ㉠ 복구자료도에 따라 측정한 면적과 지적복구자료조사서의 조사된 면적의 증감이 허용범위를 초과한 경우 ㉡ 복구자료도를 작성할 복구자료가 없는 경우
토지의 표시 등의 게시	지적소관청은 복구자료의 조사 또는 복구측량 등이 완료되어 지적공부를 복구하려는 경우에는 복구하려는 토지의 표시 등을 시·군·구 게시판 및 인터넷 홈페이지에 15일 이상 게시하여야 한다.
이의신청	복구하려는 토지의 표시 등에 이의가 있는 자는 위 위의 게시기간 내에 지적소관청에 이의신청을 할 수 있다.
지적공부의 복구	—

기본문제와 완성문제로 **단단기출**

01 공간정보의 구축 및 관리 등에 관한 법령상 지적공부의 보존 및 보관방법에 등에 관한 설명으로
기본 기출 틀린 것은? (단, 정보처리시스템을 통하여 기록·저장된 지적공부는 제외함) 제31회

① 지적소관청은 해당 청사에 지적서고를 설치하고 그곳에 지적공부를 영구히 보존하여야 한다.
② 국토교통부장관의 승인을 받은 경우 지적공부를 해당 청사 밖으로 반출할 수 있다.
③ 지적서고는 지적사무를 처리하는 사무실과 연접(連接)하여 설치하여야 한다.
④ 지적도면은 지번부여지역별로 도면번호순으로 보관하되, 각 장별로 보호대에 넣어야 한다.
⑤ 카드로 된 토지대장·임야대장·공유지연명부·대지권등록부 및 경계점좌표등록부는 100장 단위로 바인더(binder)에 넣어 보관하여야 한다.

> **키워드** 지적공부의 보존 및 관리방법
>
> **난이도** ■■□
>
> **해설** 지적공부는 다음의 어느 하나에 해당하는 경우 청사 밖으로 지적공부를 반출할 수 있을 뿐 국토교통부장관의 승인을 받은 경우는 반출사유에 해당하지 않는다(법 제69조 제1항).
>
> > 1. 천재지변이나 그 밖에 이에 준하는 재난을 피하기 위하여 필요한 경우
> > 2. 관할 시·도지사 또는 대도시 시장의 승인을 받은 경우

정답 01 ②

02 공간정보의 구축 및 관리 등에 관한 법령상 지적공부의 관리 등에 관한 설명으로 **틀린** 것은?

제26회 수정

① 지적공부를 정보처리시스템을 통하여 기록·저장한 경우 관할 시·도지사, 시장·군수 또는 구청장은 그 지적공부를 지적정보관리체계에 영구히 보존하여야 한다.
② 지적소관청은 해당 청사에 지적서고를 설치하고 그곳에 지적공부(정보처리시스템을 통하여 기록·저장한 경우는 제외한다)를 영구히 보존하여야 한다.
③ 국토교통부장관은 지적공부를 과세나 부동산정책자료 등으로 활용하기 위하여 주민등록전산자료, 가족관계등록전산자료, 부동산등기전산자료 또는 공시지가전산자료 등을 관리하는 기관에 그 자료를 요청할 수 있다.
④ 토지소유자가 자기 토지에 대한 지적전산자료를 신청하거나, 토지소유자가 사망하여 그 상속인이 피상속인의 토지에 대한 지적전산자료를 신청하는 경우에는 관계 중앙행정기관의 심사를 받지 아니할 수 있다.
⑤ 지적소관청은 지적공부의 전부 또는 일부가 멸실되거나 훼손되어 이를 복구하고자 하는 경우에는 국토교통부장관의 승인을 받아야 한다.

키워드 지적공부의 관리 및 복구

난이도

해설 지적소관청(정보처리시스템을 통하여 기록·저장한 지적공부의 경우에는 시·도지사, 시장·군수 또는 구청장)은 지적공부의 전부 또는 일부가 멸실되거나 훼손된 경우에는 지체 없이 이를 복구하여야 한다 (법 제74조). 이 경우 국토교통부장관이나 시·도지사의 승인을 요하지 않는다.

정답 02 ⑤

03 공간정보의 구축 및 관리 등에 관한 법령상 지적공부의 복구 및 복구절차 등에 관한 설명으로 틀린 것은?

제31회

① 지적소관청(정보처리시스템에 의하여 기록·저장된 지적공부의 경우에는 시·도지사, 시장·군수 또는 구청장)은 지적공부의 전부 또는 일부가 멸실되거나 훼손된 경우에는 지체 없이 이를 복구하여야 한다.

② 지적공부를 복구할 때에는 멸실·훼손 당시의 지적공부와 가장 부합된다고 인정되는 관계 자료에 따라 토지의 표시에 관한 사항을 복구하여야 한다. 다만, 소유자에 관한 사항은 부동산등기부나 법원의 확정판결에 따라 복구하여야 한다.

③ 지적공부의 등본, 개별공시지가 자료, 측량신청서 및 측량준비도, 법원의 확정판결서 정본 또는 사본은 지적공부의 복구자료이다.

④ 지적소관청은 조사된 복구자료 중 토지대장·임야대장 및 공유지연명부의 등록 내용을 증명하는 서류 등에 따라 지적복구자료 조사서를 작성하고, 지적도면의 등록 내용을 증명하는 서류 등에 따라 복구자료도를 작성하여야 한다.

⑤ 복구자료도에 따라 측정한 면적과 지적복구자료 조사서의 조사된 면적의 증감이 오차의 허용범위를 초과하거나 복구자료도를 작성할 복구자료가 없는 경우에는 복구측량을 하여야 한다.

키워드 지적공부의 복구

난이도

해설 토지의 표시에 관한 사항의 복구자료는 다음에 해당하는 것들이므로 측량신청서 및 측량준비도는 복구자료에 해당하지 않는다(영 제61조 제2항, 규칙 제72조).

1. 지적공부의 등본
2. 측량결과도
3. 토지이동정리결의서
4. 토지(건물)등기사항증명서 등 등기사실을 증명하는 서류
5. 지적소관청이 작성하거나 발행한 지적공부의 등록내용을 증명하는 서류
6. 정보관리체계에 따라 복제된 지적공부
7. 법원의 확정판결서 정본 또는 사본

정답 03 ③

04 공간정보의 구축 및 관리 등에 관한 법령상 지적공부의 복구에 관한 관계 자료에 해당하지 않는 것은?

제26회

① 지적공부의 등본
② 부동산종합증명서
③ 토지이동정리결의서
④ 지적측량수행계획서
⑤ 법원의 확정판결서 정본 또는 사본

> 키워드: 지적공부 복구자료
> 난이도: ■■■□□
> 해설: 지적측량수행계획서는 지적측량수행자가 작성한 것으로 복구자료로 사용할 수 없다.
> 보충: 부동산종합증명서는 규칙 제72조의 지적공부의 복구자료 중 '지적소관청이 작성하거나 발행한 지적공부의 등록내용을 증명하는 서류'에 포함된다.

05 공간정보의 구축 및 관리 등에 관한 법령상 지적공부의 복구에 관한 관계 자료가 아닌 것은?

제33회

① 지적측량의뢰서
② 지적공부의 등본
③ 토지이동정리결의서
④ 법원의 확정판결서 정본 또는 사본
⑤ 지적소관청이 작성하거나 발행한 지적공부의 등록내용을 증명하는 서류

> 키워드: 지적공부 복구자료
> 난이도: ■■■□□
> 해설: 지적측량의뢰서는 복구자료에 해당하지 않는다.
> 보충: 지적공부의 복구자료는 다음과 같다(규칙 제72조).
>
> 1. 지적공부의 등본
> 2. 측량결과도
> 3. 토지이동정리결의서
> 4. 토지(건물)등기사항증명서 등기사실을 증명하는 서류
> 5. 지적소관청이 작성하거나 발행한 지적공부의 등록내용을 증명하는 서류
> 6. 정보관리체계에 따라 복제된 지적공부
> 7. 법원의 확정판결서 정본 또는 사본

정답 04 ④ 05 ①

06 공간정보의 구축 및 관리 등에 관한 법령상 지적공부(정보처리시스템을 통하여 기록·저장한 경우는 제외)의 복구에 관한 설명으로 틀린 것은?

제28회

① 지적소관청은 지적공부의 전부 또는 일부가 멸실되거나 훼손된 경우에는 지체 없이 이를 복구하여야 한다.
② 지적공부를 복구할 때 소유자에 관한 사항은 부동산등기부나 법원의 확정판결에 따라 복구하여야 한다.
③ 토지이동정리결의서는 지적공부의 복구에 관한 관계 자료에 해당한다.
④ 복구자료도에 따라 측정한 면적과 지적복구자료 조사서의 조사된 면적의 증감이 허용범위를 초과하는 경우에는 복구측량을 하여야 한다.
⑤ 지적소관청이 지적공부를 복구하려는 경우에는 해당 토지의 소유자에게 지적공부의 복구신청을 하도록 통지하여야 한다.

키워드 › 지적공부의 복구

난이도 ›

해설 › 지적소관청은 지적공부의 전부 또는 일부가 멸실되거나 훼손된 경우에는 대통령령으로 정하는 바에 따라 지체 없이 이를 복구하여야 한다(법 제74조 제1항). 즉, 지적공부의 복구는 지적소관청이 직권으로 하는 것으로, 토지소유자의 신청을 받아 하는 것이 아니다.

정답 06 ⑤

THEME 07 부동산종합공부

| THEME 키워드 |
부동산종합공부 등록사항, 부동산종합공부

기출분석
- **기출회차:** 제25회
- **키워드:** 부동산종합공부 등록사항
- **난이도:**

함정을 피하는 TIP
- 부동산종합공부의 등록사항을 알고 있어야 한다.

기본으로 알아야 하는 대표기출

공간정보의 구축 및 관리 등에 관한 법령상 부동산종합공부의 등록사항에 해당하지 <u>않는</u> 것은?

① 토지의 표시와 소유자에 관한 사항: 「공간정보의 구축 및 관리 등에 관한 법률」에 따른 지적공부의 내용
② 건축물의 표시와 소유자에 관한 사항(토지에 건축물이 있는 경우만 해당한다): 「건축법」 제38조에 따른 건축물대장의 내용
③ 토지의 이용 및 규제에 관한 사항: 「토지이용규제 기본법」 제10조에 따른 토지이용계획확인서의 내용
④ 부동산의 보상에 관한 사항: 「공익사업을 위한 토지 등의 취득 및 보상에 관한 법률」 제68조에 따른 부동산의 보상 가격 내용
⑤ 부동산의 가격에 관한 사항: 「부동산 가격공시에 관한 법률」 제10조에 따른 개별공시지가, 같은 법 제16조, 제17조 및 제18조에 따른 개별주택가격 및 공동주택가격 공시내용

해설
부동산의 보상에 관한 사항은 부동산종합공부의 등록사항에 해당하지 않는다.

정답 ④

단단하게 정리하는 핵심이론

1 부동산종합공부의 관리 및 운영(법 제76조의2)

① 지적소관청은 부동산의 효율적 이용과 부동산과 관련된 정보의 종합적 관리·운영을 위하여 부동산종합공부를 관리·운영한다.
② 지적소관청은 부동산종합공부를 영구히 보존하여야 하며, 부동산종합공부의 멸실 또는 훼손에 대비하여 이를 별도로 복제하여 관리하는 정보관리체계를 구축하여야 한다.
③ 부동산종합공부의 등록사항을 관리하는 기관의 장은 지적소관청에 상시적으로 관련 정보를 제공하여야 한다.
④ 지적소관청은 부동산종합공부의 정확한 등록 및 관리를 위하여 필요한 경우에는 등록사항을 관리하는 기관의 장에게 관련 자료의 제출을 요구할 수 있다. 이 경우 자료의 제출을 요구받은 기관의 장은 특별한 사유가 없으면 자료를 제공하여야 한다.

2 부동산종합공부의 등록사항(법 제76조의3)

1	토지의 표시와 소유자에 관한 사항	이 법에 따른 지적공부의 내용
2	건축물의 표시와 소유자에 관한 사항	「건축법」 제38조에 따른 건축물대장의 내용
3	토지의 이용 및 규제에 관한 사항 ⚠ 건축물의 이용 및 규제에 관한 사항은 없다.	토지이용계획확인서의 내용
4	부동산의 가격에 관한 사항	개별공시지가, 개별주택가격 및 공동주택가격 공시내용(실거래가격은 기록하지 않는다)
5	부동산의 권리에 관한 사항	「부동산등기법」 제48조에 따른 부동산의 권리에 관한 사항

3 부동산종합공부의 등록사항 정정

① 지적소관청은 부동산종합공부의 등록사항 정정을 위하여 등록사항 상호간에 일치하지 아니하는 사항(=불일치 등록사항)을 확인 및 관리하여야 한다(영 제62조의3 제1항).
② 지적소관청은 불일치 등록사항에 대해서는 법 제76조의3 각 호의 등록사항을 관리하는 기관의 장에게 그 내용을 통지하여 등록사항 정정을 요청할 수 있다(영 제62조의3 제2항).
③ 토지소유자는 부동산종합공부의 등록사항에 잘못이 있음을 발견하면 지적소관청에 그 정정을 신청할 수 있다(법 제76조의5).

4 부동산종합공부의 열람 및 증명서 발급

① 부동산종합공부를 열람하거나 부동산종합공부 기록사항의 전부 또는 일부에 관한 증명서(=부동산종합증명서)를 발급받으려는 자는 지적소관청이나 읍·면·동의 장에게 신청할 수 있다(법 제76조의4).
② 부동산종합공부를 열람하거나 부동산종합공부 기록사항의 전부 또는 일부에 관한 증명서(=부동산종합증명서)를 발급받으려는 자는 지적공부·부동산종합공부 열람·발급 신청서(전자문서로 된 신청서를 포함한다)를 지적소관청 또는 읍·면·동장에게 제출하여야 한다(규칙 제74조 제2항).

기본문제와 완성문제로 단단기출

01 부동산종합공부에 관한 설명으로 틀린 것은?   제25회

기본 기출

① 지적소관청은 부동산의 효율적 이용과 부동산과 관련된 정보의 종합적 관리·운영을 위하여 부동산종합공부를 관리·운영한다.
② 지적소관청은 부동산종합공부를 영구히 보존하여야 하며, 멸실 또는 훼손에 대비하여 이를 별도로 복제하여 관리하는 정보관리체계를 구축하여야 한다.
③ 지적소관청은 부동산종합공부의 불일치 등록사항에 대하여는 등록사항을 정정하고, 등록사항을 관리하는 기관의 장에게 그 내용을 통지하여야 한다.
④ 지적소관청은 부동산종합공부의 정확한 등록 및 관리를 위하여 필요한 경우에는 부동산종합공부의 등록사항을 관리하는 기관의 장에게 관련 자료의 제출을 요구할 수 있다.
⑤ 부동산종합공부의 등록사항을 관리하는 기관의 장은 지적소관청에 상시적으로 관련 정보를 제공하여야 한다.

키워드 부동산종합공부

난이도

해설 지적소관청은 부동산종합공부의 불일치 등록사항에 대해서는 등록사항을 관리하는 기관의 장에게 그 내용을 통지하여 등록사항 정정을 요청할 수 있는 것이지 직권으로 이를 정정할 수는 없다(영 제62조의3 제2항 참조).

정답 01 ③

02 공간정보의 구축 및 관리 등에 관한 법령상 부동산종합공부의 등록사항에 해당하지 <u>않는</u> 것은?

제33회

① 토지의 이용 및 규제에 관한 사항: 「토지이용규제 기본법」 제10조에 따른 토지이용계획확인서의 내용
② 건축물의 표시와 소유자에 관한 사항(토지에 건축물이 있는 경우만 해당한다): 「건축법」 제38조에 따른 건축물대장의 내용
③ 토지의 표시와 소유자에 관한 사항: 「공간정보의 구축 및 관리 등에 관한 법률」에 따른 지적공부의 내용
④ 부동산의 가격에 관한 사항: 「부동산 가격공시에 관한 법률」 제10조에 따른 개별공시지가, 같은 법 제16조, 제17조 및 제18조에 따른 개별주택가격 및 공동주택가격 공시내용
⑤ 부동산의 효율적 이용과 토지의 적성에 관한 종합적 관리·운영을 위하여 필요한 사항: 「국토의 계획 및 이용에 관한 법률」 제20조 및 제27조에 따른 토지적성평가서의 내용

키워드 ▶ 부동산종합공부 등록사항

난이도 ▶

해설 ▶ 부동산의 효율적 이용과 부동산과 관련된 정보의 종합적 관리·운영을 위하여 필요한 사항으로 「부동산등기법」 제48조에 따른 부동산의 권리에 관한 사항을 등록한다(법 제76조의3, 영 제62조의2).

정답 02 ⑤

03 공간정보의 구축 및 관리 등에 관한 법령상 부동산종합공부에 관한 설명으로 <u>틀린</u> 것은? 제27회

완성 기출
① 부동산종합공부를 열람하거나 부동산종합공부 기록사항의 전부 또는 일부에 관한 증명서를 발급받으려는 자는 지적소관청이나 읍·면·동의 장에게 신청할 수 있다.
② 지적소관청은 부동산종합공부의 등록사항 정정을 위하여 등록사항 상호간에 일치하지 아니하는 사항을 확인 및 관리하여야 한다.
③ 토지소유자는 부동산종합공부의 토지의 표시에 관한 사항(공간정보의 구축 및 관리 등에 관한 법률에 따른 지적공부의 내용)의 등록사항에 잘못이 있음을 발견하면 지적소관청이나 읍·면·동의 장에게 그 정정을 신청할 수 있다.
④ 토지의 이용 및 규제에 관한 사항(토지이용규제 기본법 제10조에 따른 토지이용계획확인서의 내용)은 부동산종합공부의 등록사항이다.
⑤ 지적소관청은 부동산종합공부의 등록사항 중 등록사항 상호간에 일치하지 아니하는 사항에 대해서는 등록사항을 관리하는 기관의 장에게 그 내용을 통지하여 등록사항 정정을 요청할 수 있다.

키워드 부동산종합공부

난이도 ■■■□□

해설 부동산종합공부의 등록사항 정정에 관하여는 지적공부의 등록사항 정정 규정을 준용하므로(법 제76조의5), 토지소유자는 부동산종합공부의 토지의 표시에 관한 사항(공간정보의 구축 및 관리 등에 관한 법률에 따른 지적공부의 내용)의 등록사항에 잘못이 있음을 발견하면 부동산종합공부의 관리주체인 지적소관청에 그 정정을 신청할 수 있는 것이지 읍·면·동의 장에게 그 정정을 신청할 수는 없다(법 제84조 제1항 참조).

정답 03 ③

04 공간정보의 구축 및 관리 등에 관한 법령상 부동산종합공부에 관한 설명으로 틀린 것은? 제32회

① 지적소관청은 「건축법」 제38조에 따른 건축물대장의 내용에서 건축물의 표시와 소유자에 관한 사항(토지에 건축물이 있는 경우만 해당한다)을 부동산종합공부에 등록하여야 한다.
② 지적소관청은 「부동산등기법」 제48조에 따른 부동산의 권리에 관한 사항을 부동산종합공부에 등록하여야 한다.
③ 지적소관청은 부동산의 효율적 이용과 부동산과 관련된 정보의 종합적 관리·운영을 위하여 부동산종합공부를 관리·운영한다.
④ 지적소관청은 부동산종합공부를 영구히 보존하여야 하며, 부동산종합공부의 멸실 또는 훼손에 대비하여 이를 별도로 복제하여 관리하는 정보관리체계를 구축하여야 한다.
⑤ 부동산종합공부를 열람하려는 자는 지적소관청이나 읍·면·동의 장에게 신청할 수 있으며, 부동산종합공부 기록사항의 전부 또는 일부에 관한 증명서를 발급받으려는 자는 시·도지사에게 신청하여야 한다.

> **키워드** 부동산종합공부
>
> **난이도**
>
> **해설** 부동산종합공부를 열람하거나 부동산종합공부 기록사항의 전부 또는 일부에 관한 증명서(= 부동산종합증명서)를 발급받으려는 자는 지적소관청이나 읍·면·동의 장에게 신청할 수 있다(법 제76조의4).

정답 04 ⑤

에듀윌이
너를
지지할게

ENERGY

아는 세계에서 모르는 세계로 넘어가지 않으면
우리는 아무것도 배울 수 없다.

– 클로드 베르나르 (Claude Bernard)

THEME 08 토지의 이동

| THEME 키워드 |
토지의 이동, 신규등록신청 시 첨부서류, 등록전환, 등록전환 시 면적의 오차, 합병, 지목변경, 바다로 된 토지의 등록말소 및 회복등록, 토지의 이동신청기간, 등록사항의 직권정정사유, 등록사항 정정절차, 등록사항 정정 대상토지

기본으로 알아야 하는 대표기출

▶ **기출분석**
- **기출회차:** 제25회
- **키워드:** 토지의 이동
- **난이도:** ■■□

공간정보의 구축 및 관리 등에 관한 법령상 토지소유자가 지적소관청에 신청할 수 있는 토지의 이동 종목이 아닌 것은?

① 신규등록
② 분할
③ 지목변경
④ 등록전환
⑤ 소유자변경

▶ **함정을 피하는 TIP**
- 토지의 이동의 개념 및 종류를 알아야 한다.

해설
토지의 이동이란 '토지의 표시'를 새로 정하거나 변경 또는 말소하는 것으로 소유자변경은 토지의 이동에 해당하지 않는다.

정답 ⑤

단단하게 정리하는 핵심이론

1 토지의 이동의 의의 및 종류

의의	'토지의 이동'이란 토지의 표시(소재, 지번, 지목, 면적, 경계 또는 좌표)를 새로 정하거나 변경 또는 말소하는 것을 말한다(법 제2조 제28호).
토지의 이동 (○)	신규등록, 등록전환, 분할, 합병, 지목변경, 바다로 된 토지의 등록말소 및 회복, 축척변경, 등록사항 정정, 도시개발사업, 지번변경, 행정구역변경, 행정구역 명칭변경 등
토지의 이동 (×)	토지소유자의 변경, 토지소유자의 주소변경, 개별공시지가의 변경 등

2 신규등록

의의	'신규등록'이란 새로 조성된 토지와 지적공부에 등록되어 있지 아니한 토지를 지적공부에 등록하는 것을 말한다(법 제2조 제29호).
신청의무	신규등록할 토지가 생긴 경우에 토지소유자는 그 사유가 발생한 날로부터 60일 이내에 지적소관청에 신규등록을 신청하여야 한다(법 제77조).
제출서류	① 신규등록 사유를 기재한 신청서에 다음의 서류를 첨부하여 지적소관청에 제출하여야 한다(영 제63조, 규칙 제81조 제1항). 　㉠ 「공유수면 관리 및 매립에 관한 법률」에 따른 준공검사확인증 사본 　㉡ 법원의 확정판결서 정본 또는 사본 　㉢ 도시계획구역의 토지를 그 지방자치단체의 명의로 등록하는 때에는 기획재정부장관과 협의한 문서의 사본 　㉣ 그 밖에 소유권을 증명할 수 있는 서류의 사본 　　⚠ 부동산등기사항증명서나 등기필정보는 소유권 증명서류가 아니다. ② 위 ①에 해당하는 서류를 그 지적소관청이 관리하는 경우에는 지적소관청의 확인으로 그 서류의 제출에 갈음할 수 있다(규칙 제81조 제2항).
지적정리 및 등기촉탁	① 신규등록의 경우 토지의 소유자는 지적소관청이 직접 조사하여 등록한다. ② 신규등록에 따른 지적공부를 정리한 후에는 등기촉탁을 하지 아니한다.

3 등록전환

의의	'등록전환'이란 임야대장 및 임야도에 등록된 토지를 토지대장 및 지적도에 옮겨 등록하는 것을 말한다(법 제2조 제30호).
대상토지	① 「산지관리법」에 따른 산지전용허가·신고, 산지일시사용허가·신고, 「건축법」에 따른 건축허가·신고 또는 그 밖의 관계 법령에 따른 개발행위허가 등을 받은 경우 ② 대부분의 토지가 등록전환되어 나머지 토지를 임야도에 계속 존치하는 것이 불합리한 경우 ③ 임야도에 등록된 토지가 사실상 형질변경되었으나 지목변경을 할 수 없는 경우 ④ 도시·군관리계획선에 따라 토지를 분할하는 경우
신청의무	토지소유자는 등록전환할 토지가 있으면 그 사유가 발생한 날부터 60일 이내에 지적소관청에 등록전환을 신청하여야 한다(법 제78조).
지적정리	① 개발행위 관련 허가를 받은 경우에는 지목변경과 관계없이 등록전환을 할 수 있다. ② 경계는 반드시 지적측량을 실시하여 새로 결정한다. ③ 면적도 새로 측정하여 토지대장에 등록한다. ④ 임야대장의 면적과 등록전환될 면적의 차이가 오차허용범위 이내인 경우에는 등록전환될 면적을 등록전환 면적으로 결정하고, 허용범위를 초과하는 경우에는 임야대장의 면적 또는 임야도의 경계를 지적소관청이 직권으로 정정하여야 한다(영 제19조 제1항 제1호).
등기촉탁	지적소관청은 등록전환에 따라 지적공부를 정리한 경우 지체 없이 관할 등기관서에 그 등기를 촉탁하여야 한다(법 제89조 제1항).

4 분할

의의	'분할'이란 지적공부에 등록된 1필지를 2필지 이상으로 나누어 등록하는 것을 말한다(법 제2조 제31호).	
대상토지 및 신청의무	관계 법령에 따라 해당 토지에 대한 분할이 개발행위허가 등의 대상인 경우에는 개발행위허가 등을 받은 이후에 분할을 신청할 수 있다.	
	의무 있는 경우 (60일 이내)	① 1필지의 일부가 형질변경 등으로 용도가 변경된 경우
	의무 없는 경우	② 소유권이전, 매매 등을 위하여 필요한 경우 ③ 토지이용상 불합리한 지상 경계를 시정하기 위한 경우
제출서류	① 1필지의 일부가 형질변경 등으로 용도가 변경되어 분할신청을 하는 때에는 분할신청서와 지목변경 신청서를 함께 제출하여야 한다(영 제65조 제2항). ② 분할신청을 할 때 분할사유를 기재한 신청서에 분할허가대상인 경우에는 그 허가서의 사본을 첨부하여 지적소관청에 제출하여야 한다(영 제65조 제2항, 규칙 제83조 제1항).	
지적정리	① 경계는 반드시 지적측량을 실시하여 새로이 결정한다. ② 분할 전의 면적과 분할 후의 면적이 같도록 결정한다. ③ 다만, 분할 전후 면적의 차이가 허용범위 이내인 경우에는 그 오차를 분할 후의 각 필지의 면적에 따라 나누고, 허용범위를 초과하는 경우에는 지적공부상의 면적 또는 경계를 정정하여야 한다.	
등기촉탁	지적소관청은 분할에 따라 지적공부를 정리한 경우 지체 없이 관할 등기관서에 그 등기를 촉탁하여야 한다(법 제89조 제1항).	

핵심단단 등록전환과 분할에 따른 면적의 오차처리 방법

구분	이내	초과
등록전환	될 면적	직권정정
분할	면적에 따라 나눈다.	정정

5 합병

의의	'합병'이란 지적공부에 등록된 2필지 이상의 토지를 1필지로 합하여 등록하는 것을 말한다.
합병의 제한	다음 중 어느 하나(①~⑧)에 해당하는 경우에 토지소유자는 합병을 신청할 수 없다. ① 합병하려는 토지의 지번부여지역, 지목 또는 소유자가 서로 다른 경우 ② 합병하려는 각 필지가 서로 연접하지 않은 경우 ③ 합병하려는 토지의 지적도 및 임야도의 축척이 서로 다른 경우 ④ 합병하려는 토지가 등기된 토지와 등기되지 않은 토지인 경우 ⑤ 합병하려는 토지의 소유자별 공유지분 다른 경우 ⑥ 합병하려는 토지가 구획정리·경지정리 또는 축척변경을 시행하고 있는 지역의 토지와 그 지역 밖의 토지인 경우 ⑦ 합병하려는 각 필지의 지목은 같으나 일부 토지의 용도가 다르게 되어 분할대상 토지인 경우(다만, 합병 신청과 동시에 토지의 용도에 따라 분할 신청을 하는 경우는 제외한다) ⑧ 합병하려는 토지 소유자의 주소가 서로 다른 경우. 다만, 지적소관청이 「전자정부법」에 따른 행정정보의 공동이용을 통하여 '토지등기사항증명서, 법인등기사항증명서(신청인이 법인인 경우만 해당한다), 주민등록표초본(신청인이 개인인 경우만 해당한다)'을 확인한 결과 토지 소유자가 동일인임을 확인할 수 있는 경우는 제외한다. ⑨ 합병대상 토지에 다음의 등기가 있는 경우 합병 가능 여부 ㉠ 용익권(지상권, 전세권, 승역지지역권, 임차권)만 있는 경우 – 합병 가능 ㉡ 용익권 외의 등기(저당권, 가압류, 가처분, 담보가등기 등)가 있는 경우 – 합병 불가 ㉢ 합병하려는 토지 전부에 대한 등기원인 및 그 연월일과 접수번호가 같은 저당권 등기가 있는 경우 – 합병 가능 ㉣ 합병하려는 토지 전부에 대한 등기사항이 동일한 신탁등기가 있는 경우 – 합병 가능

대상토지 및 신청의무	의무 없는 경우	① 합병을 신청할지 여부는 소유자에게 의무가 없는 것이 원칙이다.
	의무 있는 경우 (60일 이내)	② 「주택법」에 따른 공동주택의 부지 ③ 제방, 수도용지, 하천, 구거, 철도용지, 도로, 유지, 학교용지, 공장용지, 공원, 체육용지 등 토지로서 합병하여야 할 토지

지적정리	① 합병 전 각 필지의 경계 또는 좌표 중 합병으로 필요 없게 된 부분을 말소하여 결정하므로 지적측량을 실시하지 않는다. ② 합병 전의 각 필지의 면적을 합산하여 그 필지의 면적으로 결정하므로 면적측정을 실시하지 않는다.
등기촉탁	지적소관청은 합병에 따라 지적공부를 정리한 경우 지체 없이 관할 등기관서에 그 등기를 촉탁하여야 한다(법 제89조 제1항).

6 지목변경

의의	'지목변경'이란 지적공부에 등록된 지목을 다른 지목으로 바꾸어 등록하는 것을 말한다.
대상토지	① 「국토의 계획 및 이용에 관한 법률」 등 관계 법령에 따른 토지의 형질변경 등의 공사가 준공된 경우 ② 도시개발사업 등의 원활한 추진을 위하여 사업시행자가 공사 준공 전에 토지의 합병을 신청하는 경우 ③ 토지 또는 건축물의 용도가 변경된 경우
신청의무	지목변경할 토지가 있는 경우 그 사유발생일로부터 60일 이내에 지적소관청에 신청하여야 한다(법 제81조).
제출서류	① 개발행위허가 · 농지전용허가 · 보전산지전용허가 등 지목변경과 관련된 규제를 받지 아니하는 토지의 지목변경이나 전 · 답 · 과수원 상호간의 지목변경인 경우에는 첨부서류를 생략할 수 있다(규칙 제84조 제2항). ② 위 ①의 첨부서류를 해당 지적소관청이 관리하는 경우에는 지적소관청의 확인으로써 그 서류의 제출을 갈음할 수 있다(규칙 제84조 제3항).
지적정리	지목변경의 경우에는 지목만 바꾸어 등록하면 되므로 지적측량을 하지 않는다.
등기촉탁	지적소관청은 지목변경에 따라 지적공부를 정리한 경우 지체 없이 관할 등기관서에 그 등기를 촉탁하여야 한다(법 제89조 제1항).

7 바다로 된 토지의 등록말소

(1) 등록말소절차

의의	지적공부에 등록된 토지가 지형의 변화 등으로 바다로 된 경우로서 원상으로 회복할 수 없거나 다른 지목의 토지로 될 가능성이 없는 경우에 지적공부의 등록을 말소하는 것을 말한다(법 제82조).
말소통지	지적소관청은 바다로 된 토지로서 말소의 대상이 되는 토지가 있는 경우 지적공부에 등록된 토지소유자에게 지적공부의 등록말소 신청을 하도록 통지하여야 한다.
말소신청	토지소유자는 통지받은 날로부터 90일 이내에 등록말소 신청을 하여야 한다.
직권말소	지적소관청은 토지소유자가 통지받은 날부터 90일 이내에 등록말소 신청을 하지 아니하면 직권으로 등록을 말소하여야 한다.
통지	지적소관청이 직권으로 지적공부의 등록사항을 말소한 때에는 그 정리결과를 토지소유자 및 해당 공유수면의 관리청에 통지하여야 한다(영 제68조 제3항).

(2) 회복등록절차

회복등록	① 지적소관청은 말소된 토지가 지형의 변화 등으로 다시 토지로 된 경우에는 이를 회복등록할 수 있다. ② 이 경우 회복등록의 신청의무는 없다.
회복등록자료	지적소관청이 회복등록을 하려는 때에는 그 지적측량성과 및 등록말소 당시의 지적공부 등 관계 자료에 따라야 한다.
통지	지적소관청이 직권으로 지적공부의 등록사항을 회복등록한 때에는 그 정리결과를 토지소유자 및 해당 공유수면의 관리청에 통지하여야 한다(영 제68조 제3항).

8 등록사항 정정

(1) 토지의 표시정정

소유자의 신청에 의한 정정	① 토지소유자는 지적공부의 등록사항에 잘못이 있음을 발견한 때에는 지적소관청에 그 정정을 신청할 수 있다. ⚠ 읍·면·동장(×) ② 토지소유자가 지적공부의 경계 또는 면적의 변경을 가져오는 등록사항에 대한 정정신청을 하는 때에는 정정사유를 적은 신청서에 등록사항정정측량성과도를 첨부하여 지적소관청에 제출하여야 한다. ③ 토지소유자의 신청에 의한 정정으로 인하여 인접토지의 경계가 변경되는 경우에는 인접 토지소유자의 승낙서나 이에 대항할 수 있는 확정판결서 정본을 지적소관청에 제출하여야 한다.
지적소관청의 직권에 의한 정정	지적소관청은 지적공부의 등록사항에 잘못이 있음을 발견하면 직권으로 조사·측량하여 정정할 수 있다. 직권으로 조사·측량하여 정정할 수 있는 경우는 다음과 같다. ① 토지이동정리결의서의 내용과 다르게 정리된 경우 ② 지적도 및 임야도에 등록된 필지가 면적의 증감 없이 경계의 위치만 잘못된 경우 ③ 지적공부의 작성 또는 재작성 당시 잘못 정리된 경우 ④ 지적측량성과와 다르게 정리된 경우 ⑤ 지적공부의 등록사항이 잘못 입력된 경우 ⑥ 지적측량적부심사 및 재심사청구에 따른 지적위원회의 의결결과에 따라 지적공부의 등록사항 정정을 하여야 하는 경우 ⑦ 토지합필의 제한에 위반한 등기의 신청을 각하한 때의 그 사유의 통지가 있는 경우(지적소관청의 착오로 잘못 합병한 경우만 해당한다.) ⑧ 면적의 단위가 척관법에서 미터법으로의 변경에 따라 면적환산이 잘못된 경우

(2) 토지소유자의 정정

등기된 토지	정정사항이 토지소유자에 관한 사항인 경우에는 등기필증, 등기완료통지서, 등기사항증명서 또는 등기관서에서 제공한 등기전산정보자료에 따라 정정하여야 한다.
미등기토지	미등기토지에 대하여 토지소유자의 성명 또는 명칭, 주민등록번호, 주소 등에 관한 사항의 정정을 신청한 경우로서 그 등록사항이 명백히 잘못된 경우에는 가족관계 기록사항에 관한 증명서에 따라 정정하여야 한다.

(3) 지적측량 정지(영 제82조 제3항)

지적공부의 등록사항 중 경계나 면적 등 측량을 수반하는 토지의 표시가 잘못된 경우에는 지적소관청은 그 정정이 완료될 때까지 지적측량을 정지시킬 수 있다. 다만, 잘못 표시된 사항의 정정을 위한 지적측량은 그러하지 아니하다.

(4) 등록사항 정정 대상토지에 대한 지적소관청의 조치

지적소관청의 조치	지적소관청은 토지의 표시가 잘못되었음을 발견하였을 때에는 지체 없이 등록사항 정정에 필요한 서류와 등록사항 정정 측량성과도를 작성하고, 토지이동정리결의서를 작성한 후 대장의 사유란에 '등록사항 정정 대상토지'라고 적고, 토지소유자에게 등록사항 정정 신청을 할 수 있도록 그 사유를 통지하여야 한다.
열람 및 발급	등록사항 정정 대상토지에 대한 대장을 열람하게 하거나 등본을 발급하는 때에는 '등록사항 정정 대상토지'라고 적은 부분을 흑백의 반전(反轉)으로 표시하거나 붉은색으로 적어야 한다(규칙 제94조 제2항).

기본문제와 완성문제로 단단기출

01 토지소유자가 신규등록을 신청할 때에는 신규등록사유를 적은 신청서에 해당 서류를 첨부하여 지적소관청에 제출하여야 한다. 이 경우 첨부해야 할 해당 서류가 <u>아닌</u> 것은? 제23회

기본 기출

① 법원의 확정판결서 정본 또는 사본
② 「공유수면 관리 및 매립에 관한 법률」에 따른 준공검사확인증 사본
③ 도시계획구역의 토지를 그 지방자치단체의 명의로 등록하는 때에는 기획재정부장관과 협의한 문서의 사본
④ 지형도면에 고시된 도시관리계획도 사본
⑤ 소유권을 증명할 수 있는 서류의 사본

> 키워드 신규등록신청 시 첨부서류
> 난이도
> 해설 지형도면에 고시된 도시관리계획도 사본은 첨부서류에 해당하지 않는다.
> 보충 토지소유자가 신규등록을 신청하고자 하는 때에는 신규등록사유를 기재한 신청서에 ①②③⑤에 해당하는 서류를 첨부하여 지적소관청에 제출하여야 한다.

정답 01 ④

02 등록전환에 관한 설명으로 틀린 것은?

제22회 수정

① 토지소유자는 등록전환할 토지가 있으면 그 사유가 발생한 날부터 60일 이내에 지적소관청에 등록전환을 신청하여야 한다.
②「산지관리법」에 따른 산지전용허가·신고, 산지일시사용허가·신고,「건축법」에 따른 건축허가·신고 또는 그 밖의 관계 법령에 따른 개발행위 허가 등을 받은 경우에는 등록전환을 신청할 수 있다.
③ 임야도에 등록된 토지가 사실상 형질변경되었으나 지목변경을 할 수 없는 경우에는 등록전환을 신청할 수 있다.
④ 등록전환에 따른 면적을 정할 때 임야대장의 면적과 등록전환될 면적의 차이가 오차의 허용범위 이내인 경우, 임야대장의 면적을 등록전환 면적으로 결정한다.
⑤ 지적소관청은 등록전환에 따라 지적공부를 정리한 경우, 지체 없이 관할 등기관서에 토지의 표시 변경에 관한 등기를 촉탁하여야 한다.

키워드 등록전환

난이도

해설 임야대장의 면적은 등록전환하기 전의 면적이다. 등록전환에 따른 면적을 정함에 있어 임야대장의 면적과 등록전환될 면적의 차이가 허용범위 이내인 경우에는 등록전환될 면적을 등록전환 면적으로 결정하고, 허용범위를 초과하는 때에는 임야대장의 면적 또는 임야도의 경계를 지적소관청이 직권으로 정정하여야 한다(영 제19조 제1항 제1호).

정답 02 ④

03 공간정보의 구축 및 관리 등에 관한 법령상 등록전환을 할 때 임야대장의 면적과 등록전환될 면적의 차이가 오차의 허용범위를 초과하는 경우 처리방법으로 옳은 것은? 제31회

기본 기출

① 지적소관청이 임야대장의 면적 또는 임야도의 경계를 직권으로 정정하여야 한다.
② 지적소관청이 시·도지사의 승인을 받아 허용범위를 초과하는 면적을 등록전환 면적으로 결정하여야 한다.
③ 지적측량수행자가 지적소관청의 승인을 받아 허용범위를 초과하는 면적을 등록전환 면적으로 결정하여야 한다.
④ 지적측량수행자가 토지소유자와 합의한 면적을 등록전환 면적으로 결정하여야 한다.
⑤ 지적측량수행자가 임야대장의 면적 또는 임야도의 경계를 직권으로 정정하여야 한다.

키워드 ▸ 등록전환 시 면적의 오차

난이도 ▸

해설 ▸ 등록전환에 따른 면적을 정함에 있어 임야대장의 면적과 등록전환될 면적의 차이가 허용범위 이내인 경우에는 등록전환될 면적을 등록전환 면적으로 결정하고, 허용범위를 초과하는 때에는 임야대장의 면적 또는 임야도의 경계를 지적소관청이 직권으로 정정하여야 한다(영 제19조 제1항 제1호).

정답 03 ①

04 공간정보의 구축 및 관리 등에 관한 법령상 토지의 합병 및 지적공부의 정리 등에 관한 설명으로 틀린 것은? 제30회

① 합병에 따른 면적은 따로 지적측량을 하지 않고 합병 전 각 필지의 면적을 합산하여 합병 후 필지의 면적으로 결정한다.
② 토지소유자가 합병 전의 필지에 주거·사무실 등의 건축물이 있어서 그 건축물이 위치한 지번을 합병 후의 지번으로 신청할 때에는 그 지번을 합병 후의 지번으로 부여하여야 한다.
③ 합병에 따른 경계는 따로 지적측량을 하지 않고 합병 전 각 필지의 경계 중 합병으로 필요 없게 된 부분을 말소하여 합병 후 필지의 경계로 결정한다.
④ 지적소관청은 토지소유자의 합병신청에 의하여 토지의 이동이 있는 경우에는 지적공부를 정리하여야 하며, 이 경우에는 토지이동정리결의서를 작성하여야 한다.
⑤ 토지소유자는 도로, 제방, 하천, 구거, 유지의 토지로서 합병하여야 할 토지가 있으면 그 사유가 발생한 날부터 90일 이내에 지적소관청에 합병을 신청하여야 한다.

키워드 합병

난이도

해설 토지소유자는 「주택법」에 따른 공동주택의 부지, 도로, 제방, 하천, 구거, 유지, 그 밖에 대통령령으로 정하는 토지로서 합병하여야 할 토지가 있으면 그 사유가 발생한 날부터 60일 이내에 지적소관청에 합병을 신청하여야 한다(법 제80조 제2항).

정답 04 ⑤

05 지목변경신청에 관한 설명으로 **틀린** 것은? 제22회

기본 기출

① 토지소유자는 지목변경을 할 토지가 있으면 그 사유가 발생한 날부터 60일 이내에, 지적소관청에 지목변경을 신청하여야 한다.
②「국토의 계획 및 이용에 관한 법률」등 관계 법령에 따른 토지의 형질변경 등의 공사가 준공된 경우에는 지목변경을 신청할 수 있다.
③ 전·답·과수원 상호간의 지목변경을 신청하는 경우에는 토지의 용도가 변경되었음을 증명하는 서류의 사본 첨부를 생략할 수 있다.
④ 지목변경 신청에 따른 첨부서류를 해당 지적소관청이 관리하는 경우에도 '지적소관청'의 확인으로 그 서류의 제출을 갈음할 수 없고 이를 제출하여야 한다.
⑤「도시개발법」에 따른 도시개발사업의 원활한 추진을 위하여 사업시행자가 공사 준공 전에 토지의 합병을 신청하는 경우에는 지목변경을 신청할 수 있다.

키워드 〉 지목변경

난이도 〉

해설 〉 토지소유자는 지목변경을 신청하고자 하는 때에는 지목변경사유를 기재한 신청서에 정해진 서류를 첨부하여 지적소관청에 제출하여야 한다(영 제67조 제2항, 규칙 제84조 제1항). 다만, 첨부서류를 해당 지적소관청이 관리하는 경우에는 지적소관청의 확인으로써 그 서류의 제출에 갈음할 수 있다(규칙 제84조 제3항).

정답 05 ④

06 공간정보의 구축 및 관리 등에 관한 법령상 지적공부에 등록된 토지가 지형의 변화 등으로 바다로 된 토지의 등록말소 및 회복 등에 관한 설명으로 틀린 것은? 제30회

① 지적소관청은 지적공부에 등록된 토지가 지형의 변화 등으로 바다로 된 경우로서 원상으로 회복할 수 없는 경우에는 지적공부에 등록된 토지소유자에게 지적공부의 등록말소신청을 하도록 통지하여야 한다.

② 지적소관청은 바다로 된 토지의 등록말소신청에 의하여 토지의 표시변경에 관한 등기를 할 필요가 있는 경우에는 지체 없이 관할 등기관서에 그 등기를 촉탁하여야 한다.

③ 지적소관청이 직권으로 지적공부의 등록사항을 말소한 후 지형의 변화 등으로 다시 토지가 된 경우에 토지로 회복등록을 하려면 그 지적측량성과 및 등록 말소 당시의 지적공부 등 관계 자료에 따라야 한다.

④ 지적소관청으로부터 지적공부의 등록말소신청을 하도록 통지를 받은 토지소유자가 통지를 받은 날부터 60일 이내에 등록말소신청을 하지 아니하면, 지적소관청은 직권으로 그 지적공부의 등록사항을 말소하여야 한다.

⑤ 지적소관청이 직권으로 지적공부의 등록사항을 말소하거나 회복등록하였을 때에는 그 정리결과를 토지소유자 및 해당 공유수면의 관리청에 통지하여야 한다.

키워드 바다로 된 토지의 등록말소 및 회복등록

난이도

해설 지적소관청은 토지소유자가 등록말소신청을 하도록 통지를 받은 날부터 90일 이내에 등록말소신청을 하지 아니하면 등록을 말소한다(법 제82조 제2항).

정답 06 ④

07 토지의 이동신청에 관한 설명으로 **틀린** 것은? 제21회

기본 기출

① 공유수면매립 준공에 의하여 신규등록할 토지가 있는 경우 토지소유자는 그 사유가 발생한 날부터 60일 이내에 지적소관청에 신규등록을 신청하여야 한다.

② 임야도에 등록된 토지를 도시·군관리계획선에 따라 분할하는 경우에 토지소유자는 등록전환을 신청할 수 있다.

③ 토지소유자는 「주택법」에 따른 공동주택의 부지로서 합병할 토지가 있으면 그 사유가 발생한 날부터 60일 이내에 지적소관청에 합병을 신청하여야 한다.

④ 토지소유자는 토지나 건축물의 용도가 변경되어 지목변경을 하여야 할 토지가 있으면 그 사유가 발생한 날부터 60일 이내에 지적소관청에 지목변경을 신청하여야 한다.

⑤ 바다로 되어 말소된 토지가 지형의 변화 등으로 다시 토지가 된 경우 토지소유자는 그 사유가 발생한 날부터 90일 이내에 토지의 회복등록을 지적소관청에 신청하여야 한다.

키워드 토지의 이동신청기간

난이도

해설 말소된 토지가 지형의 변화 등으로 다시 토지가 된 경우에는 소유권이 원래의 소유자에게 복귀되지 않고 무주(無主)의 토지가 되므로 회복등록을 신청할 의무가 있을 수 없다. 이 경우 지적소관청이 직권으로 회복등록을 할 수 있을 뿐이다(법 제82조 제3항 참조).

정답 07 ⑤

08 공간정보의 구축 및 관리 등에 관한 법령상 지적소관청이 지적공부의 등록사항에 잘못이 있는지를 직권으로 조사·측량하여 정정할 수 있는 경우를 모두 고른 것은? 제30회

> ㉠ 지적공부의 작성 또는 재작성 당시 잘못 정리된 경우
> ㉡ 지적도에 등록된 필지의 경계가 지상경계와 일치하지 않아 면적의 증감이 있는 경우
> ㉢ 측량 준비 파일과 다르게 정리된 경우
> ㉣ 지적공부의 등록사항이 잘못 입력된 경우

① ㉢
② ㉣
③ ㉠, ㉣
④ ㉡, ㉢
⑤ ㉠, ㉢, ㉣

키워드 등록사항의 직권정정사유

난이도

해설 ㉠㉣ 현행법상 지적공부의 등록사항에 잘못이 있는 경우 지적소관청이 직권으로 조사·측량하여 정정할 수 있는 경우는 법정되어 있다(영 제82조 제1항).
㉡ 지적도 및 임야도에 등록된 필지가 면적의 증감 없이 경계의 위치만 잘못된 경우는 직권으로 정정할 수 있지만, 지적도에 등록된 필지의 경계가 지상경계와 일치하지 않아 면적의 증감이 있는 경우는 이에 해당하지 않는다.
㉢ 지적측량성과와 다르게 정리된 경우는 직권으로 정정할 수 있지만, 측량 준비 파일과 다르게 정리된 경우는 이에 해당하지 않는다.

정답 08 ③

09 공간정보의 구축 및 관리 등에 관한 법령상 토지의 이동신청 및 지적정리 등에 관한 설명이다. ( ) 안에 들어갈 내용으로 옳은 것은?

완성 기출

제27회

> 지적소관청은 토지의 표시가 잘못되었음을 발견하였을 때에는 (㉠) 등록사항 정정에 필요한 서류와 등록사항 정정 측량성과도를 작성하고, 「공간정보의 구축 및 관리 등에 관한 법률 시행령」 제84조 제2항에 따라 토지이동정리결의서를 작성한 후 대장의 사유란에 (㉡)라고 적고, 토지소유자에게 등록사항 정정신청을 할 수 있도록 그 사유를 통지하여야 한다.

① ㉠: 지체 없이 ㉡: 등록사항 정정 대상토지
② ㉠: 지체 없이 ㉡: 지적불부합 토지
③ ㉠: 7일 이내 ㉡: 토지표시 정정 대상토지
④ ㉠: 30일 이내 ㉡: 지적불부합 토지
⑤ ㉠: 30일 이내 ㉡: 등록사항 정정 대상토지

키워드 > 등록사항 정정절차

난이도 >

해설 > 지적소관청은 토지의 표시가 잘못되었음을 발견하였을 때에는 '지체 없이' 등록사항 정정에 필요한 서류와 등록사항 정정 측량성과도를 작성하고, 영 제84조 제2항에 따라 토지이동정리결의서를 작성한 후 대장의 사유란에 '등록사항 정정 대상토지'라고 적고, 토지소유자에게 등록사항 정정신청을 할 수 있도록 그 사유를 통지하여야 한다. 지적소관청이 직권으로 정정할 수 있는 경우에는 토지소유자에게 통지를 하지 아니할 수 있다(규칙 제94조 제1항).

정답 09 ①

10 다음은 공간정보의 구축 및 관리 등에 관한 법령상 등록사항 정정 대상토지에 대한 대장의 열람 또는 등본의 발급에 관한 설명이다. (   )에 들어갈 내용으로 옳은 것은? 제31회

> 지적소관청은 등록사항 정정 대상토지에 대한 대장을 열람하게 하거나 등본을 발급하는 때에는 (㉠)라고 적은 부분을 흑백의 반전(反轉)으로 표시하거나 (㉡)(으)로 적어야 한다.

① ㉠: 지적불부합지   ㉡: 붉은색
② ㉠: 지적불부합지   ㉡: 굵은 고딕체
③ ㉠: 지적불부합지   ㉡: 담당자의 자필(自筆)
④ ㉠: 등록사항 정정 대상토지   ㉡: 붉은색
⑤ ㉠: 등록사항 정정 대상토지   ㉡: 굵은 고딕체

키워드 › 등록사항 정정 대상토지

난이도 ›

해설 › 등록사항 정정 대상토지에 대한 대장을 열람하게 하거나 등본을 발급하는 때에는 '등록사항 정정 대상토지'라고 적은 부분을 흑백의 반전(反轉)으로 표시하거나 '붉은색'으로 적어야 한다(규칙 제94조 제2항).

정답 10 ④

THEME 09 축척변경

| THEME 키워드 |
축척변경, 축척변경절차, 시행공고사항, 청산금, 청산금에 대한 이의신청, 확정공고 시점, 확정공고 포함사항, 축척변경위원회의 구성 및 회의, 축척변경위원회 심의·의결사항

기출분석
- **기출회차**: 제24회 수정
- **키워드**: 축척변경
- **난이도**:

기본으로 알아야 하는 대표기출

공간정보의 구축 및 관리 등에 관한 법령상 축척변경에 관한 설명으로 틀린 것은? (단, 축척변경위원회의 의결 및 시·도지사 또는 대도시 시장의 승인을 받는 경우에 한함)

① 지적소관청은 하나의 지번부여지역에 서로 다른 축척의 지적도가 있는 경우에는 토지소유자의 신청 또는 지적소관청의 직권으로 일정한 지역을 정하여 그 지역의 축척을 변경할 수 있다.
② 축척변경을 신청하는 토지소유자는 축척변경 사유를 적은 신청서에 토지소유자 3분의 2 이상의 동의서를 첨부하여 지적소관청에 제출하여야 한다.
③ 축척변경 시행지역의 토지소유자 또는 점유자는 시행공고가 된 날부터 30일 이내에 시행공고일 현재 점유하고 있는 경계에 경계점표지를 설치하여야 한다.
④ 축척변경에 따른 청산금의 납부고지를 받은 자는 그 고지를 받은 날부터 3개월 이내에 청산금을 지적소관청에 내야 한다.
⑤ 축척변경에 따른 청산금의 납부 및 지급이 완료되었을 때에는 지적소관청은 지체 없이 축척변경의 확정공고를 하고 확정된 사항을 지적공부에 등록하여야 한다.

| 해설 |
지적소관청으로부터 청산금의 납부고지를 받은 자는 그 고지를 받은 날부터 6개월 이내에 청산금을 지적소관청에 내야 하고, 지적소관청은 청산금의 수령통지를 한 날부터 6개월 이내에 청산금을 지급하여야 한다(영 제76조 제2항·제3항).

정답 ④

함정을 피하는 TIP
- 축척변경의 절차 및 청산절차에 대해 알아야 한다.

단단하게 정리하는 **핵심이론**

1 축척변경의 의의 및 대상

(1) 의의
　　　　　　　　　　지표상의 실제 거리를 지도상에 줄여 나타낸 비율
'축척변경'이란 지적도에 등록된 경계점의 정밀도를 높이기 위하여 작은 축척을 큰 축척으로 변경하여 등록하는 것을 말한다(법 제2조 제34호).

(2) 축척변경 대상토지

지적소관청은 지적도가 다음 중 어느 하나에 해당하는 경우에는 토지소유자의 신청 또는 직권으로 일정한 지역을 정하여 그 지역의 축척을 변경할 수 있다.

> ① 잦은 토지의 이동으로 1필지의 규모가 작아서 소축척으로는 지적측량성과의 결정이나 토지의 이동에 따른 정리가 곤란한 경우
> ② 하나의 지번부여지역 안에 서로 다른 축척의 지적도가 있는 경우

2 축척변경의 절차

(1) 토지소유자의 동의 및 축척변경위원회의 의결

지적소관청은 토지소유자의 신청 또는 직권으로 축척변경을 하려면 축척변경 시행지역의 토지소유자 3분의 2 이상의 동의를 받아 축척변경위원회의 의결을 거쳐야 한다.

(2) 시·도지사 또는 대도시 시장의 승인

지적소관청은 축척변경위원회의 의결을 거친 후 시·도지사 또는 대도시 시장의 승인을 받아야 한다.

(3) 축척변경 시행공고

지적소관청은 시·도지사 또는 대도시 시장으로부터 축척변경 승인을 받은 때에는 다음의 사항을 20일 이상 공고하여야 한다.

> ① 축척변경의 목적, 시행지역 및 시행기간
> ② 축척변경의 시행에 관한 세부계획
> ③ 축척변경의 시행에 따른 청산방법
> ④ 축척변경의 시행에 따른 토지소유자 등의 협조에 관한 사항

(4) 경계점표지 설치

축척변경 시행지역 내의 토지소유자 또는 점유자는 시행공고가 있는 날(시행공고일)로부터 30일 이내에 시행공고일 현재 점유하고 있는 경계에 국토교통부령이 정하는 경계점표지를 설치하여야 한다.

(5) 축척변경측량 및 토지의 표시사항 결정

① 지적소관청이 축척변경을 위한 측량을 하려는 때에는 토지소유자 또는 점유자가 설치한 경계점표지를 기준으로 새로운 축척에 따라 면적·경계 또는 좌표를 정하여야 한다.
② 지적소관청은 축척변경 시행지역 안의 각 필지별 지번·지목·면적·경계 또는 좌표를 새로이 정하여야 한다.

(6) 지번별조서의 작성

지적소관청은 축척변경에 관한 측량을 완료한 때에는 시행공고일 현재의 지적공부상의 면적과 측량 후의 면적을 비교하여 그 변동사항을 표시한 축척변경 지번별조서를 작성하여야 한다.

(7) 청산절차(면적증감의 처리)

청산금 산정	① 지적소관청은 축척변경에 관한 측량을 한 결과 면적의 증감이 있는 경우에는 다음의 경우를 제외하고 그 증감면적에 대하여 청산을 하여야 한다.
	  ㉠ 필지별 증감면적이 법령의 규정에 따른 허용범위 이내인 경우. 다만, 축척변경위원회의 의결이 있는 때에는 제외한다.
	  ㉡ 소유자 전원이 청산하지 아니하기로 합의하여 이를 서면으로 제출한 경우
	② 면적증감에 대하여 청산을 하려는 때에는 축척변경위원회의 의결을 거쳐 지번별로 m²당 금액을 정하여야 한다. 이 경우 지적소관청은 시행공고일 현재를 기준으로 그 축척변경 시행지역 안의 토지에 대하여 지번별 m²당 금액을 미리 조사해서 축척변경위원회에 제출하여야 한다.
	③ 청산금은 축척변경 지번별조서의 필지별 증감면적에 지번별 m²당 금액을 곱하여 산정한다.

청산금의 공고 및 열람	지적소관청은 청산금을 산정한 때에는 청산금 조서를 작성하고, 청산금이 결정되었다는 뜻을 시·군·구 및 축척변경 시행지역 동·리의 게시판에 15일 이상 공고하여 일반인이 열람할 수 있게 하여야 한다.
납부고지 및 수령통지	지적소관청은 청산금의 결정을 공고한 날로부터 20일 이내에 토지소유자에게 청산금의 납부고지 또는 수령통지를 하여야 한다.

청산금의 납부 및 지급	납부고지를 받은 자는 그 고지를 받은 날로부터 6개월 이내에 청산금을 지적소관청에 내야 하고, 지적소관청은 수령통지를 한 날로부터 6개월 이내에 청산금을 지급하여야 한다.
청산금에 대한 이의신청	① 청산금에 대하여 이의가 있는 자는 납부고지 또는 수령통지를 받은 날로부터 1개월 이내에 지적소관청에 이의신청을 할 수 있다. ② 이의신청을 받은 지적소관청은 1개월 이내에 축척변경위원회의 심의·의결을 거쳐 그 인용(認容) 여부를 결정한 후 지체 없이 그 내용을 이의신청인에게 통지하여야 한다.
청산금차액의 처리	청산금을 산정한 결과 차액이 생긴 경우 초과액은 그 지방자치단체의 수입으로 하고, 부족액은 그 지방자치단체가 부담한다.

(8) 축척변경의 확정공고

① 청산금의 납부 및 지급이 완료된 때에는 지적소관청은 지체 없이 축척변경의 확정공고를 하여야 한다(영 제78조 제1항).
② 축척변경 시행지역 안의 토지는 축척변경의 확정공고일에 토지의 이동이 있는 것으로 본다(영 제78조 제3항).

(9) 지적공부의 정리 및 등기촉탁

① 지적소관청은 확정공고를 한 때에는 지체 없이 축척변경에 따라 확정된 사항을 지적공부에 등록하여야 한다(영 제78조 제2항).
② 지적소관청은 축척변경에 따라 확정된 사항을 지적공부에 등록하는 때에는 다음의 기준에 따라야 한다(규칙 제92조 제2항).

> ㉠ 토지대장은 확정공고된 축척변경 지번별 조서에 따를 것
> ㉡ 지적도는 확정측량 결과도 또는 경계점 좌표에 따를 것

③ 지적소관청이 축척변경에 의하여 확정된 사항을 지적공부에 등록한 때에는 지체 없이 관할 등기관서에 등기를 촉탁하여야 한다(법 제89조).

3 축척변경위원회

의의	축척변경에 관한 사항을 심의·의결하기 위하여 지적소관청에 축척변경위원회를 둔다.
구성	① 축척변경위원회는 5명 이상 10명 이하의 위원으로 구성하되, 위원의 2분의 1 이상을 토지소유자로 하여야 한다. 이 경우 그 축척변경 시행지역 안의 토지소유자가 5명 이하인 때에는 토지소유자 전원을 위원으로 위촉하여야 한다(영 제79조 제1항). ② 위원장은 위원 중에서 지적소관청이 지명한다(영 제79조 제2항). ③ 위원은 해당 축척변경 시행지역의 토지소유자로서 지역 사정에 정통한 사람이나 지적에 관하여 전문지식을 가진 사람 중에서 지적소관청이 위촉한다.
심의·의결 사항	① 축척변경 시행계획에 관한 사항 ② 지번별 m^2당 금액의 결정과 청산금의 산정에 관한 사항 ③ 청산금의 이의신청에 관한 사항 ④ 그 밖에 축척변경에 관련하여 지적소관청이 회의에 부치는 사항
회의 등	위원장은 축척변경위원회의 회의를 소집하는 때에는 회의일시·장소 및 심의안건을 회의 개최 5일 전까지 각 위원에게 서면으로 통지하여야 한다(영 제81조 제3항).

기본문제와 완성문제로 **단단기출**

01 공간정보의 구축 및 관리 등에 관한 법령상 축척변경에 관한 설명이다. (   ) 안에 들어갈 내용으로 옳은 것은?
제28회

> - 지적소관청은 축척변경을 하려면 축척변경 시행지역의 토지소유자 (㉠   )의 동의를 받아 축척변경위원회의 의결을 거친 후 (㉡   )의 승인을 받아야 한다.
> - 축척변경 시행지역의 토지소유자 또는 점유자는 시행공고일부터 (㉢   ) 이내에 시행공고일 현재 점유하고 있는 경계에 경계점표지를 설치하여야 한다.

	㉠	㉡	㉢
①	2분의 1 이상	국토교통부장관	30일
②	2분의 1 이상	시·도지사 또는 대도시 시장	60일
③	2분의 1 이상	국토교통부장관	60일
④	3분의 2 이상	시·도지사 또는 대도시 시장	30일
⑤	3분의 2 이상	국토교통부장관	60일

키워드 축척변경절차

난이도

해설
- 지적소관청은 축척변경을 하려면 축척변경 시행지역의 토지소유자 '3분의 2 이상'의 동의를 받아 축척변경위원회의 의결을 거친 후 '시·도지사 또는 대도시 시장'의 승인을 받아야 한다.
- 축척변경 시행지역의 토지소유자 또는 점유자는 시행공고일부터 '30일' 이내에 시행공고일 현재 점유하고 있는 경계에 국토교통부령으로 정하는 경계점표지를 설치하여야 한다.

정답 01 ④

02 기본 기출

공간정보의 구축 및 관리 등에 관한 법령상 축척변경신청에 관한 설명이다. (　)에 들어갈 내용으로 옳은 것은?　제33회

> 축척변경을 신청하는 토지소유자는 축척변경사유를 적은 신청서에 축척변경 시행지역의 토지소유자 (　)의 동의서를 첨부하여 지적소관청에 제출하여야 한다.

① 2분의 1 이상
② 3분의 2 이상
③ 4분의 1 이상
④ 5분의 2 이상
⑤ 5분의 3 이상

키워드 축척변경절차

난이도

해설 축척변경을 신청하는 토지소유자는 축척변경 사유를 적은 신청서에 토지소유자 '3분의 2 이상'의 동의서를 첨부해서 지적소관청에 제출하여야 한다(영 제69조, 규칙 제85조).

03 완성 기출

공간정보의 구축 및 관리 등에 관한 법령상 지적소관청이 축척변경 시행공고를 할 때 공고하여야 할 사항으로 틀린 것은?　제31회

① 축척변경의 목적, 시행지역 및 시행기간
② 축척변경의 시행에 관한 세부계획
③ 축척변경의 시행자 선정 및 평가방법
④ 축척변경의 시행에 따른 청산방법
⑤ 축척변경의 시행에 따른 토지소유자 등의 협조에 관한 사항

키워드 시행공고사항

난이도

해설 축척변경은 지적소관청이 시행하므로 별도의 사업시행자가 존재하지 않는다. 지적소관청은 시·도지사 또는 대도시 시장으로부터 축척변경 승인을 받은 때에는 지체 없이 시·군·구(자치구가 아닌 구를 포함한다) 및 축척변경 시행지역 동·리의 게시판에 ①②④⑤의 사항을 20일 이상 공고하여 주민이 볼 수 있도록 게시하여야 한다(영 제71조 제1항·제2항).

정답 02 ② 03 ③

04 공간정보의 구축 및 관리 등에 관한 법령상 축척변경사업에 따른 청산금에 관한 내용이다. ( )에 들어갈 사항으로 옳은 것은? 제26회

> - 지적소관청이 납부고지하거나 수령통지한 청산금에 관하여 이의가 있는 자는 납부고지 또는 수령통지를 받은 날부터 (㉠) 이내에 지적소관청에 이의신청을 할 수 있다.
> - 지적소관청으로부터 청산금의 납부고지를 받은 자는 그 고지를 받은 날부터 (㉡) 이내에 청산금을 지적소관청에 내야 한다.

① ㉠: 15일   ㉡: 6개월
② ㉠: 1개월 ㉡: 3개월
③ ㉠: 1개월 ㉡: 6개월
④ ㉠: 3개월 ㉡: 6개월
⑤ ㉠: 3개월 ㉡: 1년

키워드 청산금

난이도

해설
- 지적소관청이 납부고지하거나 수령통지한 청산금에 관하여 이의가 있는 자는 납부고지 또는 수령통지를 받은 날부터 '1개월' 이내에 지적소관청에 이의신청을 할 수 있다(영 제77조 제1항).
- 지적소관청으로부터 청산금의 납부고지를 받은 자는 그 고지를 받은 날부터 '6개월' 이내에 청산금을 지적소관청에 내야 한다(영 제76조 제2항).

---

05 공간정보의 구축 및 관리 등에 관한 법령상 축척변경에 따른 청산금에 관한 이의신청에 대한 설명이다. ( )에 들어갈 내용으로 옳은 것은? 제33회

> - 납부고지되거나 수령통지된 청산금에 관하여 이의가 있는 자는 납부고지 또는 수령통지를 받은 날부터 (㉠)에 지적소관청에 이의신청을 할 수 있다.
> - 이의신청을 받은 지적소관청은 (㉡)에 축척변경위원회의 심의·의결을 거쳐 그 인용(認容) 여부를 결정한 후 지체 없이 그 내용을 이의신청인에게 통지하여야 한다.

① ㉠: 15일 이내   ㉡: 2개월 이내
② ㉠: 1개월 이내 ㉡: 2개월 이내
③ ㉠: 1개월 이내 ㉡: 1개월 이내
④ ㉠: 2개월 이내 ㉡: 1개월 이내
⑤ ㉠: 2개월 이내 ㉡: 15일 이내

키워드 청산금에 대한 이의신청

난이도

해설
- 납부고지되거나 수령통지된 청산금에 관하여 이의가 있는 자는 납부고지 또는 수령통지를 받은 날부터 '1개월 이내'에 지적소관청에 이의신청을 할 수 있다(영 제77조 제1항).
- 이의신청을 받은 지적소관청은 '1개월 이내'에 축척변경위원회의 심의·의결을 거쳐 그 인용(認容) 여부를 결정한 후 지체 없이 그 내용을 이의신청인에게 통지하여야 한다(영 제77조 제2항).

정답 04 ③ 05 ③

06 공간정보의 구축 및 관리 등에 관한 법령상 축척변경에 따른 청산금 등에 관한 설명으로 **틀린** 것은?
제29회

① 지적소관청은 청산금의 결정을 공고한 날부터 20일 이내에 토지소유자에게 청산금의 납부고지 또는 수령통지를 하여야 한다.
② 청산금의 납부고지를 받은 자는 그 고지를 받은 날부터 1년 이내에 청산금을 지적소관청에 내야 한다.
③ 지적소관청은 청산금의 수령통지를 한 날부터 6개월 이내에 청산금을 지급하여야 한다.
④ 지적소관청은 청산금을 지급받을 자가 행방불명 등으로 받을 수 없거나 받기를 거부할 때에는 그 청산금을 공탁할 수 있다.
⑤ 수령통지된 청산금에 관하여 이의가 있는 자는 수령통지를 받은 날부터 1개월 이내에 지적소관청에 이의신청을 할 수 있다.

키워드 〉 청산금
난이도 〉
해설 〉 청산금의 납부고지를 받은 자는 그 고지를 받은 날부터 6개월 이내에 청산금을 지적소관청에 내야 한다(영 제76조 제2항).

07 공간정보의 구축 및 관리 등에 관한 법령상 지적소관청이 지체 없이 축척변경의 확정공고를 하여야 하는 때로 옳은 것은?
제31회

① 청산금의 납부 및 지급이 완료되었을 때
② 축척변경을 위한 측량이 완료되었을 때
③ 축척변경에 관한 측량에 따라 필지별 증감 면적의 산정이 완료되었을 때
④ 축척변경에 관한 측량에 따라 변동사항을 표시한 축척변경 지번별 조서 작성이 완료되었을 때
⑤ 축척변경에 따라 확정된 사항이 지적공부에 등록되었을 때

키워드 〉 확정공고 시점
난이도 〉
해설 〉 청산금의 납부 및 지급이 완료된 때에는 지적소관청은 다음의 사항을 포함하여 지체 없이 축척변경의 확정공고를 하여야 한다(영 제78조 제1항, 규칙 제92조 제1항).

> 1. 토지의 소재 및 지역명
> 2. 축척변경 지번별 조서
> 3. 청산금 조서
> 4. 지적도의 축척

정답 06 ② 07 ①

08 공간정보의 구축 및 관리 등에 관한 법령상 축척변경에 관한 설명으로 **틀린** 것은? 제33회

① 축척변경에 관한 사항을 심의·의결하기 위하여 지적소관청에 축척변경위원회를 둔다.
② 축척변경위원회의 위원장은 위원 중에서 지적소관청이 지명한다.
③ 지적소관청은 축척변경에 관한 측량을 완료하였을 때에는 축척변경 신청일 현재의 지적공부상의 면적과 측량 후의 면적을 비교하여 그 변동사항을 표시한 토지이동현황 조사서를 작성하여야 한다.
④ 지적소관청은 청산금의 결정을 공고한 날부터 20일 이내에 토지소유자에게 청산금의 납부고지 또는 수령통지를 하여야 한다.
⑤ 청산금의 납부 및 지급이 완료되었을 때에는 지적소관청은 지체 없이 축척변경의 확정공고를 하여야 한다.

키워드 축척변경절차

해설 지적소관청은 축척변경에 관한 측량을 완료하였을 때에는 시행공고일 현재의 지적공부상의 면적과 측량 후의 면적을 비교하여 그 변동사항을 표시한 축척변경 '지번별 조서'를 작성하여야 한다(영 제73조).

09 공간정보의 구축 및 관리 등에 관한 법령상 지적소관청은 축척변경에 따른 청산금의 납부 및 지급이 완료되었을 때 지체 없이 축척변경의 확정공고를 하여야 한다. 이 경우 확정공고에 포함되어야 할 사항으로 **틀린** 것은? 제34회

① 토지의 소재 및 지역명
② 축척변경 지번별 조서
③ 청산금 조서
④ 지적도의 축척
⑤ 지역별 제곱미터당 금액조서

키워드 확정공고 포함사항

해설 청산금의 납부 및 지급이 완료되었을 때에는 지적소관청은 다음의 사항을 포함하여 지체 없이 축척변경의 확정공고를 하여야 한다(영 제78조 제1항, 규칙 제92조 제1항).

> 1. 토지의 소재 및 지역명
> 2. 축척변경 지번별 조서
> 3. 청산금 조서
> 4. 지적도의 축척

정답 08 ③ 09 ⑤

10 공간정보의 구축 및 관리 등에 관한 법령상 축척변경위원회의 구성과 회의 등에 관한 설명으로 옳은 것을 모두 고른 것은?

제30회

> ㉠ 축척변경위원회의 회의는 위원장을 포함한 재적위원 과반수의 출석으로 개의하고 출석위원 과반수의 찬성으로 의결한다.
> ㉡ 축척변경위원회는 5명 이상 15명 이하의 위원으로 구성하되, 위원의 3분의 2 이상을 토지소유자로 하여야 한다. 이 경우 그 축척변경 시행지역의 토지소유자가 5명 이하일 때에는 토지소유자 전원을 위원으로 위촉하여야 한다.
> ㉢ 위원은 해당 축척변경 시행지역의 토지소유자로서 지역 사정에 정통한 사람과 지적에 관하여 전문지식을 가진 사람 중에서 지적소관청이 위촉한다.

① ㉠
② ㉡
③ ㉠, ㉢
④ ㉡, ㉢
⑤ ㉠, ㉡, ㉢

키워드 〉 축척변경위원회의 구성 및 회의
난이도 〉
해설 〉 축척변경위원회는 5명 이상 10명 이하의 위원으로 구성하되, 위원의 2분의 1 이상을 토지소유자로 하여야 한다. 이 경우 그 축척변경 시행지역의 토지소유자가 5명 이하일 때에는 토지소유자 전원을 위원으로 위촉하여야 한다(영 제79조 제1항).

11 공간정보의 구축 및 관리 등에 관한 법령상 축척변경위원회의 심의·의결사항으로 틀린 것은?

제27회

① 축척변경 시행계획에 관한 사항
② 지번별 m²당 금액의 결정에 관한 사항
③ 축척변경 승인에 관한 사항
④ 청산금의 산정에 관한 사항
⑤ 청산금의 이의신청에 관한 사항

키워드 〉 축척변경위원회 심의·의결사항
난이도 〉
해설 〉 축척변경 승인에 관한 사항은 축척변경위원회의 심의·의결사항에 해당하지 않는다.
보충 〉 지적소관청은 축척변경을 할 때에는 축척변경 사유를 적은 승인신청서에 필요한 서류를 첨부하여 시·도지사 또는 대도시 시장에게 제출하여야 한다(영 제70조 제1항). 축척변경위원회는 ①②④⑤와 그 밖에 축척변경에 관련하여 지적소관청이 회의에 부치는 사항에 대하여 심의·의결할 수 있다.

정답 10 ③ 11 ③

THEME 10

지적정리 및 지적정리 후의 절차

| THEME 키워드 |
지적정리 대위신청, 토지개발사업시행지역의 토지이동신청, 소유자 정리자료, 토지소유자의 정리, 변경등기촉탁대상, 지적정리 후 통지사유, 지적정리 등의 통지시기, 지적정리 후 통지

☐ 1회독 ☐ 2회독

기본으로 알아야 하는 대표기출

기출분석
- 기출회차: 제29회
- 키워드: 토지소유자의 정리
- 난이도:

공간정보의 구축 및 관리 등에 관한 법령상 토지소유자의 정리 등에 관한 설명으로 틀린 것은?

① 지적소관청은 등기부에 적혀 있는 토지의 표시가 지적공부와 일치하지 아니하면 토지소유자를 정리할 수 없다.
② 「국유재산법」에 따른 총괄청이나 같은 법에 따른 중앙관서의 장이 소유자 없는 부동산에 대한 소유자 등록을 신청하는 경우 지적소관청은 지적공부에 해당 토지의 소유자가 등록되지 아니한 경우에만 등록할 수 있다.
③ 지적공부에 신규등록하는 토지의 소유자에 관한 사항은 등기관서에서 등기한 것을 증명하는 등기필증, 등기완료통지서, 등기사항증명서 또는 등기관서에서 제공한 등기전산정보자료에 따라 정리한다.
④ 지적소관청은 필요하다고 인정하는 경우에는 관할 등기관서의 등기부를 열람하여 지적공부와 부동산등기부가 일치하는지 여부를 조사·확인하여야 한다.
⑤ 지적소관청 소속 공무원이 지적공부와 부동산등기부의 부합 여부를 확인하기 위하여 등기전산정보자료의 제공을 요청하는 경우 그 수수료는 무료로 한다.

함정을 피하는 TIP
- 토지의 소유자를 정리하는 원칙적인 경우와 신규등록 및 소유자 없는 부동산에 대한 소유자 등록을 구분하여 정리하여야 한다.

해설
지적공부에 토지의 소유자에 관한 사항은 등기관서에서 등기한 것을 증명하는 등기필증, 등기완료통지서, 등기사항증명서 또는 등기관서에서 제공한 등기전산정보자료에 따라 정리한다. 다만, 신규등록하는 때에는 등기부가 개설되어 있지 아니하므로 지적소관청이 직접 조사하여 소유자를 등록한다(법 제88조 제1항).

정답 ③

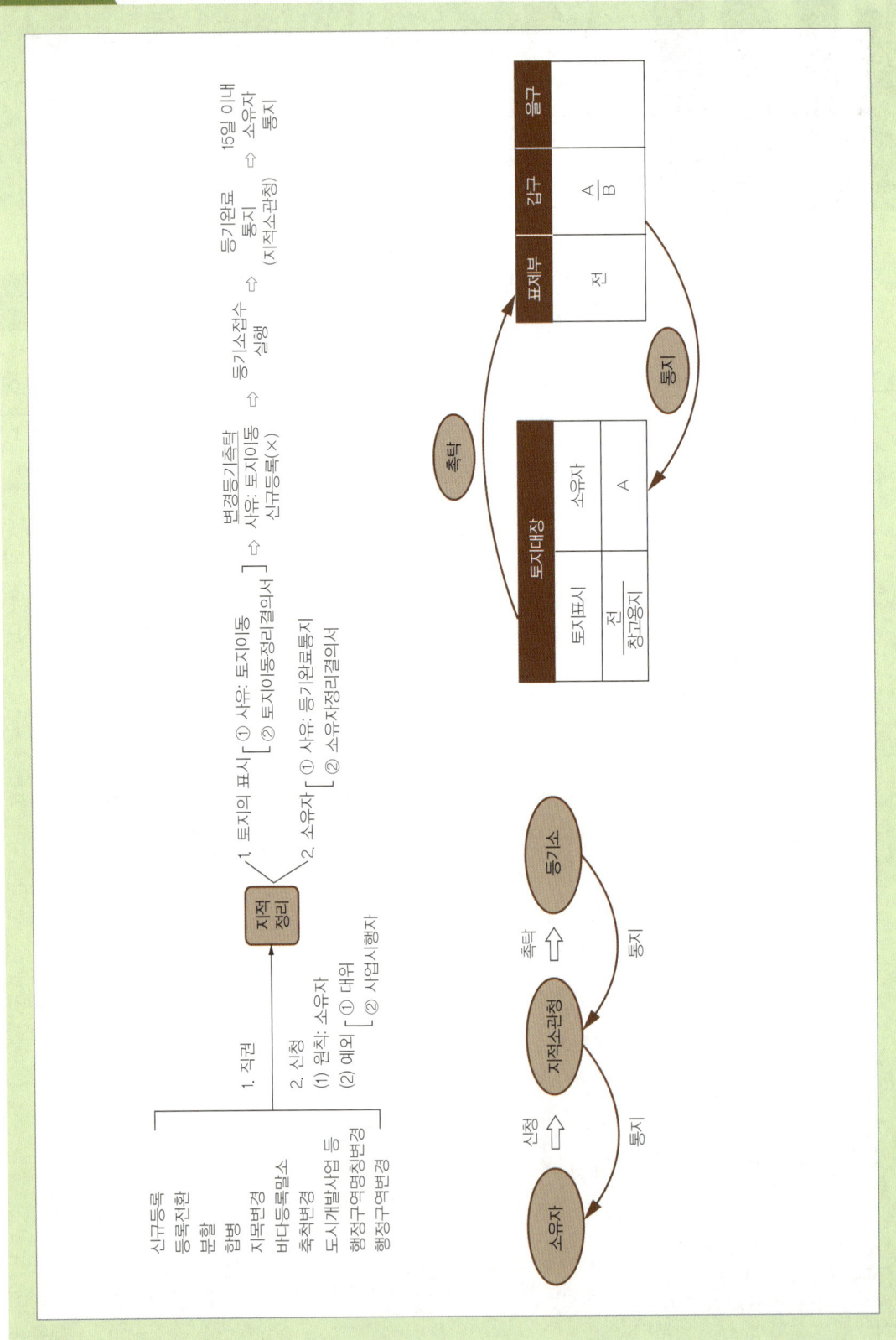

단단하게 정리하는 핵심이론

1 지적정리의 개시유형

(1) 소유자의 신청

지적공부에 등록하는 지번·지목·면적·경계 또는 좌표는 토지의 이동이 있을 때에 토지소유자의 신청을 받아 지적소관청이 결정한다(법 제64조 제2항).

(2) 대위신청

다음의 어느 하나에 해당되는 자는 이 법에 따라 토지소유자가 하여야 하는 신청을 대신할 수 있다. 다만, 등록사항 정정 대상토지는 제외한다(법 제87조).

① 공공사업 등에 따라 학교용지·도로·철도용지·하천·제방·구거·유지·수도용지 등의 지목으로 되는 토지의 경우: 해당 사업의 시행자
② 국가 또는 지방자치단체가 취득하는 토지의 경우: 해당 토지를 관리하는 행정기관의 장 또는 지방자치단체의 장
③ 「주택법」에 따른 공동주택의 부지인 경우: 「집합건물의 소유 및 관리에 관한 법률」에 따른 관리인(다만, 관리인이 없는 경우에는 공유자가 선임한 대표자) 또는 해당 사업의 시행자
④ 「민법」 제404조(채권자의 대위신청)의 규정에 따른 채권자

(3) 도시개발사업 등 시행지역의 신청

신고	도시개발사업, 농어촌정비사업, 그 밖에 대통령령으로 정하는 토지개발사업의 시행자는 그 사업의 착수·변경 또는 완료 사실을 그 사유가 발생한 날부터 15일 이내에 지적소관청에 신고하여야 한다.
신청	① 도시개발사업, 농어촌정비사업, 그 밖에 대통령령으로 정하는 토지개발사업과 관련하여 토지의 이동이 필요한 경우 해당 사업의 시행자는 지적소관청에 토지의 이동을 신청하여야 한다. 이 경우 토지소유자에게는 신청권이 없다. ② 사업의 완료신고가 되기 전에 사업의 착수 또는 변경의 신고가 된 토지의 소유자가 해당 토지의 이동을 원하는 경우에는 해당 사업의 시행자에게 그 토지의 이동을 신청하도록 요청하여야 하며, 요청을 받은 시행자는 해당 사업에 지장이 없다고 판단되면 지적소관청에 그 이동을 신청하여야 한다. ③ 「주택법」에 따른 주택건설사업의 시행자가 파산 등의 이유로 토지의 이동신청을 할 수 없는 때에는 그 주택의 시공을 보증한 자 또는 입주예정자 등이 신청할 수 있다. ④ 도시개발사업 등 그 신청대상지역이 환지를 수반하는 경우에는 도시개발사업 등의 사업완료신고로써 토지의 이동신청에 갈음할 수 있다.
토지이동의 시기	도시개발사업 등으로 인한 토지의 이동은 토지의 형질변경 등의 공사가 준공된 때 이루어진 것으로 본다(법 제86조 제3항).

핵심단단	토지이동의 효력발생시기	
원칙		지적공부에 등록한 때 ⇨ 지적형식주의
예외	축척변경	확정공고일
	토지개발사업	공사가 준공된 때

2 지적공부의 정리

(1) 토지의 표시 정리

토지이동정리 결의서	① 지적소관청은 토지의 이동이 있는 경우 토지의 표시를 정리하여야 한다. 이 경우 이미 작성된 지적공부에 정리할 수 없을 때에는 새로 작성하여야 한다. ② 지적소관청은 토지의 이동이 있는 경우에는 토지이동정리결의서를 작성하여야 한다.
사유	① 지번을 변경하는 경우 ② 지적공부를 복구하는 경우 ③ 신규등록·등록전환·분할·합병·지목변경 등 토지의 이동이 있는 경우

(2) 토지의 소유자정리

① 이미 등록된 토지의 소유자정리

소유자정리결의서	지적소관청은 토지소유자의 변동 등에 따라 지적공부를 정리하려는 경우에는 소유자정리결의서를 작성하여야 한다.
원칙 (등기부에 의한 정리)	㉠ 지적공부에 등록된 토지소유자의 변경사항은 등기관서에서 등기한 것을 증명하는 등기필증, 등기완료통지서, 등기사항증명서 또는 등기관서에서 제공한 등기전산정보자료에 따라 정리한다. ㉡ 등기부에 적혀 있는 토지의 표시가 지적공부와 일치하지 아니하면 위 ㉠에 따라 토지소유자를 정리할 수 없다. 이 경우 토지의 표시와 지적공부가 일치하지 아니하다는 사실을 관할 등기관서에 통지하여야 한다.
직권정리 및 신청요구	㉠ 지적소관청은 필요하다고 인정하는 경우에는 관할 등기관서의 등기부를 열람하여 지적공부와 부동산등기부가 일치하는지 여부를 조사·확인하여야 한다. ㉡ 일치하지 아니하는 사항을 발견하면 등기사항증명서 또는 등기전산정보자료에 따라 지적공부를 직권으로 정리하거나, 토지소유자나 그 밖의 이해관계인에게 신청 등을 하도록 요구할 수 있다. ㉢ 지적소관청 소속 공무원이 지적공부와 부동산등기부의 부합 여부를 확인하기 위하여 등기부를 열람하거나, 등기사항증명서의 발급을 신청하는 경우 그 수수료는 무료로 한다.

② 신규등록 및 소유자 없는 토지에 대한 소유자 등록

신규등록	토지를 신규등록하는 때에는 지적소관청이 직접 조사하여 소유자를 등록한다.
소유자 없는 부동산	「국유재산법」에 따른 총괄청이나 중앙관서의 장이 소유자 없는 부동산에 대한 소유자 등록을 신청하는 경우 지적소관청은 지적공부에 해당 토지의 소유자가 등록되지 아니한 경우에만 등록할 수 있다.

3 지적정리 후의 절차

(1) 토지의 표시변경등기 촉탁

의의	① 지적소관청의 등기촉탁제도는 지적소관청이 토지의 표시를 정리한 경우 등기소에 등기를 신청하는 것을 말한다. ② 이 경우 지적소관청의 등기촉탁은 국가가 국가를 위하여 하는 등기로 본다.
사유	① 토지의 이동정리를 한 경우(법 제64조 제2항, 신규등록은 제외한다) ② 시·도지사 또는 대도시 시장의 승인을 받아 지번부여지역 전부 또는 일부에 대하여 지번을 새로 부여한 때(법 제66조 제2항) ③ 바다로 된 토지를 등록말소하는 경우(법 제82조) ④ 축척변경을 한 경우(법 제83조 제2항) ⑤ 등록사항의 오류를 직권으로 정정한 경우(법 제84조 제2항) ⑥ 행정구역의 개편으로 새로 지번을 부여한 경우(법 제85조 제2항) ⚠ 신규등록, 소유자를 정리하는 경우에는 등기를 촉탁하지 아니한다.

(2) 지적정리 등의 통지

통지대상	다음과 같은 경우에는 지적소관청이 해당 토지소유자에게 통지하여야 한다. ① 토지의 이동이 있을 때 지적소관청이 **직권으로** 토지이동을 조사·측량하여 지적공부에 등록정리한 때(법 제64조 제2항 단서) ② 시·도지사 또는 대도시 시장의 승인을 받아 지번부여지역 전부 또는 일부에 대하여 지번을 새로 부여한 때(법 제66조 제2항) ⇨ **직권으로** 하는 경우이다. ③ 지적공부를 복구한 때(법 제74조) ⇨ **직권으로** 하는 경우이다. ④ 바다로 된 토지의 소유자가 그 통지를 받은 날부터 90일 이내에 등록말소신청을 하지 아니하여 지적소관청이 **직권으로** 등록말소한 때(법 제82조 제2항) ⑤ 지적소관청이 등록사항의 오류를 **직권으로** 조사·측량하여 정정한 때 ⑥ **행정구역 개편**으로 지적소관청이 새로 그 지번을 부여한 때 ⇨ **직권으로** 하는 경우이다. ⑦ 도시개발사업 등으로 인하여 토지이동이 있는 때에 그 **사업시행자**가 지적소관청에 그 이동을 신청하여 지적정리를 한 때(법 제86조 제2항) ⑧ **대위신청권자**의 신청에 의하여 소관청이 지적정리를 한 때(법 제87조) ⑨ 토지표시의 변경에 관하여 관할 등기소에 **등기를 촉탁**한 때(법 제89조) ⚠ 소유자를 정리한 경우는 통지의 대상이 아니다.
통지시기	① 토지의 표시에 관한 **변경등기가 필요**한 경우: 그 등기완료통지서를 접수한 날부터 **15일 이내** ② 토지의 표시에 관한 **변경등기가 필요하지 않은 경우**: 지적공부에 등록한 날부터 **7일 이내**

기본문제와 완성문제로 단단기출

01 다음 중 공간정보의 구축 및 관리 등에 관한 법령상 토지소유자가 하여야 하는 토지의 이동신청을 대신할 수 있는 자가 아닌 것은? 제24회

① 「민법」 제404조에 따른 채권자
② 주차전용 건축물 및 이에 접속된 부속시설물의 부지인 경우는 해당 토지를 관리하는 관리인
③ 국가나 지방자치단체가 취득하는 토지인 경우는 해당 토지를 관리하는 행정기관의 장 또는 지방자치단체의 장
④ 공공사업 등에 따라 하천·구거·유지·수도용지 등의 지목으로 되는 토지인 경우는 해당 사업의 시행자
⑤ 「주택법」에 따른 공동주택의 부지인 경우는 「집합건물의 소유 및 관리에 관한 법률」에 따른 관리인(관리인이 없는 경우에는 공유자가 선임한 대표자) 또는 해당 사업의 시행자

키워드 지적정리 대위신청

난이도

해설 관리인이 소유자를 대위하여 토지의 이동을 신청하는 경우는 '공동주택'의 경우만 해당하므로 주차전용 건축물부지의 경우는 대위신청이 허용되지 않고 소유자가 직접 신청하여야 한다(법 제87조 참조).

정답 01 ②

02 공간정보의 구축 및 관리 등에 관한 법령상 도시개발사업 등 시행지역의 토지이동신청에 관한 특례의 설명으로 틀린 것은?   제30회

① 「도시개발법」에 따른 도시개발사업의 착수를 지적소관청에 신고하려는 자는 도시개발사업 등의 착수(시행)·변경·완료 신고서에 사업인가서, 지번별조서, 사업계획도를 첨부하여야 한다.
② 「농어촌정비법」에 따른 농어촌정비사업의 사업시행자가 지적소관청에 토지의 이동을 신청한 경우 토지의 이동은 토지의 형질변경 등의 공사가 착수(시행)된 때에 이루어진 것으로 본다.
③ 「도시 및 주거환경정비법」에 따른 정비사업의 착수·변경 또는 완료 사실의 신고는 그 사유가 발생한 날부터 15일 이내에 하여야 한다.
④ 「주택법」에 따른 주택건설사업의 시행자가 파산 등의 이유로 토지의 이동 신청을 할 수 없을 때에는 그 주택의 시공을 보증한 자 또는 입주예정자 등이 신청할 수 있다.
⑤ 「택지개발촉진법」에 따른 택지개발사업의 사업시행자가 지적소관청에 토지의 이동을 신청한 경우, 신청 대상 지역이 환지를 수반하는 경우에는 지적소관청에 신고한 사업완료 신고로써 이를 갈음할 수 있다. 이 경우 사업완료신고서에 택지개발 사업시행자가 토지의 이동 신청을 갈음한다는 뜻을 적어야 한다.

> 키워드 > 토지개발사업시행지역의 토지이동신청
> 난이도 >
> 해설 > 「도시개발법」에 따른 도시개발사업, 「농어촌정비법」에 따른 농어촌정비사업, 그 밖에 대통령령으로 정하는 토지개발사업에 따른 토지의 이동은 토지의 형질변경 등의 공사가 준공된 때에 이루어진 것으로 본다(법 제86조 제3항).

정답 02 ②

03 다음은 공간정보의 구축 및 관리 등에 관한 법령상 도시개발사업 등 시행지역의 토지이동신청 특례에 관한 설명이다. ( ) 안에 들어갈 내용으로 옳은 것은? 제31회

기본 기출

- 「도시개발법」에 따른 도시개발사업, 「농어촌정비법」에 따른 농어촌정비사업 등의 사업시행자는 그 사업의 착수·변경 및 완료 사실을 (㉠)에(게) 신고하여야 한다.
- 「도시개발사업 등의 착수·변경 또는 완료 사실의 신고는 그 사유가 발생한 날부터 (㉡) 이내에 하여야 한다.

① ㉠: 시·도지사   ㉡: 15일
② ㉠: 시·도지사   ㉡: 30일
③ ㉠: 시·도지사   ㉡: 60일
④ ㉠: 지적소관청   ㉡: 15일
⑤ ㉠: 지적소관청   ㉡: 30일

키워드 토지개발사업시행지역의 토지이동신청

난이도

해설
- 「도시개발법」에 따른 도시개발사업, 「농어촌정비법」에 따른 농어촌정비사업 등의 사업시행자는 그 사업의 착수·변경 및 완료 사실을 '지적소관청'에 신고하여야 한다(법 제86조 제1항).
- 도시개발사업 등 토지개발사업의 시행자는 그 사업의 착수·변경 또는 완료 사실을 그 사유가 발생한 날부터 '15일' 이내에 지적소관청에 신고하여야 한다(영 제83조 제2항).

정답 03 ④

04 기본 기출

공간정보의 구축 및 관리 등에 관한 법령상 도시개발사업 등 시행지역의 토지이동신청 특례에 관한 설명으로 틀린 것은?
제26회

① 「농어촌정비법」에 따른 농어촌정비사업의 시행자는 그 사업의 착수·변경 및 완료 사실을 시·도지사에게 신고하여야 한다.
② 도시개발사업 등의 사업의 착수 또는 변경의 신고가 된 토지의 소유자가 해당 토지의 이동을 원하는 경우에는 해당 사업의 시행자에게 그 토지의 이동을 신청하도록 요청하여야 한다.
③ 도시개발사업 등의 사업시행자가 토지의 이동을 신청한 경우 토지의 이동은 토지의 형질변경 등의 공사가 준공된 때에 이루어진 것으로 본다.
④ 「도시개발법」에 따른 도시개발사업의 시행자는 그 사업의 착수·변경 또는 완료 사실의 신고를 그 사유가 발생한 날부터 15일 이내에 하여야 한다.
⑤ 「주택법」에 따른 주택건설사업의 시행자가 파산 등의 이유로 토지의 이동 신청을 할 수 없을 때에는 그 주택의 시공을 보증한 자 또는 입주예정자 등이 신청할 수 있다.

키워드 토지개발사업시행지역의 토지이동신청
난이도
해설 「도시개발법」에 따른 도시개발사업, 「농어촌정비법」에 따른 농어촌정비사업, 그 밖에 대통령령으로 정하는 토지개발사업의 시행자는 대통령령으로 정하는 바에 따라 그 사업의 착수·변경 및 완료 사실을 지적소관청에 신고하여야 한다(법 제86조 제1항).

05 기본 기출

토지대장에 등록된 토지소유자의 변경사항은 등기관서에서 등기한 것을 증명하거나 제공한 자료에 따라 정리한다. 다음 중 등기관서에서 등기한 것을 증명하거나 제공한 자료가 아닌 것은?
제25회

① 등기필증
② 등기완료통지서
③ 등기사항증명서
④ 등기신청접수증
⑤ 등기전산정보자료

키워드 소유자 정리자료
난이도
해설 지적공부에 등록된 토지소유자의 변경사항은 등기관서에서 등기한 것을 증명하는 등기필증, 등기완료통지서, 등기사항증명서 또는 등기관서에서 제공한 등기전산정보자료에 따라 정리한다(법 제88조 제1항). 등기신청접수증은 등기가 신청되어 접수된 상태만을 나타내는 것이지 소유권 변동의 결과를 나타내는 증거물이 아니므로 이에 해당하지 않는다.

정답 04 ① 05 ④

06 기본기출

공간정보의 구축 및 관리 등에 관한 법령상 토지소유자의 정리에 관한 설명이다. (   )에 들어갈 내용으로 옳은 것은?
제33회

> 지적공부에 등록된 토지소유자의 변경사항은 등기관서에서 등기한 것을 증명하는 등기필증, 등기완료통지서, 등기사항증명서 또는 등기관서에서 제공한 등기전산정보자료에 따라 정리한다. 다만, (㉠)하는 토지의 소유자는 (㉡)이(가) 직접 조사하여 등록한다.

① ㉠: 축척변경 ㉡: 등기관
② ㉠: 축척변경 ㉡: 시·도지사
③ ㉠: 신규등록 ㉡: 등기관
④ ㉠: 신규등록 ㉡: 지적소관청
⑤ ㉠: 등록전환 ㉡: 시·도지사

키워드 › 토지소유자의 정리
난이도 ›
해설 › 지적공부에 등록된 토지소유자의 변경사항은 등기관서에서 등기한 것을 증명하는 등기필증, 등기완료통지서, 등기사항증명서 또는 등기관서에서 제공한 등기전산정보자료에 따라 정리한다. 다만, '신규등록'하는 토지의 소유자는 '지적소관청'이 직접 조사하여 등록한다(법 제88조 제1항).

07 기본기출

공간정보의 구축 및 관리 등에 관한 법령상 지적소관청은 토지의 이동 등으로 토지의 표시 변경에 관한 등기를 할 필요가 있는 경우에는 지체 없이 관할 등기관서에 그 등기를 촉탁하여야 한다. 등기촉탁 대상이 아닌 것은?
제28회

① 지번부여지역의 전부 또는 일부에 대하여 지번을 새로 부여한 경우
② 바다로 된 토지의 등록을 말소한 경우
③ 하나의 지번부여지역에 서로 다른 축척의 지적도가 있어 축척을 변경한 경우
④ 지적소관청이 신규등록하는 토지의 소유자를 직접 조사하여 등록한 경우
⑤ 지적소관청이 직권으로 조사·측량하여 지적공부의 등록사항을 정정한 경우

키워드 › 변경등기촉탁대상
난이도 ›
해설 › 지적소관청은 토지의 이동(등록전환, 분할, 합병, 지목변경, 지번변경, 바다로 된 토지의 등록말소, 축척변경, 등록사항 정정, 행정구역의 개편으로 다른 지번부여지역에 속하게 된 경우 등)에 따른 사유로 토지의 표시 변경에 관한 등기를 할 필요가 있는 경우에는 지체 없이 관할 등기관서에 그 등기를 촉탁하여야 한다. 다만, 신규등록은 제외한다(법 제89조 제1항).

정답 06 ④ 07 ④

08 공간정보의 구축 및 관리 등에 관한 법령에 따라 지적정리를 한 때 지적소관청이 토지소유자에게 통지하여야 하는 경우가 아닌 것은? 제20회

① 바다로 된 토지에 대하여 토지소유자의 등록말소신청이 없어 지적소관청이 직권으로 지적공부를 말소한 때
② 지적공부의 전부 또는 일부가 멸실·훼손되어 이를 복구한 때
③ 지번부여지역의 일부가 행정구역의 개편으로 다른 지번부여지역에 속하게 되어 새로이 지번을 부여하여 지적공부에 등록한 때
④ 등기관서의 등기완료통지서에 의하여 지적공부에 등록된 토지소유자의 변경사항을 정리한 때
⑤ 토지표시의 변경에 관한 등기를 할 필요가 있는 경우로서 토지표시의 변경에 관한 등기촉탁을 한 때

키워드 지적정리 후 통지사유

해설 토지의 표시를 정리한 경우와 변경등기를 촉탁한 경우는 통지의 대상이 되지만, 토지소유자의 변경사항을 정리한 경우는 통지의 대상이 아니다(법 제90조 참조).

---

09 공간정보의 구축 및 관리 등에 관한 법령상 지적소관청이 토지소유자에게 지적정리 등을 통지하여야 하는 시기에 대한 설명이다. (   )에 들어갈 내용으로 옳은 것은? 제34회

- 토지의 표시에 관한 변경등기가 필요하지 아니한 경우: (㉠)에 등록한 날부터 (㉡) 이내
- 토지의 표시에 관한 변경등기가 필요한 경우: 그 (㉢)를 접수한 날부터 (㉣) 이내

① ㉠: 등기완료의 통지서 ㉡: 15일 ㉢: 지적공부 ㉣: 7일
② ㉠: 등기완료의 통지서 ㉡: 7일   ㉢: 지적공부 ㉣: 15일
③ ㉠: 지적공부   ㉡: 7일   ㉢: 등기완료의 통지서 ㉣: 15일
④ ㉠: 지적공부   ㉡: 10일 ㉢: 등기완료의 통지서 ㉣: 15일
⑤ ㉠: 지적공부   ㉡: 15일 ㉢: 등기완료의 통지서 ㉣: 7일

키워드 지적정리 등의 통지시기

해설
- 토지의 표시에 관한 변경등기가 필요한 경우: 지적소관청은 등기관서로부터 그 등기완료통지서를 접수한 날부터 15일 이내에 토지소유자에게 지적정리 등을 통지하여야 한다(영 제85조 제1호).
- 토지의 표시에 관한 변경등기가 필요하지 않은 경우: 지적소관청은 지적공부에 등록한 날부터 7일 이내에 토지소유자에게 지적정리 등을 통지를 하여야 한다(영 제85조 제2호).

정답 08 ④ 09 ③

10 공간정보의 구축 및 관리 등에 관한 법령상 지적정리 등의 통지에 관한 설명으로 **틀린** 것은? 제25회

기본 기출

① 지적소관청이 시·도지사나 대도시 시장의 승인을 받아 지번부여지역의 일부에 대한 지번을 변경하여 지적공부에 등록한 경우 해당 토지소유자에게 통지하여야 한다.
② 토지의 표시에 관한 변경등기가 필요하지 아니한 지적정리 등의 통지를 지적소관청이 지적공부에 등록한 날부터 10일 이내에 해당 토지소유자에게 하여야 한다.
③ 지적소관청은 지적공부의 전부 또는 일부가 멸실되거나 훼손되어 이를 복구 등록한 경우 해당 토지소유자에게 통지하여야 한다.
④ 토지의 표시에 관한 변경등기가 필요한 지적정리 등의 통지는 지적소관청이 그 등기완료의 통지서를 접수한 날부터 15일 이내에 해당 토지소유자에게 하여야 한다.
⑤ 지적소관청이 직권으로 조사·측량하여 결정한 지번·지목·면적·경계 또는 좌표를 지적공부에 등록한 경우 해당 토지소유자에게 통지하여야 한다.

키워드 > 지적정리 후 통지

난이도 >

해설 > 지적소관청이 토지소유자에게 지적정리 등을 통지하여야 하는 시기는 다음의 구분에 따른다(영 제85조).

> 1. 토지의 표시에 관한 변경등기가 필요한 경우: 그 등기완료의 통지서를 접수한 날부터 15일 이내
> 2. 토지의 표시에 관한 변경등기가 필요하지 아니한 경우: 지적공부에 등록한 날부터 7일 이내

정답 10 ②

THEME 11

지적측량의 대상 및 절차

□ 1회독 □ 2회독

| THEME 키워드 |
지적측량대상, 지적측량 의뢰, 지적기준점성과의 열람 및 등본 발급, 지적기준점 보관, 지적측량절차, 지적측량수행계획서, 지적측량기간

기본으로 알아야 하는 **대표기출**

> **기출분석**
> - **기출회차:** 제30회
> - **키워드:** 지적측량대상
> - **난이도:** ■■□□

공간정보의 구축 및 관리 등에 관한 법령상 지적측량을 실시하여야 하는 경우를 모두 고른 것은?

> ㉠ 토지소유자가 지적소관청에 신규등록 신청을 하기 위하여 측량을 할 필요가 있는 경우
> ㉡ 지적소관청이 지적공부의 일부가 멸실되어 이를 복구하기 위하여 측량을 할 필요가 있는 경우
> ㉢ 「지적재조사에 관한 특별법」에 따른 지적재조사사업에 따라 토지의 이동이 있어 측량을 할 필요가 있는 경우
> ㉣ 토지소유자가 지적소관청에 바다가 된 토지에 대하여 지적공부의 등록말소를 신청하기 위하여 측량을 할 필요가 있는 경우

① ㉠, ㉡, ㉢
② ㉠, ㉡, ㉣
③ ㉠, ㉢, ㉣
④ ㉡, ㉢, ㉣
⑤ ㉠, ㉡, ㉢, ㉣

해설
㉠ 신규등록측량을 실시하여야 한다.
㉡ 복구측량을 실시하여야 한다.
㉢ 지적재조사측량을 실시하여야 한다.
㉣ 바다가 된 토지의 등록말소측량을 실시하여야 한다.

정답 ⑤

> **함정을 피하는 TIP**
> • 지적측량에 해당하는 13가지를 알아야 한다.

단단하게 정리하는 **핵심이론**

1 지적측량의 의의 및 대상

의의	'지적측량'이란 토지를 지적공부에 등록하거나 지적공부에 등록된 경계점을 지상에 복원하기 위하여 각 필지의 <mark>경계 또는 좌표와 면적</mark>을 정하는 측량을 말한다.

지적측량의 대상
(13가지)
	① 기초측량: 지적기준점을 정하는 경우
	② 검사측량: 지적측량성과를 검사하는 경우
	③ 다음의 어느 하나에 해당하는 경우로서 측량을 할 필요가 있는 경우
	    ㉠ 복구측량: 지적공부를 복구하는 경우
	    ㉡ 신규등록측량: 토지를 신규등록하는 경우
	    ㉢ 등록전환측량: 토지를 등록전환하는 경우
	    ㉣ 분할측량: 토지를 분할하는 경우
	    ㉤ 등록말소측량: 바다가 된 토지의 등록을 말소하는 경우
	    ㉥ 축척변경측량: 축척을 변경하는 경우
	    ㉦ 등록사항정정측량: 지적공부의 등록사항을 정정하는 경우
	    ㉧ 지적확정측량: 도시개발사업 등의 시행지역에서 토지의 이동이 있는 경우
	    ㉨ 지적재조사측량: 지적재조사사업에 따라 토지의 이동이 있는 경우
	④ 경계복원측량: 경계점을 지상에 복원하는 경우
	⑤ 지적현황측량: 지상건축물 등의 현황을 지적도 및 임야도에 등록된 경계와 대비하여 표시하는 데 필요한 경우

지적측량하지 않는 경우	① 지번변경 ② 지목변경 ③ 토지의 합병 ④ 연속지적도에 있는 경계점을 지상에 표시하기 위한 경우 ⑤ 토목공사를 위한 주요 지형측량 ⇨ 일반 측량에 해당한다.

2 지적기준점

기초측량	① 의의: 지적기준점을 정하는 경우 실시하는 지적측량을 말한다. ② 절차: 계획의 수립 ⇨ 준비 및 현지답사 ⇨ 선점 및 조표 ⇨ 관측 및 계산 ⇨ 성과표 작성
지적기준점성과 관리	① 시·도지사나 지적소관청은 지적기준점성과(지적기준점에 의한 측량성과를 말한다)와 그 측량기록을 보관하고 일반인이 열람할 수 있도록 하여야 한다(법 제27조 제1항). ② 지적삼각점성과는 특별시장·광역시장·도지사 또는 특별자치도지사(이하 '시·도지사'라 한다)가 관리한다(지적측량 시행규칙 제3조 제1호). ③ 지적삼각보조점성과 및 지적도근점성과는 지적소관청이 관리한다.
지적기준점성과 열람 및 발급	① 지적삼각점성과에 대해서는 특별시장·광역시장·특별자치시장·도지사·특별자치도지사(이하 '시·도지사'라 한다) 또는 지적소관청에 신청하여야 한다. ② 지적삼각보조점성과 및 지적도근점성과에 대해서는 지적소관청에 신청하여야 한다(규칙 제26조 제1항).
정리	<table><tr><th>구분</th><th>지적기준점의 성과 관리</th><th>열람 및 등본 발급</th></tr><tr><td>지적삼각점</td><td>시·도지사</td><td>시·도지사, 지적소관청</td></tr><tr><td>지적삼각보조점</td><td rowspan="2">지적소관청</td><td rowspan="2">지적소관청</td></tr><tr><td>지적도근점</td></tr></table>

3 지적측량의 절차

(1) 지적측량의 절차

지적측량 의뢰	① 토지소유자 등 이해관계인은 지적측량을 하여야 할 필요가 있는 때에는 지적측량수행자(지적측량업의 등록을 한 자와 한국국토정보공사)에게 해당 지적측량을 의뢰하여야 한다. ⚠ 지적소관청(×) ② 지적측량성과를 검사하기 위한 검사측량과 지적재조사사업에 따른 지적재조사측량은 지적측량 의뢰의 대상에서 제외된다.
지적측량 의뢰서 제출	지적측량을 의뢰하려는 자는 지적측량 의뢰서(전자문서로 된 의뢰서를 포함한다)에 의뢰 사유를 증명하는 서류(전자문서를 포함한다)를 첨부하여 지적측량수행자에게 제출하여야 한다(규칙 제25조 제1항).
지적측량수행계획서 제출 및 측량실시	① 지적측량 의뢰를 받은 지적측량수행자는 측량기간·측량일자·측량수수료 등을 기재한 지적측량 수행계획서를 그 다음 날까지 지적소관청에 제출하여야 한다. ② 지적측량수행자는 지적측량 의뢰를 받으면 지적측량을 하여 그 측량성과를 결정하여야 한다.
측량성과검사	① 지적측량수행자가 지적측량을 하였으면 시·도지사, 대도시 시장 또는 지적소관청으로부터 측량성과에 대한 검사를 받아야 한다(법 제25조 제1항). ② 지적공부를 정리하지 아니하는 경계복원측량과 지적현황측량은 검사를 받지 않는다.
지적측량성과도 발급	지적소관청은 측량성과를 검사하여 측량성과가 정확하다고 인정되는 때에는 지적측량성과도를 지적측량수행자에게 발급하여야 하며, 지적측량수행자는 측량의뢰인에게 그 지적측량성과도를 포함한 지적측량결과부를 지체 없이 발급하여야 한다.

(2) 지적측량기간 및 측량검사기간

세부측량	지적측량의 측량기간은 5일로 하며, 측량검사기간은 4일로 한다.
지적기준점을 설치하는 경우	세부측량을 하기 위하여 지적기준점을 설치하여 측량 또는 측량검사를 하는 경우 지적기준점이 15점 이하인 때에는 4일을, 15점을 초과하는 때에는 4일에 15점을 초과하는 4점마다 1일을 가산한다.
합의한 경우	지적측량 의뢰인과 지적측량수행자가 서로 합의하여 따로 기간을 정하는 경우에는 그 기간에 따르되, 전체 기간의 4분의 3은 측량기간으로, 전체 기간의 4분의 1은 측량검사기간으로 본다.

기본문제와 완성문제로 단단기출

01 공간정보의 구축 및 관리 등에 관한 법령상 지적측량을 하여야 하는 경우가 <u>아닌</u> 것은? 제24회

기본 기출
① 지적측량성과를 검사하는 경우
② 경계점을 지상에 복원하는 경우
③ 지상건축물 등의 현황을 지적도 및 임야도에 등록된 경계와 대비하여 표시하는 데에 필요한 경우
④ 위성기준점 및 공공기준점을 설치하는 경우
⑤ 바다가 된 토지의 등록을 말소하는 경우로서 지적측량을 할 필요가 있는 경우

키워드 › 지적측량대상

난이도 ›

해설 › 법 제23조 제1항에서 지적측량의 종류 13가지를 법정하고 있다. 위성기준점 및 공공기준점을 설치하는 경우는 지적측량을 실시하는 경우에 포함되지 않으며, 공공기준점을 설치하는 경우의 측량을 '공공측량'이라고 한다.

02 공간정보의 구축 및 관리 등에 관한 법령상 지상건축물 등의 현황을 지적도 및 임야도에 등록된 경계와 대비하여 표시하는 지적측량은? 제32회

기본 기출
① 등록전환측량
② 신규등록측량
③ 지적현황측량
④ 경계복원측량
⑤ 토지분할측량

키워드 › 지적측량대상

난이도 ›

해설 › 지적현황측량이란 지상건축물 등의 현황을 지적도 및 임야도에 등록된 경계와 대비하여 표시하는 데에 필요한 경우 실시하는 측량을 말한다.

정답 01 ④ 02 ③

03 공간정보의 구축 및 관리 등에 관한 법령상 지적측량을 실시하여야 할 대상으로 틀린 것은? 제26회

① 「지적재조사에 관한 특별법」에 따른 지적재조사사업에 따라 토지의 이동이 있는 경우로서 측량을 할 필요가 있는 경우
② 지적측량수행자가 실시한 측량성과에 대하여 지적소관청이 검사를 위해 측량을 하는 경우
③ 연속지적도에 있는 경계점을 지상에 표시하기 위해 측량을 하는 경우
④ 지상건축물 등의 현황을 지적도 및 임야도에 등록된 경계와 대비하여 표시하기 위해 측량을 할 필요가 있는 경우
⑤ 「도시 및 주거환경정비법」에 따른 정비사업 시행지역에서 토지의 이동이 있는 경우로서 측량을 할 필요가 있는 경우

> **키워드** 지적측량대상
>
> **난이도**
>
> **해설** ③ 법 제23조 제1항에서 지적측량의 종류 13가지를 법정하고 있는데, ③은 이에 포함되지 않는다. 연속지적도는 지적공부인 지적도에 해당하지 않으므로 이를 기준으로 지적측량을 실시할 수 없다.
> ①은 지적재조사측량, ②는 검사측량, ④는 지적현황측량, ⑤는 지적확정측량을 한다.

04 공간정보의 구축 및 관리 등에 관한 법령상 지적측량을 실시하여야 하는 경우로 틀린 것은? 제33회

① 지적기준점을 정하는 경우
② 경계점을 지상에 복원하는 경우
③ 지상건축물 등의 현황을 지형도에 표시하는 경우
④ 바다가 된 토지의 등록을 말소하는 경우로서 측량을 할 필요가 있는 경우
⑤ 지적공부의 등록사항을 정정하는 경우로서 측량을 할 필요가 있는 경우

> **키워드** 지적측량대상
>
> **난이도**
>
> **해설** 지적현황측량이란 지상건축물 등의 현황을 '지적도 및 임야도에 등록된 경계'와 대비하여 표시하는 데에 필요한 경우 실시하는 측량을 말한다.

정답 03 ③ 04 ③

05 공간정보의 구축 및 관리 등에 관한 법령상 토지소유자 등 이해관계인이 지적측량수행자에게 지적측량을 의뢰하여야 하는 경우가 아닌 것을 모두 고른 것은? (단, 지적측량을 할 필요가 있는 경우임)   제32회

> ㉠ 지적측량성과를 검사하는 경우
> ㉡ 토지를 등록전환하는 경우
> ㉢ 축척을 변경하는 경우
> ㉣ 「지적재조사에 관한 특별법」에 따른 지적재조사사업에 따라 토지의 이동이 있는 경우

① ㉠, ㉡
② ㉠, ㉣
③ ㉢, ㉣
④ ㉠, ㉡, ㉢
⑤ ㉡, ㉢, ㉣

키워드 지적측량 의뢰

난이도

해설 토지소유자 등 이해관계인은 법 제23조 제1항의 사유로 지적측량을 할 필요가 있는 경우에는 지적측량수행자에게 지적측량을 의뢰하여야 한다. 다만, 지적측량성과를 검사하기 위한 검사측량과 지적재조사사업에 따라 토지의 이동이 있는 경우 실시하는 지적재조사측량은 지적측량 의뢰의 대상에서 제외된다(법 제24조 제1항).

06 공간정보의 구축 및 관리 등에 관한 법령상 지적기준점성과와 지적기준점성과의 열람 및 등본 발급 신청기관의 연결이 옳은 것은?   제31회

① 지적삼각점성과 – 시·도지사 또는 지적소관청
② 지적삼각보조점성과 – 시·도지사 또는 지적소관청
③ 지적삼각보조점성과 – 지적소관청 또는 한국국토정보공사
④ 지적도근점성과 – 시·도지사 또는 한국국토정보공사
⑤ 지적도근점성과 – 지적소관청 또는 한국국토정보공사

키워드 지적기준점성과의 열람 및 등본 발급

난이도

해설

구분	지적기준점의 성과 관리	열람 및 등본 발급
지적삼각점	시·도지사	시·도지사, 지적소관청
지적삼각보조점	지적소관청	지적소관청
지적도근점		

정답 05 ② 06 ①

07 기본 기출

공간정보의 구축 및 관리 등에 관한 법령상 지적측량의 의뢰, 지적기준점성과의 보관·열람 및 등본 발급 등에 관한 설명으로 옳은 것은? 제33회

① 지적삼각보조점성과 및 지적도근점성과를 열람하거나 등본을 발급받으려는 자는 지적측량수행자에게 신청하여야 한다.
② 지적측량을 의뢰하려는 자는 지적측량 의뢰서에 의뢰사유를 증명하는 서류를 첨부하여 지적소관청에 제출하여야 한다.
③ 시·도지사나 지적소관청은 지적기준점성과와 그 측량기록을 보관하고 일반인이 열람할 수 있도록 하여야 한다.
④ 지적소관청이 지적측량 의뢰를 받은 때에는 측량기간, 측량일자 및 측량수수료 등을 적은 지적측량수행계획서를 그 다음 날까지 지적측량수행자에게 제출하여야 한다.
⑤ 지적측량의뢰인과 지적측량수행자가 서로 합의하여 따로 기간을 정하는 경우에는 그 기간에 따르되, 전체 기간의 4분의 1은 측량기간으로, 전체 기간의 4분의 3은 측량검사기간으로 본다.

키워드 지적기준점 보관

난이도

해설 ① 지적삼각보조점성과 및 지적도근점성과를 열람하거나 등본을 발급받으려는 자는 지적소관청에 신청하여야 한다(규칙 제26조 제1항).
② 토지소유자 및 이해관계인 등 지적측량을 의뢰하려는 자는 지적측량 의뢰서(전자문서로 된 의뢰서를 포함한다)에 의뢰사유를 증명하는 서류(전자문서를 포함한다)를 첨부하여 지적측량수행자에게 제출하여야 한다(규칙 제25조 제1항).
④ 지적측량수행자는 지적측량 의뢰를 받은 때에는 측량기간·측량일자 및 측량수수료 등을 적은 지적측량수행계획서를 그 다음 날까지 지적소관청에 제출하여야 한다(규칙 제25조 제2항).
⑤ 지적측량의뢰인과 지적측량수행자가 서로 합의하여 따로 기간을 정하는 경우에는 그 기간에 따르되, 전체 기간의 4분의 3은 측량기간으로, 전체 기간의 4분의 1은 측량검사기간으로 본다(규칙 제25조 제4항).

정답 **7** ③

08 공간정보의 구축 및 관리 등에 관한 법령상 지적측량 의뢰 등에 관한 설명으로 **틀린** 것은? 제25회

① 토지소유자는 토지를 분할하는 경우로서 지적측량을 할 필요가 있는 경우에는 지적측량수행자에게 지적측량을 의뢰하여야 한다.
② 지적측량을 의뢰하려는 자는 지적측량 의뢰서(전자문서로 된 의뢰서를 포함한다)에 의뢰사유를 증명하는 서류(전자문서를 포함한다)를 첨부하여 지적측량수행자에게 제출하여야 한다.
③ 지적측량수행자는 지적측량 의뢰를 받은 때에는 측량기간, 측량일자 및 측량수수료 등을 적은 지적측량수행계획서를 그 다음 날까지 지적소관청에 제출하여야 한다.
④ 지적기준점을 설치하지 않고 측량 또는 측량검사를 하는 경우 지적측량의 측량기간은 5일, 측량검사기간은 4일을 원칙으로 한다.
⑤ 지적측량의뢰인과 지적측량수행자가 서로 합의하여 따로 기간을 정하는 경우에는 그 기간에 따르되, 전체 기간의 5분의 3은 측량기간으로, 전체 기간의 5분의 2는 측량검사기간으로 본다.

> 키워드 〉 지적측량절차
> 난이도 〉
> 해설 〉 지적측량의뢰인과 지적측량수행자가 서로 합의하여 따로 기간을 정하는 경우에는 그 기간에 따르되, 전체 기간의 4분의 3은 측량기간으로, 전체 기간의 4분의 1은 측량검사기간으로 본다(규칙 제25조 제4항).

09 공간정보의 구축 및 관리 등에 관한 법령상 지적측량수행자가 지적측량 의뢰를 받은 때 그 다음 날까지 지적소관청에 제출하여야 하는 것으로 옳은 것은? 제34회

① 지적측량수행계획서
② 지적측량 의뢰서
③ 토지이동현황 조사계획서
④ 토지이동정리결의서
⑤ 지적측량 결과서

> 키워드 〉 지적측량수행계획서
> 난이도 〉
> 해설 〉 지적측량수행자는 지적측량 의뢰를 받은 때에는 측량기간·측량일자 및 측량수수료 등을 적은 지적측량수행계획서를 그 다음 날까지 지적소관청에 제출하여야 한다(규칙 제25조 제2항).

정답 08 ⑤ 09 ①

10 공간정보의 구축 및 관리 등에 관한 법령에 따라 지적측량의뢰인과 지적측량수행자가 서로 합의하여 토지의 분할을 위한 측량기간과 측량검사기간을 합쳐 20일로 정하였다. 이 경우 측량검사기간은? (단, 지적기준점의 설치가 필요 없는 지역임)   제26회

① 5일
② 8일
③ 10일
④ 12일
⑤ 15일

> **키워드** 지적측량기간
>
> **난이도**
>
> **해설** 지적측량의뢰인과 지적측량수행자가 서로 합의하여 따로 기간을 정하는 경우에는 그 기간에 따르되, 전체 기간의 4분의 3은 측량기간으로, 전체 기간의 4분의 1은 측량검사기간으로 본다(규칙 제25조 제4항). 이에 의하면 측량기간은 15일, 측량검사기간은 5일이 된다.

11 공간정보의 구축 및 관리 등에 관한 법령상 다음의 예시에 따를 경우 지적측량의 측량기간과 측량검사기간으로 옳은 것은?   제28회

- 지적기준점의 설치가 필요 없는 경우임
- 지적측량의뢰인과 지적측량수행자가 서로 합의하여 측량기간과 측량검사기간을 합쳐 40일로 정함

	측량기간	측량검사기간
①	33일	7일
②	30일	10일
③	26일	14일
④	25일	15일
⑤	20일	20일

> **키워드** 지적측량기간
>
> **난이도**
>
> **해설** 지적측량의뢰인과 지적측량수행자가 서로 합의하여 따로 기간을 정하는 경우에는 그 기간에 따르되, 전체 기간의 4분의 3은 측량기간으로, 전체 기간의 4분의 1은 측량검사기간으로 본다(규칙 제25조 제4항). 지적측량의뢰인과 지적측량수행자가 합의한 기간이 40일이므로 측량기간은 30일, 측량검사기간은 10일이 된다.

정답 10 ① 11 ②

THEME 12

지적위원회 및 지적측량 적부심사

| THEME 키워드 |
중앙지적위원회의 구성 및 회의, 중앙지적위원회의 심의·의결사항, 지적측량 적부심사, 지적측량 적부심사절차, 지적위원회 및 지적측량성과 적부심사

> **기출분석**
> - 기출회차: 제34회
> - 키워드: 중앙지적위원회의 구성 및 회의
> - 난이도: ■■□

기본으로 알아야 하는 대표기출

공간정보의 구축 및 관리 등에 관한 법령상 중앙지적위원회의 구성 및 회의 등에 관한 설명으로 옳은 것을 모두 고른 것은?

> ㉠ 중앙지적위원회의 간사는 국토교통부의 지적업무담당 공무원 중에서 지적업무 담당 국장이 임명하며, 회의 준비, 회의록 작성 및 회의 결과에 따른 업무 등 중앙지적위원회의 서무를 담당한다.
> ㉡ 중앙지적위원회의 회의는 재적위원 과반수의 출석으로 개의(開議)하고, 출석위원 과반수의 찬성으로 의결한다.
> ㉢ 중앙지적위원회는 관계인을 출석하게 하여 의견을 들을 수 있으며, 필요하면 현지조사를 할 수 있다.
> ㉣ 위원장이 중앙지적위원회의 회의를 소집할 때에는 회의 일시·장소 및 심의 안건을 회의 7일 전까지 각 위원에게 서면으로 통지하여야 한다.

① ㉠, ㉡
② ㉡, ㉢
③ ㉠, ㉡, ㉢
④ ㉠, ㉢, ㉣
⑤ ㉡, ㉢, ㉣

해설

㉡ 영 제21조 제3항
㉢ 영 제21조 제4항
㉠ 중앙지적위원회의 간사는 국토교통부의 지적업무 담당 공무원 중에서 국토교통부장관이 임명하며, 회의 준비, 회의록 작성 및 회의 결과에 따른 업무 등 중앙지적위원회의 서무를 담당한다(영 제20조 제5항).
㉣ 위원장이 중앙지적위원회의 회의를 소집할 때에는 회의 일시·장소 및 심의 안건을 회의 5일 전까지 각 위원에게 서면으로 통지하여야 한다(영 제21조 제5항).

정답 ②

> **함정을 피하는 TIP**
> - 중앙지적위원회의 구성 및 회의에 관한 내용을 알아야 한다.

단단하게 정리하는 **핵심이론**

1 지적위원회

(1) 지적위원회의 종류, 구성, 회의 등

종류	국토교통부에 중앙지적위원회를 두고, 특별시·광역시·특별자치시·도 또는 특별자치도(이하 '시·도'라 한다)에 지방지적위원회를 둔다.
구성 및 임기	① 중앙지적위원회는 위원장 1명과 부위원장 1명을 포함하여 5명 이상 10명 이하의 위원으로 구성한다. ② 위원장은 국토교통부의 지적업무 담당 국장이, 부위원장은 국토교통부의 지적업무 담당 과장이 된다. ③ 위원은 지적에 관한 학식과 경험이 풍부한 사람 중에서 국토교통부장관이 임명하거나 위촉한다. ④ 위원장 및 부위원장을 제외한 위원의 임기는 2년으로 한다.
회의 등	① 중앙지적위원회 위원장은 회의를 소집하고 그 의장이 된다. ② 위원장이 부득이한 사유로 직무를 수행할 수 없을 때에는 부위원장이 그 직무를 대행하고, 위원장 및 부위원장이 모두 부득이한 사유로 직무를 수행할 수 없을 때에는 위원장이 미리 지명한 위원이 그 직무를 대행한다. ③ 중앙지적위원회의 회의는 재적위원 과반수의 출석으로 개의(開議)하고, 출석위원 과반수의 찬성으로 의결한다. ④ 중앙지적위원회는 관계인을 출석하게 하여 의견을 들을 수 있으며, 필요하면 현지조사를 할 수 있다. ⑤ 위원장이 중앙지적위원회의 회의를 소집할 때에는 회의 일시·장소 및 심의 안건을 회의 5일 전까지 각 위원에게 서면으로 통지하여야 한다.

(2) 지적위원회의 심의·의결사항

중앙지적위원회	지방지적위원회
① 지적 관련 정책 개발 및 업무 개선 등에 관한 사항 ② 지적측량기술의 연구·개발 및 보급에 관한 사항 ③ 지적측량 적부심사에 대한 재심사 ④ 측량기술자 중 '지적기술자'의 양성에 관한 사항 ⑤ 지적기술자의 업무정지처분 및 징계요구에 관한 사항	지적측량에 대한 적부심사 청구사항

2 지적측량의 적부심사 및 적부재심사

(1) 지적측량 적부심사절차

적부심사청구	토지소유자, 이해관계인 또는 지적측량수행자는 지적측량성과에 대하여 다툼이 있는 경우에는 관할 시·도지사를 거쳐 지방지적위원회에 지적측량 적부심사를 청구할 수 있다.
청구서 제출	지적측량 적부심사를 청구하려는 자(토지소유자, 이해관계인 또는 지적측량수행자)는 심사청구서에 다음의 구분에 따른 서류를 첨부하여 시·도지사를 거쳐 지방지적위원회에 제출하여야 한다. ① 토지소유자 또는 이해관계인: 지적측량을 의뢰하여 발급받은 지적측량성과 ② 지적측량수행자(지적측량수행자 소속 지적기술자가 청구하는 경우에만 해당한다): 직접 실시한 지적측량성과
지방지적위원회에 회부	지적측량 적부심사 청구를 받은 시·도지사는 30일 이내에 일정한 사항을 조사하여 지방지적위원회에 회부하여야 한다.
심의 및 의결	지방지적위원회는 그 심사청구를 회부받은 날부터 60일 이내에 심의·의결하여야 한다. 다만, 부득이한 경우에는 그 심의기간을 해당 지적위원회의 의결을 거쳐 30일 이내에서 한 번만 연장할 수 있다.
의결서 송부	지방지적위원회는 지적측량 적부심사를 의결한 때에는 위원장과 참석위원 전원이 서명날인한 지적측량 적부심사 의결서를 작성하여 지체 없이 시·도지사에게 송부하여야 한다.
청구인 및 이해관계인에게 통지	① 시·도지사는 의결서를 받은 날부터 7일 이내에 지적측량 적부심사 청구인 및 이해관계인에게 그 의결서를 통지하여야 한다. ② 시·도지사가 의결서를 통지하는 때에는 그 의결서를 받은 날부터 90일 이내에 재심사를 청구할 수 있음을 서면으로 알려야 한다.

(2) 지적측량 적부 재심사

재심사청구	지적측량 적부심사 의결서를 받은 자가 지방지적위원회의 의결에 불복하는 경우 그 의결서를 받은 날부터 90일 이내에 국토교통부장관을 거쳐 중앙지적위원회에 재심사를 청구할 수 있다.
재심사절차	재심사청구절차에 관하여는 적부심사청구절차에 관한 규정을 준용한다. 이 경우 '시·도지사'는 '국토교통부장관'으로, '지방지적위원회'는 '중앙지적위원회'로 본다.
재심사 의결서 송부	중앙지적위원회로부터 재심사 의결서를 받은 국토교통부장관은 그 의결서를 관할 시·도지사에게 송부하여야 한다.

(3) 등록사항 정정 및 중복청구 금지

의결서 사본 송부	시·도지사는 지방지적위원회의 의결서를 받은 후 해당 지적측량 적부심사청구인 및 이해관계인이 재심사청구를 하지 아니하면 지방지적위원회의 의결서 사본을 지적소관청에 보내야 하며, 재심사청구를 하여 중앙지적위원회의 의결서를 받은 경우에는 그 의결서 사본에 지방지적위원회의 의결서 사본을 첨부하여 지적소관청에 보내야 한다.
등록사항 직권정정	지방지적위원회 또는 중앙지적위원회의 의결서 사본을 받은 지적소관청은 그 내용에 따라 지적공부의 등록사항을 직권으로 정정하거나 측량성과를 수정하여야 한다.
중복청구 금지	지방지적위원회의 의결이 있은 후 그 의결서를 받은 날부터 90일 이내에 재심사를 청구하지 아니하거나 중앙지적위원회의 의결이 있는 경우에는 해당 지적측량 성과에 대하여 다시 지적측량 적부심사청구를 할 수 없다.

핵심단단 지적측량 적부(재)심사절차

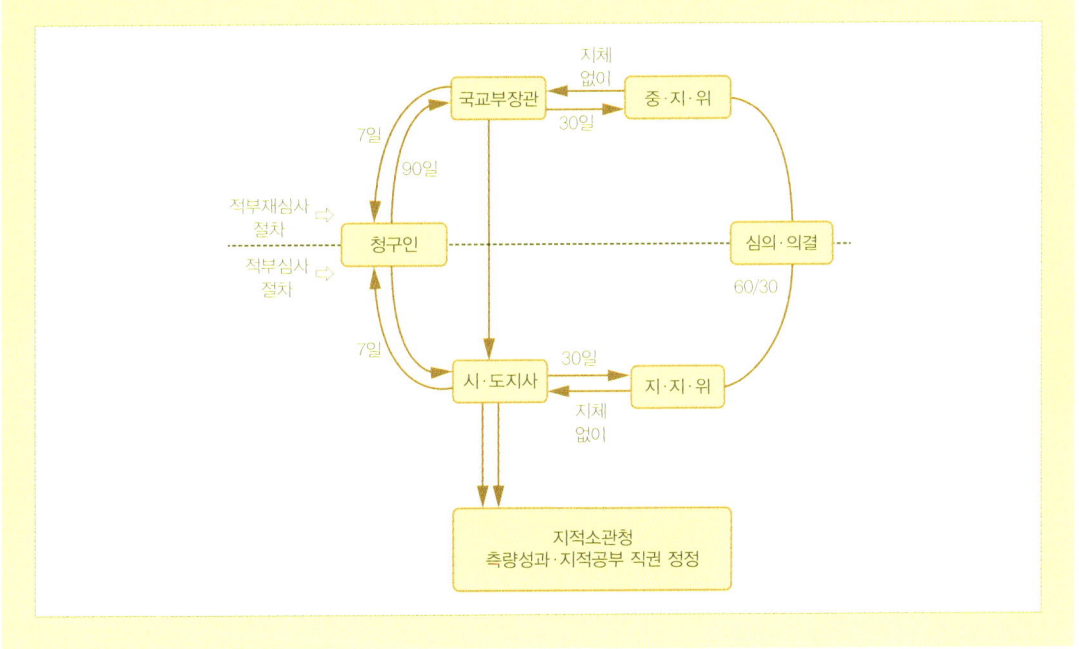

기본문제와 완성문제로 **단단기출**

01 공간정보의 구축 및 관리 등에 관한 법령상 지적측량 적부심사에 대한 재심사와 지적분야 측량
기술자의 양성에 관한 사항을 심의·의결하기 위하여 설치한 위원회는? 제30회

기본 기출

① 축척변경위원회
② 중앙지적위원회
③ 토지수용위원회
④ 경계결정위원회
⑤ 지방지적위원회

> 키워드 중앙지적위원회의 심의·의결사항
> 난이도
> 해설 다음의 사항을 심의·의결하기 위하여 국토교통부에 중앙지적위원회를 둔다(법 제28조 제1항).
>
>> 1. 지적 관련 정책 개발 및 업무 개선 등에 관한 사항
>> 2. 지적측량기술의 연구·개발 및 보급에 관한 사항
>> 3. 지적측량 적부심사에 대한 재심사(再審査)
>> 4. 지적기술자의 양성에 관한 사항
>> 5. 지적기술자의 업무정지 처분 및 징계요구에 관한 사항

정답 01 ②

02 공간정보의 구축 및 관리 등에 관한 법령상 중앙지적위원회의 심의 · 의결사항으로 틀린 것은?

제31회

① 측량기술자 중 지적기술자의 양성에 관한 사항
② 지적측량기술의 연구 · 개발 및 보급에 관한 사항
③ 지적재조사 기본계획의 수립 및 변경에 관한 사항
④ 지적 관련 정책 개발 및 업무 개선 등에 관한 사항
⑤ 지적기술자의 업무정지 처분 및 징계요구에 관한 사항

키워드 중앙지적위원회의 심의 · 의결사항

난이도

해설 다음의 사항을 심의 · 의결하기 위하여 국토교통부에 중앙지적위원회를 둔다(법 제28조 제1항).

> 1. 지적 관련 정책 개발 및 업무 개선 등에 관한 사항
> 2. 지적측량기술의 연구 · 개발 및 보급에 관한 사항
> 3. 지적측량 적부심사에 대한 재심사(再審査)
> 4. 지적기술자의 양성에 관한 사항
> 5. 지적기술자의 업무정지 처분 및 징계요구에 관한 사항

03 공간정보의 구축 및 관리 등에 관한 법령상 지적측량성과에 대하여 다툼이 있는 경우에 토지소유자, 이해관계인 또는 지적측량수행자가 관할 시 · 도지사를 거쳐 지적측량 적부심사를 청구할 수 있는 위원회는?

제26회

① 지적재조사위원회
② 지방지적위원회
③ 축척변경위원회
④ 토지수용위원회
⑤ 국가지명위원회

키워드 지적측량 적부심사

난이도

해설 토지소유자, 이해관계인 또는 지적측량수행자는 지적측량성과에 대하여 다툼이 있는 경우에는 관할 시 · 도지사를 거쳐 지방지적위원회에 지적측량 적부심사를 청구할 수 있다(법 제29조 제1항).

정답 02 ③ 03 ②

04 공간정보의 구축 및 관리 등에 관한 법령상 지적측량의 적부심사 등에 관한 설명으로 옳은 것은?

제32회

① 지적측량 적부심사청구를 받은 지적소관청은 30일 이내에 다툼이 되는 지적측량의 경위 및 그 성과, 해당 토지에 대한 토지이동 및 소유권 변동 연혁, 해당 토지 주변의 측량기준점, 경계, 주요 구조물 등 현황 실측도를 조사하여 지방지적위원회에 회부하여야 한다.
② 지적측량 적부심사청구를 회부받은 지방지적위원회는 부득이한 경우가 아닌 경우 그 심사청구를 회부받은 날부터 90일 이내에 심의·의결하여야 한다.
③ 지방지적위원회는 부득이한 경우에 심의기간을 해당 지적위원회의 의결을 거쳐 60일 이내에서 한 번만 연장할 수 있다.
④ 시·도지사는 지방지적위원회의 지적측량 적부심사 의결서를 받은 날부터 7일 이내에 지적측량 적부심사 청구인 및 이해관계인에게 그 의결서를 통지하여야 한다.
⑤ 의결서를 받은 자가 지방지적위원회의 의결에 불복하는 경우에는 그 의결서를 받은 날부터 90일 이내에 시·도지사를 거쳐 중앙지적위원회에 재심사를 청구할 수 있다.

키워드 지적측량 적부심사절차

난이도

해설 ① 지적측량 적부심사청구를 받은 시·도지사는 30일 이내에 다툼이 되는 지적측량의 경위 및 그 성과, 해당 토지에 대한 토지이동 및 소유권 변동 연혁, 해당 토지 주변의 측량기준점, 경계, 주요 구조물 등 현황 실측도를 조사하여 지방지적위원회에 회부하여야 한다.
② 지적측량 적부심사청구를 회부받은 지방지적위원회는 부득이한 경우가 아닌 경우 그 심사청구를 회부받은 날부터 60일 이내에 심의·의결하여야 한다.
③ 지적측량 적부심사청구를 회부받은 지방지적위원회는 부득이한 경우에 심의기간을 해당 지적위원회의 의결을 거쳐 30일 이내에서 한 번만 연장할 수 있다.
⑤ 의결서를 받은 자가 지방지적위원회의 의결에 불복하는 경우에는 그 의결서를 받은 날부터 90일 이내에 국토교통부장관을 거쳐 중앙지적위원회에 재심사를 청구할 수 있다.

정답 04 ④

05 공간정보의 구축 및 관리 등에 관한 법령상 지적위원회 및 지적측량의 적부심사 등에 관한 설명으로 틀린 것은?
제29회

① 토지소유자, 이해관계인 또는 지적측량수행자는 지적측량성과에 대하여 다툼이 있는 경우에는 관할 시·도지사를 거쳐 지방지적위원회에 지적측량 적부심사를 청구할 수 있다.
② 지방지적위원회는 지적측량에 대한 적부심사 청구사항과 지적기술자의 징계요구에 관한 사항을 심의·의결한다.
③ 시·도지사는 지방지적위원회의 의결서를 받은 날부터 7일 이내에 지적측량 적부심사 청구인 및 이해관계인에게 그 의결서를 통지하여야 한다.
④ 시·도지사로부터 의결서를 받은 자가 지방지적위원회의 의결에 불복하는 경우에는 그 의결서를 받은 날부터 90일 이내에 국토교통부장관을 거쳐 중앙지적위원회에 재심사를 청구할 수 있다.
⑤ 중앙지적위원회는 관계인을 출석하게 하여 의견을 들을 수 있으며, 필요하면 현지조사를 할 수 있다.

키워드 지적위원회 및 지적측량성과 적부심사

난이도

해설 지적기술자의 징계요구에 관한 사항은 중앙지적위원회에서 심의·의결한다(법 제28조 제1항). 참고로, 지방지적위원회는 지적측량성과에 대한 적부심사 청구사항만을 심의·의결할 수 있다(법 제28조 제2항).

정답 05 ②

PART 02
부동산등기법

최근 5개년 출제비중 및 학습전략

PART 2 50%

부동산등기법에서는 12문제가 출제되는데, 출제범위가 넓어져 대비하기는 만만치 않습니다(기출문제를 벗어나는 문제도 일부 출제되므로). 따라서 목표 점수에 따라 학습량을 정해야 합니다. 등기절차 총론, 구분건물에 관한 등기절차, 각종 권리의 등기절차, 가등기 및 부기등기 부분은 꾸준히 출제비중이 높기 때문에 잘 정리해 두어야 합니다.

단답 부동산공시법

THEME 13	등기할 사항, 등기의 유효요건 및 효력
THEME 14	등기부 및 구분건물에 관한 등기
THEME 15	등기의 개시 및 등기신청적격
THEME 16	등기의 신청유형
THEME 17	신청정보 및 첨부정보
THEME 18	등기관의 처분 및 이의신청
THEME 19	소유권보존등기
THEME 20	소유권이전등기
THEME 21	용익권등기(지상권, 지역권, 전세권, 임차권)
THEME 22	담보권등기(저당권, 권리질권)
THEME 23	변경등기, 경정등기, 말소등기, 말소회복등기, 멸실등기, 부기등기
THEME 24	가등기, 가압류등기, 가처분등기

THEME 13 등기할 사항, 등기의 유효요건 및 효력

| THEME 키워드 |
부동산의 일부, 등기할 수 없는 것, 등기한 권리의 순위, 등기의 효력, 경정등기의 동일성

기본으로 알아야 하는 대표기출

> **기출분석**
> - **기출회차:** 제23회
> - **키워드:** 부동산의 일부
> - **난이도:** ■■■

등기에 관한 설명으로 <u>틀린</u> 것은?

① 사권(私權)의 목적이 되는 부동산이면 공용제한을 받고 있다 하더라도 등기의 대상이 된다.
② 1필지 토지의 특정된 일부분에 대하여 분할을 선행하지 않으면 지상권을 설정하지 못한다.
③ 건물의 공유지분에 대하여는 전세권을 설정할 수 없다.
④ 1동의 건물을 구분 또는 분할의 절차를 밟기 전에도 건물 일부에 대한 전세권설정등기가 가능하다.
⑤ 주위토지통행권은 확인판결을 받았다 하더라도 등기할 수 없다.

> **함정을 피하는 TIP**
> - 부동산의 일부 및 소유권의 일부(=공유지분)에 설정할 수 있는 권리와 설정할 수 없는 권리를 구분할 수 있어야 한다.

해설
1필지 토지의 특정된 일부분에 대하여 분할을 선행하지 않더라도 지상권을 설정할 수 있다.

정답 ②

단단하게 정리하는 핵심이론

1 등기할 사항

(1) 표제부에 등기할 사항 – 부동산

토지	원칙적으로 모든 토지는 등기의 대상이 되므로 「도로법」상의 도로나 「하천법」상의 하천과 같이 공용의 제한을 받는 토지라도 등기의 대상이 된다.
건물	① 등기되는 '건물'이란 지붕과 주벽을 갖춘 토지의 정착물로서 일정한 용도로 계속 사용되고 쉽게 해체·이동할 수 없는 것을 말한다. ② 건물의 개수: 건물의 개수는 물리적인 구조뿐만 아니라 소유자의 의사 등을 고려하여 정하므로 구조상·이용상 독립성이 있어 구분건물의 객관적 요건을 갖췄더라도 반드시 구분건물로 등기를 하여야 하는 것이 아니라 소유자의 의사에 따라 일반건물로 등기할 수도 있다.

(2) 갑구·을구에 등기할 사항 – 권리

등기할 수 있는 권리	소유권, 지상권, 지역권, 전세권, 임차권, 저당권, 권리질권, 채권담보권, 환매권
등기할 수 없는 권리	점유권, 유치권, 주위토지통행권, 분묘기지권, 동산질권

└ 토지의 사용에 필요한 통로가 없는 경우 그 토지소유자가 주위의 토지를 통행할 수 있는 권리

(3) 부동산의 일부와 소유권의 일부

① 의의: '부동산의 일부'란 토지나 건물의 특정한 부분을 말하고, '소유권의 일부'란 공유지분을 의미한다.

② 부동산의 일부와 소유권의 일부에 대한 등기의 가능 여부

구분	용익권 (지상권, 지역권, 전세권, 임차권)	소유권이전, 저당권설정, 가압류등기, 가처분등기
부동산의 일부	○	×
소유권의 일부 = 공유지분	×	○

㉠ 토지의 일부에 대한 지상권설정등기는 가능하다. (○)
㉡ 건물의 특정 일부를 목적으로 전세권을 설정할 수 있다. (○)
㉢ 건물의 특정 일부를 목적으로 분할을 선행하지 않으면 전세권을 설정할 수 없다. (×)
㉣ 건물의 특정 일부를 목적으로 저당권을 설정할 수 있다. (×)
㉤ 토지의 일부에 대한 소유권이전등기는 허용되지 않는다. (○)
㉥ 소유권의 일부를 목적으로 저당권을 설정할 수 있다. (○)
㉦ 공유자 중 1인의 지분을 목적으로 전세권을 설정할 수 있다. (×)
㉧ 소유권의 일부에 대한 이전등기는 허용된다. (○)
㉨ 소유권의 일부에 대한 이전등기를 하기 위해서는 분할을 선행하여야 한다. (×)

(4) 권리변동의 유형

보존	① 미등기부동산에 대하여 최초의 소유자가 하는 최초의 등기를 말한다. ② 보존등기를 하면 등기기록이 개설된다.
설정	① 계약으로 소유권 외의 권리를 창설하는 등기로 전세권설정등기, 근저당권설정등기 등이 있다. ② 설정등기의 원인행위인 설정계약의 당사자를 'ㅇㅇ권설정자, ㅇㅇ권자'라고 한다.
이전	① 어떤 자에게 속하고 있던 권리가 다른 자에게 옮겨가는 것으로 권리자가 바뀌는 경우 실행하는 등기이다. ② 모든 권리는 이전의 대상이 된다(예 소유권이전, 전세권이전 등).
변경	① 권리의 주체를 제외한 권리의 내용에 변동이 생긴 경우에 실행하는 등기이다. ② 전세권의 전세금의 증감 및 존속기간의 연장, 저당권의 채권액의 증감, 임차권의 차임의 증감 등이 있다.
처분의 제한	① 소유권 기타의 권리자가 가지는 처분권능을 제한하는 등기이다. ② 압류등기, 가압류등기, 가처분등기, 경매개시결정등기 등이 이에 해당한다. ③ 처분의 제한등기가 있더라도 권리의 처분이 금지되는 것은 아니다.
소멸	부동산에 대한 권리가 원시적 또는 후발적 사유로 없어지는 것으로 말소등기를 한다.

2 등기의 유효요건

(1) 등기의 유효요건

등기의 존재	등기의 유·무효는 등기의 존재를 전제로 하는데, 등기는 물권변동의 효력발생요건이지만 효력존속요건은 아니므로 유효하게 존재하였던 등기가 불법으로 말소되더라도 등기가 표상하는 권리는 소멸하지 않는다.
등기와 실체관계의 부합	① 등기가 유효하기 위해서는 등기에 부합하는 실체관계가 존재하여야 한다. ② 등기기록과 실체관계에 다소의 불일치가 있더라도 사회통념상 동일성 내지 유사성이 있으면 그 등기는 유효하다.
위조된 등기의 효력	① 위조된 등기는 등기기록에 기록된 실체관계가 존재하지 않으므로 무효이다. ② 다만, 위조된 서류에 의한 등기라도 실체관계와 부합하는 경우 이를 무효로 하지 않는다. 예를 들어, 위조된 인감증명에 의한 등기라도 실체관계와 부합하면 그 등기는 유효하므로 등기관은 직권으로 이를 말소할 수 없다.

(2) 권리의 변동과정이 실체관계와 부합하지 아니한 경우

① 중간생략등기

의의	㉠ 사례 1: 부동산물권이 甲 ⇨ 乙 ⇨ 丙으로 순차적으로 이전되어야 할 경우 중간취득자 乙의 등기를 생략하고 최초의 양도인 甲으로부터 직접 최후의 양수인 丙에게 하는 등기를 중간생략등기라고 한다. ㉡ 사례 2: 상속인이 상속받은 부동산을 처분하는 경우 상속등기를 생략하고 피상속인으로부터 양수인 앞으로 직접 소유권이전등기를 하는 경우도 이에 해당한다.
유효성	㉠ 「부동산등기 특별조치법」의 금지규정을 단속규정으로 해석하여 위반행위에 대하여는 형사처벌하도록 하고 있으나, 이로써 당사자 간의 중간생략등기 합의에 관한 사법상의 효력까지 무효로 한다는 의미는 아니다. ㉡ 전원의 합의 또는 중간취득자의 동의가 없더라도 이미 중간생략등기가 적법한 등기원인에 기하여 성립되어 있는 한 합의가 없었음을 이유로 무효를 주장하여 그 등기의 말소를 청구하지 못한다. ㉢ 다만, 토지거래허가구역 내의 중간생략등기는 설사 최초양도인과 최종양수인 사이에 토지거래허가를 받았더라도 무효이다.
직접 청구권	㉠ 당사자 간의 합의가 있는 경우: 최종양수인은 최초양도인에게 직접 자기 명의로의 이전등기를 청구할 수 있다. ㉡ 당사자 간의 합의가 없는 경우: 최종양수인은 직접 이전등기를 청구할 수는 없고, 중간자의 등기청구권을 대위행사하여 중간자 명의의 이전등기를 청구할 수 있을 뿐이다. ㉢ 토지거래허가구역에서는 전원의 합의가 있다라도 직접청구는 허용되지 않는다.

② 모두(冒頭)생략등기 등

모두생략등기	㉠ 미등기부동산을 대장상 소유자로부터 양수인이 이전받아 양수인 명의로 직접 소유권보존등기를 하는 것을 '모두(冒頭)생략등기'라고 한다. ㉡ 이는 절차적으로 위법한 등기이지만, 실체관계와 부합하는 한 유효하다.
실제와 다른 등기원인	㉠ 등기기록의 등기원인이 실제와 상이한 경우에도 현실의 권리관계와 부합하는 한 그 등기는 유효하다. ㉡ 예를 들어, 증여를 매매로 한 소유권이전등기라도 실체관계와 부합하므로 유효하다.
무효등기의 유용	㉠ 무효등기의 유용은 실체관계가 없어서 무효인 등기라도 후에 실체관계를 갖춘 경우에 유효한 등기로 유용할 수 있는가의 문제이다. ㉡ 판례는 권리등기(예 저당권등기, 담보가등기 등)의 유용은 유용합의 이전에 등기기록상 새로운 이해관계인이 없는 경우에 한하여 유효하다고 본다. ㉢ 다만, 멸실된 건물의 보존등기를 신축한 건물의 보존등기로 유용하는 것은 허용되지 않는다.

3 등기의 효력

(1) 물권변동적 효력

의의	부동산에 관한 **법률행위**로 인한 물권의 득실변경은 등기하여야 그 효력이 있는데(민법 제186조), 이 경우 등기는 종국등기를 의미한다.
효력발생 시기	등기관이 등기를 **마친 경우** 그 등기는 **접수한 때**부터 효력을 발생한다.

(2) 순위확정적 효력

의의	① 같은 부동산에 관하여 등기한 권리의 순위는 법률에 다른 규정이 없으면 **등기한 순서**에 따른다. ② 등기한 순서는 등기기록 중 같은 구(區)에서 한 등기는 **순위번호**에 따르고, 다른 구에서 한 등기는 **접수번호**에 따른다.
법률의 규정	① 부기등기의 순위는 **주등기의 순위**에 따른다. 다만, 같은 주등기에 관한 부기등기 상호 간의 순위는 **그 등기 순서**에 따른다(법 제5조). ② 가등기에 의한 본등기를 한 경우 본등기의 순위는 **가등기의 순위**에 따른다(법 제91조). ③ 말소회복등기는 **종전의 등기**와 동일한 순위와 효력을 보유한다(대판 1968.8.30, 68다1187). ④ **대지권**에 대한 등기로서의 효력이 있는 등기와 대지권의 목적인 토지의 등기기록 중 해당 구에 한 등기의 순서는 **접수번호**에 따른다(법 제61조 제2항).

(3) 후등기 저지력

의의	등기가 기록되어 있는 이상, 그 등기의 유효·무효를 막론하고 이를 말소하기 전까지는 이와 **양립할 수 없는 등기를** 할 수 없게 하는 효력을 말한다.
예(例)	부동산에 전세권등기가 마쳐져 있는 경우 해당 전세권등기가 무효라 하더라도 이를 말소하기 전에는 동일한 범위에 대하여 새로운 전세권설정등기는 허용되지 않는다.

(4) 대항력

의의	등기의 '대항력'이란 등기를 함으로써 그 등기내용에 관하여 당사자 이외의 **제3자에게도 주장**할 수 있는 효력을 말한다.
예(例)	① 등기신청정보의 **임의적 제공사항**(예 존속기간, 지료, 이자 등) 등은 등기를 하지 않더라도 당사자 사이에 효력이 발생하지만, 등기를 함으로써 당사자 이외의 제3자에게도 그 효력을 주장할 수 있다. ② 채권인 **임차권**을 등기하면 대항력이 발생한다.

(5) 추정력

의의	어떤 등기가 있으면 그에 대응하는 실체적 권리관계가 존재하는 것으로 추정되는 효력을 '등기의 추정력'이라고 한다.
추정력의 작용	등기의 추정력이 실제로 작용하는 부분은 재판에 있어서 입증책임 문제인데, 등기된 것과 다른 사실을 주장하는 자가 입증책임을 부담하여야 한다.
추정력이 인정되는 경우	① 등기된 권리의 적법추정: 등기된 권리가 등기명의인에게 귀속하는 것으로 추정되고, 그 등기에 의하여 물권변동이 유효하게 성립한 것으로 추정된다. ② 등기절차의 적법추정: 등기가 있는 경우에는 적법한 절차에 의하여 이루어진 등기라고 추정된다. 등기의 전제조건의 충족(예 토지거래허가, 농지매매에 있어서 농지취득자격증명 등)도 추정된다. ③ 등기원인의 적법추정: 등기의 추정력은 등기원인에도 미치는 것으로 본다. ④ 인적 범위(권리변동의 당사자 간 추정력 인정 여부): 등기의 추정력은 제3자에 대한 관계에서뿐만 아니라, 권리변동의 당사자 사이에도 미친다. 즉, 소유권이전등기가 마쳐진 경우에 그 등기명의인은 제3자에 대하여뿐만 아니라 그 전소유자에 대하여서도 적법한 등기원인에 의하여 소유권을 취득한 것으로 추정된다(대판 1992.4.24, 91다26379).
추정력이 부정되는 경우	① 등기의 추정력은 권리의 등기에 대한 추정이므로 권리등기가 아닌 부동산의 표시등기에는 추정력이 인정되지 않는다. ② 가등기에는 추정력이 인정되지 않으므로 소유권이전등기청구권보전을 위한 가등기가 있다고 하여 소유권이전등기를 청구할 어떤 법률관계가 있다고 추정되지 않는다. ③ 전소유자가 사망한 이후에 그 사망자명의로 신청되어 마쳐진 소유권이전등기는 원인무효의 등기로서 등기의 추정력이 인정되지 않는다. ④ 소유권보존등기의 경우 보존등기명의인의 원시취득에 의한 것이 아닌 사실이 밝혀지면 보존등기의 추정력은 깨어진다. 즉, 소유권보존등기명의인이 보존 등기 전의 소유자로부터 소유권을 양수한 것이라고 주장하고 전소유자는 양도 사실을 부인하는 경우 소유권이전등기와는 다르게 그 보존등기의 추정력은 깨어지고 그 보존등기 명의인 측에서 양수사실을 입증할 책임이 있다(대판 1982.9.14, 82다카707).

(6) 점유적 효력(민법 제245조)

부동산의 점유취득시효의 점유기간이 20년인데 반하여 등기부취득시효의 점유기간을 10년으로 함으로써 등기가 10년간의 점유에 갈음하는 효력을 갖게 되는데, 이를 등기의 '점유적 효력'이라고 한다.

(7) 등기의 공신력 불인정

① '등기의 공신력'이란 등기를 믿고 거래한 자에 대하여 그 신뢰를 보호해서 등기가 허위·부실의 등기라 하더라도 마치 진실한 권리관계가 존재하는 것과 동일한 효력을 인정하는 것을 말한다. 현행법에서는 등기의 공신력을 <mark>인정하지 않는다</mark>.

② 등기의 추정력과 공신력의 관계

【갑구】(소유권에 관한 사항)		설명
순위번호		
1	소유권보존 A	• 2번 소유권이전등기를 B의 위조로 마쳤다. • B가 진정한 소유자인 것처럼 C에게 매도하고 C명의의 소유권이전등기를 마쳤다. • 3번 등기에는 <mark>추정력이 있으므로</mark> 입증책임을 A가 부담한다. A가 무효임을 입증하면 C는 소유권을 잃게 되는데, 이는 <mark>공신력이 없기 때문</mark>이다.
2	소유권이전 B 매매	
3	소유권이전 C 매매	

기본문제와 완성문제로 **단단기출**

01 「부동산등기법」상 등기할 수 없는 것을 모두 고른 것은? 제34회

기본 기출

㉠ 분묘기지권
㉡ 전세권저당권
㉢ 주위토지통행권
㉣ 구분지상권

① ㉠, ㉢
② ㉡, ㉣
③ ㉠, ㉡, ㉢
④ ㉠, ㉢, ㉣
⑤ ㉡, ㉢, ㉣

키워드 등기할 수 없는 것

난이도

해설 ㉠㉢「부동산등기법」상 등기할 수 없는 권리에 해당한다.

보충 1. 「부동산등기법」상 등기할 사항인 권리: 소유권, 지상권, 지역권, 전세권, 임차권, 저당권, 권리질권과 채권담보권(법 제3조), 저당권은 소유권, 지상권, 전세권을 목적으로 설정할 수 있고, 특정 공간을 사용하는 구분지상권은 지상권의 일종으로 등기할 수 있는 권리이다.
2. 등기할 수 없는 권리: 점유권, 유치권, 동산질권, 주위토지통행권, 분묘기지권 등

정답 01 ①

02 등기한 권리의 순위에 관한 설명으로 **틀린** 것은? (다툼이 있으면 판례에 따름) 제34회

기본 기출

① 부동산에 대한 가압류등기와 저당권설정등기 상호간의 순위는 접수번호에 따른다.
② 2번 저당권이 설정된 후 1번 저당권 일부이전의 부기등기가 이루어진 경우, 배당에 있어서 그 부기등기가 2번 저당권에 우선한다.
③ 위조된 근저당권해지증서에 의해 1번 근저당권등기가 말소된 후 2번 근저당권이 설정된 경우, 말소된 1번 근저당권등기가 회복되더라도 2번 근저당권이 우선한다.
④ 가등기 후에 제3자 명의의 소유권이전등기가 이루어진 경우, 가등기에 기한 본등기가 이루어지면 본등기는 제3자 명의 등기에 우선한다.
⑤ 집합건물 착공 전의 나대지에 대하여 근저당권이 설정된 경우, 그 근저당권등기는 집합건물을 위한 대지권등기에 우선한다.

키워드 〉 등기한 권리의 순위

난이도 〉

해설 〉 ③ 말소회복등기는 말소되기 전의 등기와 동일한 순위와 효력을 보유하므로 1번 근저당권등기가 말소되고 2번 근저당권이 설정된 후, 말소된 1번 근저당권등기가 회복되면 2번 근저당권보다 선순위가 된다.
① 등기한 순서는 등기기록 중 같은 구(區)에서 한 등기는 순위번호에 따르고, 다른 구에서 한 등기는 접수번호에 따르므로(법 제4조 제2항) 갑구에 등기한 가압류등기와 을구에 등기한 저당권설정등기 상호간의 순위는 접수번호에 따른다.
② 부기등기의 순위는 주등기의 순위에 따르므로(법 제5조) 2번 저당권이 설정된 후 1번 저당권 일부이전의 부기등기가 이루어진 경우, 배당에 있어서 그 부기등기가 2번 저당권에 우선한다.
④ 가등기에 의한 본등기를 한 경우 본등기의 순위는 가등기의 순위에 따르므로(법 제91조), 가등기 후에 제3자 명의의 소유권이전등기가 이루어진 경우, 가등기에 기한 본등기가 이루어지면 본등기는 제3자 명의 등기에 우선한다.

정답 02 ③

03 등기의 효력에 관한 설명으로 틀린 것은? (다툼이 있으면 판례에 따름) 제26회

① 등기를 마친 경우 그 등기의 효력은 대법원규칙으로 정하는 등기신청정보가 전산정보처리조직에 저장된 때 발생한다.
② 대지권을 등기한 후에 한 건물의 권리에 관한 등기는 건물만에 관한 것이라는 뜻의 부기등기가 없으면 대지권에 대하여 동일한 등기로서 효력이 있다.
③ 같은 주등기에 관한 부기등기 상호간의 순위는 그 등기 순서에 따른다.
④ 소유권이전등기청구권을 보전하기 위한 가등기에 대하여는 가압류등기를 할 수 없다.
⑤ 등기권리의 적법추정은 등기원인의 적법에서 연유한 것이므로 등기원인에도 당연히 적법추정이 인정된다.

키워드 › 등기의 효력
난이도 ›
해설 › 가등기상의 권리인 소유권이전등기청구권은 재산적 가치가 있으므로 가압류등기의 대상이 될 수 있다(등기예규 제1344호 참조).

04 등기의 효력에 관한 설명으로 틀린 것은? (다툼이 있으면 판례에 따름) 제32회

① 등기관이 등기를 마친 경우 그 등기는 접수한 때부터 효력이 발생한다.
② 소유권이전등기청구권 보전을 위한 가등기에 기한 본등기가 된 경우 소유권이전의 효력은 본등기 시에 발생한다.
③ 사망자 명의의 신청으로 마쳐진 이전등기에 대해서는 그 등기의 무효를 주장하는 자가 현재의 실체관계와 부합하지 않음을 증명할 책임이 있다.
④ 소유권이전등기청구권 보전을 위한 가등기권리자는 그 본등기를 명하는 판결이 확정된 경우라도 가등기에 기한 본등기를 마치기 전 가등기만으로는 가등기된 부동산에 경료된 무효인 중복소유권보존등기의 말소를 청구할 수 없다.
⑤ 폐쇄된 등기기록에 기록되어 있는 등기사항에 관한 경정등기는 할 수 없다.

키워드 › 등기의 효력
난이도 ›
해설 › 전 소유자가 사망한 이후에 그 명의로 신청되어 경료된 소유권이전등기는 원인무효의 등기라고 볼 것이어서 그 등기의 추정력을 인정할 여지가 없으므로(대판 2004.9.3, 2003다3157), 사망자 명의의 신청으로 마쳐진 이전등기에 대해서는 그 등기의 무효를 주장하는 자가 현재의 실체관계와 부합하지 않음을 증명할 책임이 있는 것이 아니라 그 등기의 유효를 주장하는 자가 입증책임을 부담한다.

정답 03 ④ 04 ③

05 등기에 관한 설명으로 틀린 것은? (다툼이 있으면 판례에 따름) 제26회

① 등기원인을 실제와 다르게 증여를 매매로 등기한 경우, 그 등기가 실체관계에 부합하면 유효하다.
② 미등기부동산을 대장상 소유자로부터 양수인이 이전받아 양수인 명의로 소유권보존등기를 한 경우, 그 등기가 실체관계에 부합하면 유효하다.
③ 전세권설정등기를 하기로 합의하였으나 당사자 신청의 착오로 임차권으로 등기된 경우, 그 불일치는 경정등기로 시정할 수 있다.
④ 권리자는 甲임에도 불구하고 당사자 신청의 착오로 乙 명의로 등기된 경우, 그 불일치는 경정등기로 시정할 수 없다.
⑤ 건물에 관한 보존등기상의 표시와 실제건물과의 사이에 건물의 건축시기, 건물 각 부분의 구조, 평수, 소재, 지번 등에 관하여 다소의 차이가 있다 할지라도 사회통념상 동일성 혹은 유사성이 인식될 수 있으면 그 등기는 당해 건물에 관한 등기로서 유효하다.

키워드 경정등기의 동일성

난이도

해설 경정등기를 하기 위해서는 경정등기 전과 후에 동일성이 있을 것을 요하므로 권리 자체를 경정하거나 권리자 전체를 경정하는 등기신청은 수리할 수 없다(등기예규 제1564호). 전세권설정등기를 하기로 합의하였으나 당사자 신청의 착오로 임차권으로 등기된 경우는 동일성이 인정되지 않으므로 경정등기로 이를 수정할 수 없고, 임차권설정등기를 말소한 후 다시 전세권설정등기를 하여야 한다.

정답 05 ③

THEME 14 등기부 및 구분건물에 관한 등기

| THEME 키워드 |
등기부, 등기부 반출, 규약 폐지, 대지권이라는 뜻, 집합건물등기

기본으로 알아야 하는 대표기출

기출분석
- **기출회차:** 제24회
- **키워드:** 대지권이라는 뜻
- **난이도:**

구분건물 등기기록의 표제부에 기록되지 <u>않는</u> 사항은?

① 전유부분의 등기기록의 표제부에 건물번호
② 대지권이 있는 경우, 전유부분의 등기기록의 표제부에 대지권의 표시에 관한 사항
③ 1동 건물의 등기기록의 표제부에 소재와 지번
④ 대지권이 있는 경우, 1동 건물의 등기기록의 표제부에 대지권의 목적인 토지의 표시에 관한 사항
⑤ 대지권등기를 하였을 경우, 1동 건물의 등기기록의 표제부에 소유권이 대지권이라는 뜻

함정을 피하는 TIP
- 대지권등기(대지권의 목적인 토지의 표시, 대지권의 표시, 대지권이라는 뜻)의 종류와 그 등기가 기록되는 부분을 알아야 한다.

| 해 설 |
등기관이 대지권등기를 하였을 때에는 직권으로 대지권의 목적인 토지의 등기기록의 해당구에 소유권, 지상권, 전세권 또는 임차권이 대지권이라는 뜻을 기록하여야 한다.

정답 ⑤

단단하게 정리하는 **핵심이론**

1 등기부의 의의 및 종류

의의	① '등기부'란 전산정보처리조직에 의하여 입력·처리된 등기정보자료를 대법원규칙에 정하는 바에 따라 편성한 것을 말한다. ② '등기기록'이란 1필의 토지 또는 1개의 건물에 관한 등기정보자료를 말한다.
종류	등기부는 토지등기부와 건물등기부로 구분한다(법 제14조 제1항).

2 등기부의 편성(물적편성주의) 및 등기기록의 구성

(1) 등기부의 편성

1부동산 1등기기록 원칙	① 등기부를 편성할 때에는 1필의 토지 또는 1개의 건물에 대하여 1개의 등기기록을 둔다. ② 등기기록에는 부동산의 표시에 관한 사항을 기록하는 표제부와 소유권에 관한 사항을 기록하는 갑구 및 소유권 외의 권리에 관한 사항을 기록하는 을구를 둔다.
예외	① 1동의 건물을 구분한 건물에 있어서는 1동의 건물에 속하는 전부에 대하여 1개의 등기기록을 사용한다. ② 여기서 1개의 등기기록은 1동의 건물에 대하여는 표제부를 두고 전유부분마다 표제부, 갑구, 을구를 둔다. ③ 구분건물에 대한 등기사항증명서의 발급이나 열람에 관하여는 1동의 건물의 표제부와 해당 전유부분에 관한 등기기록을 1개의 등기기록으로 본다.
부동산 고유번호	① 등기기록을 개설할 때에는 1필의 토지 또는 1개의 건물마다 부동산고유번호를 부여하고 이를 등기기록에 기록하여야 한다. ② 구분건물에 대하여는 전유부분마다 부동산고유번호를 부여한다.

(2) 등기기록의 구성

등기기록은 표제부, 갑구, 을구로 구성되어 다음과 같은 사항을 기록한다(법 제15조 제2항).

표제부	① 표제부에는 부동산의 표시에 관한 사항을 기록한다. ② 토지의 표시: 소재, 지번, 지목, 면적 ③ 건물의 표시: 소재, 지번, 구조, 종류, 면적, 건물명칭 및 건물번호 등
갑구	① 소유권에 관한 사항을 기록한다. ② 소유권 보존등기, 소유권이전등기, 소유권말소등기, 소유권에 관한 가압류등기나 가처분등기 등
을구	① 소유권 외의 권리(지상권, 지역권, 전세권, 임차권, 저당권, 권리질권, 채권담보권)에 관한 사항을 기록한다. ② 전세권설정등기, 전세권이전등기, 전세권변경등기, 전세권말소등기, 전세권에 대한 가압류등기나 가처분등기 등

일반건물 등기기록

고유번호 1146-2012-090186

【표제부】 (건물의 표시)

표시번호	접 수	소재지번 및 건물번호	건물내역	등기원인 및 기타사항
1	2012년 2월 9일	경기도 의왕시 청계동 98 (도로명주소) 경기도 의왕시 덕장로 22	벽돌조 슬래브지붕 단층주택 125m^2 지하실 34m^2	도면의 번호 제124호

【갑구】 (소유권에 관한 사항)

순위번호	등기목적	접 수	등기원인	권리자 및 기타사항
1	소유권 보존	2012년 2월 9일 제12192호		소유자 홍정이 700802-1****** 경기도 의왕시 덕장로 22
2	소유권 이전	2017년 8월 13일 제65617호	2017년 8월 10일 매매	소유자 김미래 750215-2****** 서울특별시 강남구 개포로 605 매매목록 제2017-120호

【을구】 (소유권 외의 권리에 관한 사항)

순위번호	등기목적	접 수	등기원인	권리자 및 기타사항
1	근저당권 설정	2019년 9월 12일 제65618호	2019년 9월 11일 설정계약	채권최고액 금 250,000,000원 채무자 김미래 서울특별시 강남구 개포로 605 근저당권자 주식회사 국민은행 110111-2****** 서울 중구 을지로2가 181 (개포동 지점) 공동담보 경기도 의왕시 청계동 98 토지

3 구분건물에 관한 등기

(1) 구분건물의 의의 및 성립요건

의의	'구분건물'이란 1동의 건물의 내부가 구조상·이용상 독립성을 갖추어 개개의 부분이 소유권 및 기타 권리의 목적이 될 수 있는 건물을 말한다.
성립요건	① 객관적 요건: 구분건물이 되기 위해서는 **구조상 독립성**과 **이용상 독립성**이 있어야 한다. 다만, 상가건물은 이용상 독립성이 있으면 구조상 독립성을 엄격하게 요구하지 않는다. ② 주관적 요건: 구분건물로 등기하려는 **소유자의 의사**가 있어야 한다. ③ 구분건물로서 객관적 요건을 갖추고 있더라도 반드시 구분건물로 등기를 하여야 하는 것은 아니다. 소유자의 의사에 따라 일반건물로 등기를 할 수 있다.

(2) 전유부분과 공용부분의 일체성

공용부분의 구성 및 성질	① 공용부분은 **구조상 공용부분**(예 복도나 계단 등)과 **규약상 공용부분**(예 관리사무소나 노인정 등)으로 구성된다. ② 공용부분은 전유부분의 처분에 따르므로 독립하여 거래의 목적이 될 수 없다. 즉, 전유부분에 등기를 하면 별도의 등기가 없더라도 그 효력은 공용부분까지 미친다.
규약상 공용부분등기	등기관이 규약상 공용부분의 등기를 할 때에는 등기기록의 **표제부**에는 공용부분이라는 뜻을 기록하고, 각 구의 소유권과 그 밖의 권리에 관한 등기를 말소하는 표시를 하여야 한다.
규약 폐지	① 규약상 공용부분에 대하여 공용부분이라는 뜻을 정한 규약을 폐지한 경우 공용부분의 취득자는 **지체 없이 소유권보존등기**를 신청하여야 한다. ② 등기관이 공용부분 취득자의 신청에 따라 소유권보존등기를 하였을 때에는 공용부분이라는 뜻의 등기를 말소하는 표시를 하여야 한다.

(3) 대지권에 관한 등기

① 대지사용권 및 대지권의 의의

대지사용권	㉠ '대지사용권'이란 구분건물의 소유자가 건물의 전유부분을 소유하기 위하여 건물의 대지에 대하여 가지는 권리를 말한다. ㉡ 대지사용권(대지권)은 **소유권**이 대부분이지만, **지상권·전세권·임차권**이 될 수도 있다.
대지권	'대지권'이란 **전유부분과 분리하여 처분할 수 없는 대지사용권**을 말한다.

② 대지권등기 및 대지권등기의 효력

대지권의 목적인 토지의 표시	㉠ **1동 건물의 등기기록의 표제부**에 기록한다. ㉡ 대지권의 목적인 토지의 일련번호, 소재지번, 지목, 면적과 등기연월일을 기록한다.

대지권의 표시	㉠ 전유부분 건물의 등기기록의 표제부에 기록한다. ㉡ 대지권의 목적인 토지의 일련번호, 대지권의 종류, 대지권의 비율, 등기원인 및 그 연월일과 등기연월일을 기록한다.
대지권이라는 뜻의 등기	㉠ 등기관이 건물의 등기기록에 대지권등기를 하였을 때에는 직권으로 대지권의 목적인 토지의 등기기록에 소유권, 지상권, 전세권 또는 임차권이 대지권이라는 뜻을 기록하여야 한다. ㉡ 등기관은 대지권의 목적인 토지의 등기기록에 대지권이라는 뜻의 등기를 할 때에는 해당구에 어느 권리가 대지권이라는 뜻을 기록하여야 한다.
대지권등기의 효력	대지권을 등기한 후에 한 건물의 권리에 관한 등기는 대지권에 대하여 동일한 등기로서 효력이 있다. 다만, 그 등기에 건물만에 관한 것이라는 뜻의 부기가 되어 있을 때에는 그러하지 아니하다(법 제61조 제1항).

③ 대지권등기 후 분리처분등기의 금지

구분건물의 등기기록	㉠ 대지권이 등기된 구분건물의 등기기록에는 건물만에 관한 소유권이전등기 또는 저당권설정등기, 가압류 등의 등기를 할 수 없다. ㉡ 대지권이 등기된 구분건물의 등기기록에는 건물만을 목적으로 하는 전세권, 임차권 등의 용익권등기는 가능하다.
토지의 등기기록	㉠ 토지의 소유권이 대지권인 경우에 대지권이라는 뜻의 등기가 되어 있는 토지의 등기기록에는 소유권이전등기, 저당권설정등기, 가압류 등의 등기는 할 수 없다. ㉡ 토지의 소유권이 대지권인 경우에 대지권이라는 뜻의 등기가 되어 있는 토지의 등기기록에는 지상권, 지역권, 전세권, 임차권 등의 용익권등기는 가능하다.
허용 (○)	㉠ 대지권이 등기된 구분건물의 등기기록에는 건물만을 목적으로 하는 임차권설정등기를 할 수 있다. (임대인과 임차인이 임대차계약을 통하여 발생한 임차권을 등기하는 것) ㉡ 대지권이 등기된 구분건물의 등기기록에는 건물만을 목적으로 하는 전세권설정등기를 할 수 있다. ㉢ 대지권이라는 뜻의 등기가 되어 있는 토지의 등기기록에는 임차권설정등기를 할 수 있다. ㉣ 대지권이라는 뜻의 등기가 되어 있는 토지의 등기기록에는 전세권설정등기를 할 수 있다.
허용 (×)	㉠ 대지권이 등기된 구분건물의 등기기록에는 건물만에 관한 소유권이전등기를 할 수 없다. ㉡ 대지권이 등기된 구분건물의 등기기록에는 건물만에 관한 저당권설정등기를 할 수 없다. ㉢ 토지의 소유권이 대지권인 경우에 대지권이라는 뜻의 등기가 되어 있는 토지의 등기기록에는 소유권이전등기를 할 수 없다. ㉣ 토지의 소유권이 대지권인 경우에 대지권이라는 뜻의 등기가 되어 있는 토지의 등기기록에는 저당권설정등기를 할 수 없다.

등기사항전부증명서

등기사항전부증명서(현재 유효사항) - 집합건물

[집합건물] 인천광역시 연수구 송도동 23-45 송도그린아파트 103동 제9층 903호　　고유번호 1201-2006-001686

【표제부】　(1동의 건물의 표시)

표시번호	접 수	소재지번, 건물명칭 및 번호	건물내역	등기원인 및 기타사항
1	2006년 6월 8일	인천광역시 연수구 송도동 23-45 송도그린아파트 제103동	철근콘크리트조 철근콘크리트 지붕 20층 아파트 1층 324.57m² 2층 307.58m² 3층 307.58m² 4층 307.58m² 5층 307.58m² 6층 307.58m² 7층 307.58m² 8층 307.58m² 9층 307.58m² 10층 307.58m² 11층 307.58m² 12층 307.58m² 13층 307.58m² 14층 307.58m² 15층 307.58m² 16층 307.58m² 17층 307.58m² 18층 307.58m² 19층 307.58m² 20층 307.58m²	도면편철장 2책 248면

(대지권의 목적인 토지의 표시)

표시번호	소재지번	지목	면적	등기원인 및 기타사항
1	1. 인천광역시 연수구 송도동 23-45	대	57654.6m²	2006년 6월 8일

【표제부】　(전유부분의 건물의 표시)

표시번호	접 수	건물번호	건물내역	등기원인 및 기타사항
1	2006년 6월 8일	제9층 903호	철근콘크리트조 123.1909m²	도면편철장 2책 248면

(대지권의 표시)

표시번호	대지권종류	대지권비율	등기원인 및 기타사항
1	1 소유권대지권	57654.6분의 96.5522	2006년 6월 8일 대지권 2006년 6월 8일
2			별도등기 있음 ~~1토지(갑구 2-1번 금지사항부기등기)~~ ~~2006년 6월 8일~~
3			2번 별도등기 말소 2006년 7월 7일

【갑구】			(소유권에 관한 사항)		
순위번호	등기목적	접 수	등기원인	권리자 및 기타사항	
2	소유권이전	2006년 7월 7일 제66347호	2003년 12월 10일 매매	소유자	김희진 520928-2***** 인천광역시 남동구 함박뫼로 123, 111동 202호(논현동, 논현주공아파트)
5	임의경매개시결정	2012년 7월 19일 제62363호	2012년 7월 19일 인천지방법원의 임의경매개시결정 (2012타경56605)	채권자	주식회사우리은행 110111-0***** 서울 중구 회현동1가 203 (여신관리부)

【을구】			(소유권 외의 권리에 관한 사항)		
순위번호	등기목적	접 수	등기원인	권리자 및 기타사항	
1	근저당권설정	2006년 7월 7일 제66348호	2006년 7월 7일 설정계약	채권최고액 채무자 근저당권자	금 454,800,000원 김희진 인천광역시 남동구 함박뫼로 123, 111동 202호 주식회사우리은행 110111-0***** 서울 중구 회현동1가 203 (여신관리부)
6	전세권설정	2012년 1월 11일 제2724호	2011년 8월 9일 설정계약	전세금 범위 존속기간 전세권자	금 210,000,000원 위 건물의 전부 2011년 8월 9일부터 2012년 2월 9일까지 삼성물산주식회사 110111-0***** 서울특별시 서초구 서초동 1321-20
6-1				6번 등기는 건물만에 관한 것임 2012년 1월 11일 부기	

— 이 하 여 백 —

관할 등기소 인천지방법원 등기과

* 본 등기사항증명서는 열람용이므로 출력하신 등기사항증명서는 법적인 효력이 없습니다.
* 실선으로 그어진 부분은 말소사항을 표시함
* 등기기록에 기록된 사항이 없는 갑구 또는 을구는 생략함
▲ 증명서는 컬러 또는 흑백으로 출력 가능함

등기사항전부증명서(말소사항 포함) - 토지 [제출용]

[토지] 인천광역시 연수구 송도동 23-45 고유번호 1246-2001-007947

【표제부】 (토지의 표시)

표시번호	접 수	소재지번	지 목	면 적	등기원인 및 기타사항
~~1~~	~~2001년 11월 5일~~	~~인천광역시 연수구 동춘동 991-25~~	~~대~~	~~57654.6m²~~	~~분할로 인하여 인천광역시 연수구 동춘동 991에서 이기~~
2		인천광역시 연수구 송도동 23-45	대	57654.6m²	2006년 3월 6일 행정구역 및 지번변경 2006년 3월 8일 등기

【갑구】 (소유권에 관한 사항)

순위번호	등기목적	접 수	등기원인	권리자 및 기타사항
1 (전 1)	소유권보존	2000년 2월 21일 제14409호		소유자 인천광역시 분할로 인하여 순위 제1번을 인천광역시 연수구 동춘동 991에서 전사 접수 2001년 11월 5일 제132913호
2	소유권이전	2004년 2월 18일 제13122호	2002년 4월 19일 매매	소유자 주식회사한진중공업 110111-0****** 부산 영도구 봉래동 5가 29
~~2-1~~	~~금지사항~~			~~이 토지는 주택법에 따라 입주자를 모집한 토지로서 입주예정자의 동의를 얻지 아니하고는 당해 토지에 대하여 양도 또는 제한물권을 설정하거나 압류, 가압류, 가처분 등 소유권에 제한을 가하는 일체의 행위를 할 수 없음~~ ~~2004년 2월 18일 부기~~
3	소유권대지권			건물의 표시 인천광역시 연수구 송도동 23-45 송도그린아파트 제101동 인천광역시 연수구 송도동 23-45 송도그린아파트 제102동 인천광역시 연수구 송도동 23-45 송도그린아파트 제103동 인천광역시 연수구 송도동 23-45 송도그린아파트 제104동 인천광역시 연수구 송도동 23-45 송도그린아파트 제105동 인천광역시 연수구 송도동 23-45 송도그린아파트 제106동 인천광역시 연수구 송도동 23-45 송도그린아파트 제107동 인천광역시 연수구 송도동 23-45 송도그린아파트 제108동

[토지] 인천광역시 연수구 송도동 23-45   고유번호 1246-2001-007947

순위번호	등기목적	접 수	등기원인	권리자 및 기타사항
				인천광역시 연수구 송도동 23-45 송도그린아파트 제109동 인천광역시 연수구 송도동 23-45 송도그린아파트 제110동 인천광역시 연수구 송도동 23-45 송도그린아파트 제111동 인천광역시 연수구 송도동 23-45 송도그린아파트 제112동 인천광역시 연수구 송도동 23-45 송도그린아파트 제113동 인천광역시 연수구 송도동 23-45 송도그린아파트 제114동 인천광역시 연수구 송도동 23-45 송도그린아파트 제상가동 인천광역시 연수구 송도동 23-45 송도그린아파트 제115동 2006년 6월 8일 등기
4	2-1번 금지사항등기말소	2009년 1월 29일 제6408호	2006년 5월 12일 사용검사	

– 이 하 여 백 –

수수료 1,000원 영수함

관할 등기소 인천지방법원 등기과 / 발행등기소 법원행정처 등기정보중앙관리소

이 증명서는 등기기록의 내용과 틀림없음을 증명합니다.

서기 2014년 10월 1일

법원행정처 등기정보중앙관리소

4 등기부 등의 보존·관리 및 열람·발급

(1) 등기부 등의 보존 및 관리

등기부부본 자료작성	등기관이 등기를 마쳤을 때에는 **등기부부본자료**를 작성하여야 한다.	
신탁원부 등의 보존	① **신탁원부, 공동담보(전세)목록, 도면 및 매매목록**은 보조기억장치에 저장하여 보존하여야 한다. ② 신탁원부 등의 보존기간	
	영구 보존	등기기록, 폐쇄등기기록, 신탁원부, 공동담보(전세)목록, 도면, 매매목록 등
	5년 보존	부동산등기신청서 접수장, 신청서 기타 부속서류 편철장, 신청서 기타 부속서류 송부부, 신청서 편철부 등

(2) 등기부 등의 이동 허용 여부

구분	전쟁·천재지변 등의 사태를 피하기 위한 경우	법원의 명령 또는 촉탁이 있는 경우	법관이 발부한 영장에 의한 압수
등기부 및 그 부속서류	○	×	×
신청서 기타 부속서류	○	○	○

(3) 등기사항의 증명과 열람

등기사항증명서의 열람·발급 대상	① 누구든지 수수료를 내고 대법원규칙으로 정하는 바에 따라 등기기록에 기록되어 있는 사항의 전부 또는 일부의 열람과 이를 증명하는 등기사항증명서의 발급을 청구할 수 있다. ② 신탁원부, 공동담보(전세)목록, 도면 또는 매매목록은 그 사항의 증명도 함께 신청하는 뜻의 표시가 있는 경우에만 등기사항증명서에 이를 포함하여 발급한다. ③ 등기기록의 부속서류에 대하여는 등기사항증명서의 발급을 신청할 수 없고 이해관계 있는 부분만 열람을 청구할 수 있을 뿐이다. ④ 등기기록의 열람은 등기기록에 기록된 등기사항을 전자적 방법으로 그 내용을 보게 하거나 그 내용을 기록한 서면을 교부하는 방법으로 한다.
등기사항증명서의 발급	① 등기소를 방문하여 등기사항증명서를 발급받고자 하는 사람은 신청서를 제출하여야 한다. 이 경우 발급청구는 관할 등기소가 아닌 등기소에 대하여도 할 수 있다. ┌ 국가 및 공공단체가 취급하는 사무에 관하여 지역·사항· 　　인건상(人件上) 한계가 그어진 범위 ② 등기사항증명서를 발급할 때에는 등기사항증명서의 종류를 명시하고, 등기기록의 내용과 다름이 없음을 증명하는 내용의 증명문을 기록하여야 한다. ③ 구분건물에 대한 등기사항증명서의 발급에 관하여는 1동의 건물의 표제부와 해당 전유부분에 관한 등기기록을 1개의 등기기록으로 본다. ④ 등기신청이 접수된 부동산에 관하여는 등기관이 그 등기를 마칠 때까지 등기사항증명서를 발급하지 못한다. 다만, 그 부동산에 등기신청사건이 접수되어 처리 중에 있다는 뜻을 등기사항증명서에 표시하여 발급할 수 있다.
폐쇄등기기록의 열람·발급	등기기록에 대한 등기사항의 열람 및 등기사항증명서 발급에 관한 규정은 폐쇄한 등기기록에 준용한다(법 제20조 제3항).

기본문제와 완성문제로 단단기출

01 등기부 등에 관한 설명으로 <u>틀린</u> 것은? 제27회

① 폐쇄한 등기기록은 영구히 보존해야 한다.
② A토지를 B토지에 합병하여 등기관이 합필등기를 한 때에는 A토지에 관한 등기기록을 폐쇄하여야 한다.
③ 등기부부본자료는 등기부와 동일한 내용으로 보조기억장치에 기록된 자료이다.
④ 구분건물등기기록에는 표제부를 1동의 건물에 두고 전유부분에는 갑구와 을구만 둔다.
⑤ 등기사항증명서 발급신청 시 매매목록은 그 신청이 있는 경우에만 등기사항증명서에 포함하여 발급한다.

키워드 〉 등기부
난이도 〉
해설 〉 구분건물등기기록에는 1동의 건물에 대한 표제부를 두고 전유부분마다 표제부, 갑구, 을구를 둔다(규칙 제14조 제1항).

02 부동산등기에 관한 설명으로 <u>틀린</u> 것은? 제32회

① 건물소유권의 공유지분 일부에 대하여는 전세권설정등기를 할 수 없다.
② 구분건물에 대하여는 전유부분마다 부동산고유번호를 부여한다.
③ 폐쇄한 등기기록에 대해서는 등기사항의 열람은 가능하지만 등기사항증명서의 발급은 청구할 수 없다.
④ 전세금을 증액하는 전세권변경등기는 등기상 이해관계 있는 제3자의 승낙 또는 이에 대항할 수 있는 재판의 등본이 없으면 부기등기가 아닌 주등기로 해야 한다.
⑤ 등기관이 부기등기를 할 때에는 주등기 또는 부기등기의 순위번호에 가지번호를 붙여서 하여야 한다.

키워드 〉 등기부
난이도 〉
해설 〉 누구든지 수수료를 내고 대법원규칙으로 정하는 바에 따라 폐쇄한 등기기록에 기록되어 있는 사항의 전부 또는 일부의 열람과 이를 증명하는 등기사항증명서의 발급을 청구할 수 있다(법 제20조 제3항).

정답 01 ④ 02 ③

03 전산이기된 등기부 등에 관한 설명으로 틀린 것은? 제33회

① 등기부는 영구(永久)히 보존해야 한다.
② 등기부는 법관이 발부한 영장에 의하여 압수하는 경우에는 대법원규칙으로 정하는 보관·관리 장소 밖으로 옮길 수 있다.
③ 등기관이 등기를 마쳤을 때는 등기부부본자료를 작성해야 한다.
④ 등기원인을 증명하는 정보에 대하여는 이해관계 있는 부분만 열람을 청구할 수 있다.
⑤ 등기관이 등기기록의 전환을 위해 등기기록에 등기된 사항을 새로운 등기기록에 옮겨 기록한 때에는 종전 등기기록을 폐쇄해야 한다.

> 키워드 ▶ 등기부 반출
> 난이도 ▶
> 해설 ▶ 등기부(폐쇄등기부를 포함한다)는 대법원규칙으로 정하는 장소인 중앙관리소에 보관·관리하여야 한다(규칙 제10조 제1항). 전쟁·천재지변이나 그 밖에 이에 준하는 사태를 피하기 위한 경우 외에는 그 장소 밖으로 옮기지 못하므로(법 제14조 제3항) 법원의 명령 또는 촉탁이 있거나 법관이 발부한 영장에 의하여 압수하는 경우라도 등기부의 이동은 허용되지 않는다. 다만, 신청서나 그 밖의 부속서류에 대하여는 법원의 명령 또는 촉탁이 있거나 법관이 발부한 영장에 의하여 압수하는 경우에는 그러하지 아니하다(법 제14조 제4항).

04 부동산등기에 관한 설명으로 틀린 것은? 제31회

① 규약에 따라 공용부분으로 등기된 후 그 규약이 폐지된 경우, 그 공용부분 취득자는 소유권이전등기를 신청하여야 한다.
② 등기할 건물이 구분건물인 경우에 등기관은 1동 건물의 등기기록의 표제부에는 소재와 지번, 건물명칭 및 번호를 기록하고, 전유부분의 등기기록의 표제부에는 건물번호를 기록하여야 한다.
③ 존재하지 아니하는 건물에 대한 등기가 있을 때 그 소유권의 등기명의인은 지체 없이 그 건물의 멸실등기를 신청하여야 한다.
④ 같은 지번 위에 1개의 건물만 있는 경우에는 건물의 등기기록의 표제부에 건물번호를 기록하지 않는다.
⑤ 부동산환매특약은 등기능력이 인정된다.

> 키워드 ▶ 규약 폐지
> 난이도 ▶
> 해설 ▶ 공용부분이라는 뜻을 정한 규약을 폐지한 경우에 공용부분의 취득자는 지체 없이 소유권보존등기를 신청하여야 한다(법 제47조 제2항). 등기관이 공용부분 취득자의 신청에 따라 소유권보존등기를 하였을 때에는 공용부분이라는 뜻의 등기를 말소하는 표시를 하여야 한다(규칙 제104조 제5항).

정답 03 ② 04 ①

05 집합건물의 등기에 관한 설명으로 옳은 것은?

제29회

① 등기관이 구분건물의 대지권등기를 하는 경우에는 건축물대장 소관청의 촉탁으로 대지권의 목적인 토지의 등기기록에 소유권, 지상권, 전세권 또는 임차권이 대지권이라는 뜻을 기록하여야 한다.
② 구분건물로서 그 대지권의 변경이 있는 경우에는 구분건물의 소유권의 등기명의인은 1동의 건물에 속하는 다른 구분건물의 소유권의 등기명의인을 대위하여 대지권의 변경등기를 신청할 수 있다.
③ '대지권에 대한 등기로서 효력이 있는 등기'와 '대지권의 목적인 토지의 등기기록 중 해당 구에 한 등기'의 순서는 순위번호에 따른다.
④ 구분건물의 등기기록에 대지권이 등기된 후 건물만에 관해 저당권설정계약을 체결한 경우, 그 설정계약을 원인으로 구분건물만에 관한 저당권설정등기를 할 수 있다.
⑤ 토지의 소유권이 대지권인 경우 토지의 등기기록에 대지권이라는 뜻의 등기가 되어 있더라도, 그 토지에 대한 새로운 저당권설정계약을 원인으로 하여, 그 토지의 등기기록에 저당권설정등기를 할 수 있다.

키워드 〉 집합건물등기

난이도 〉

해설 〉 ① 등기관이 구분건물의 대지권등기를 하는 경우에는 등기관의 직권으로 대지권의 목적인 토지의 등기기록에 소유권, 지상권, 전세권 또는 임차권이 대지권이라는 뜻을 기록하여야 한다.
③ '대지권에 대한 등기로서 효력이 있는 등기'와 '대지권의 목적인 토지의 등기기록 중 해당 구에 한 등기'의 순서는 접수번호에 따른다.
④ 대지권이 등기된 구분건물의 등기기록에는 건물만에 관한 소유권이전등기 또는 저당권설정등기, 가압류등기 그 밖에 이와 관련이 있는 등기를 할 수 없다.
⑤ 토지의 소유권이 대지권인 경우에 대지권이라는 뜻의 등기가 되어 있는 토지의 등기기록에는 소유권이전등기, 저당권설정등기, 가압류등기 그 밖에 이와 관련이 있는 등기를 할 수 없다.

정답 05 ②

06 구분건물의 등기에 관한 설명으로 틀린 것은?   제34회

① 대지권의 표시에 관한 사항은 전유부분의 등기기록 표제부에 기록하여야 한다.
② 토지전세권이 대지권인 경우에 대지권이라는 뜻의 등기가 되어 있는 토지의 등기기록에는 특별한 사정이 없는 한 저당권설정등기를 할 수 없다.
③ 대지권의 변경이 있는 경우, 구분건물의 소유권의 등기명의인은 1동의 건물에 속하는 다른 구분건물의 소유권의 등기명의인을 대위하여 대지권변경등기를 신청할 수 있다.
④ 1동의 건물에 속하는 구분건물 중 일부만에 관하여 소유권보존등기를 신청하는 경우에는 나머지 구분건물의 표시에 관한 등기를 동시에 신청하여야 한다.
⑤ 집합건물의 규약상 공용부분이라는 뜻을 정한 규약을 폐지한 경우, 그 공용부분의 취득자는 소유권이전등기를 신청하여야 한다.

| 키워드 | 규약 폐지 |
| 난이도 | |

| 해설 | ② 전세권이 대지권인 경우에 대지권이라는 뜻의 등기가 되어 있는 토지의 등기기록에는 전세권이전등기, 전세권부저당권설정등기, 그 밖에 이와 관련이 있는 등기를 할 수 없다(법 제61조 제4항·제5항). 반면, 대지권이라는 뜻의 등기가 되어 있는 토지의 소유권은 전유부분과 일체성이 있는 권리가 아니므로 그 토지에 대한 소유권이전등기나 저당권설정등기는 허용된다.
⑤ 공용부분이라는 뜻을 정한 규약을 폐지한 경우에 공용부분의 취득자는 지체 없이 소유권보존등기를 신청하여야 한다(법 제47조 제2항). |

정답 06 ②, ⑤

THEME 15

등기의 개시 및 등기신청적격

| THEME 키워드 |
등기신청 의무, 관공서의 촉탁등기, 등기신청의 당사자능력

기출분석
- **기출회차:** 제32회
- **키워드:** 등기신청의 당사자능력
- **난이도:** ■■□

기본으로 알아야 하는 대표기출

「부동산등기법」상 등기의 당사자능력에 관한 설명으로 틀린 것은?

① 법인 아닌 사단(社團)은 그 사단 명의로 대표자가 등기를 신청할 수 있다.
② 시설물로서의 학교는 학교 명의로 등기할 수 없다.
③ 행정조직인 읍, 면은 등기의 당사자능력이 없다.
④ 「민법」상 조합을 채무자로 표시하여 조합재산에 근저당권설정등기를 할 수 있다.
⑤ 외국인은 법령이나 조약의 제한이 없는 한 자기 명의로 등기신청을 하고 등기명의인이 될 수 있다.

함정을 피하는 TIP
- 등기신청의 당사자능력이 있는 자와 없는 자를 구분할 수 있어야 한다.
- 합유재산의 등기방법을 정확하게 알아야 한다.

| 해 설 |
「민법」상 조합은 법률행위의 주체가 될 수 없으므로 근저당권설정등기에서 근저당권설정자나 근저당권자 및 채무자가 될 수 없다.

정답 ④

단단하게 정리하는 핵심이론

핵심단단 등기절차의 개시 유형

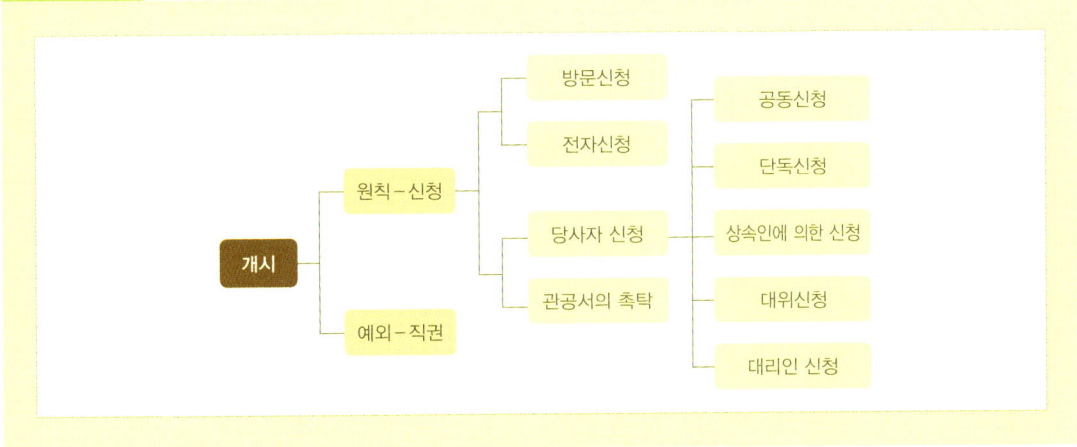

1 신청주의

(1) 신청주의 원칙

등기는 당사자의 신청 또는 관공서의 촉탁에 따라 한다. 다만, 법률에 다른 규정이 있는 경우에는 등기관의 직권으로 등기를 할 수 있다.

(2) 당사자의 신청

원칙	등기신청은 사적자치의 원칙상 강제하지 않는 것이 원칙이나, 일정한 경우 신청의무가 있다.
표제부등기 (1개월)	토지의 표시나 건물의 표시에 변경이 있는 경우(분할, 합병, 지목변경, 멸실, 구분 등)에는 그 소유권의 등기명의인은 그 사실이 있는 때부터 1개월 이내에 그 등기를 신청하여야 한다. ⇨ 위반 시 과태료는 없다.

소유권등기
(60일)
	① 소유권보존등기 신청의무 ⇨ 위반 시 과태료가 부과된다.
	   ㉠ 미등기부동산의 소유자가 소유권을 이전하지 않는 경우는 신청의무가 없지만 이전계약(매매, 증여계약)을 체결하면 신청의무가 발생한다.
	   ㉡ 이전계약을 체결하기 전에 보존등기를 신청할 수 있는 경우: 계약체결일로부터 60일 이내에 보존등기를 신청하여야 한다.
	   ㉢ 이전계약을 체결한 후에 보존등기를 신청할 수 있게 된 경우: 보존등기를 신청할 수 있게 된 날로부터 60일 이내에 보존등기를 신청하여야 한다.
	② 소유권이전등기 신청의무 ⇨ 위반 시 과태료가 부과된다.
	   ㉠ 계약의 당사자가 서로 대가적인 채무를 부담하는 경우(예 매매): 반대급부의 이행이 완료된 날(=잔금지급일)로부터 60일 이내에 소유권이전등기를 신청하여야 한다.
	   ㉡ 계약의 당사자 일방만이 채무를 부담하는 경우(예 증여): 계약의 효력이 발생한 날로부터 60일 이내에 소유권이전등기를 신청하여야 한다.

(3) 관공서의 촉탁등기

의의 및 성질	① 촉탁등기란 관공서가 신청하는 등기를 말한다. ② 촉탁에 따른 등기절차는 그 실질이 당사자의 신청에 따른 경우와 다름이 없으므로 법률에 다른 규정이 없는 경우에는 신청에 따른 등기에 관한 규정을 준용한다.
법원의 촉탁등기	① 처분제한의 등기(가압류등기, 가처분등기) ② 경매개시결정등기 및 매각(경락)에 의한 소유권이전등기 등 ③ 임차권등기명령에 의한 주택임차권등기
공매처분으로 인한 등기	관공서가 공매처분을 한 경우에 등기권리자의 청구를 받으면 지체 없이 다음의 등기를 등기소에 촉탁하여야 한다(법 제97조). ① 공매처분으로 인한 권리이전의 등기 ② 공매처분으로 인하여 소멸한 권리등기의 말소 ③ 체납처분에 관한 압류등기 및 공매공고등기의 말소
거래의 주체로서 촉탁	① 국가 또는 지방자치단체가 등기권리자인 경우에는 국가 또는 지방자치단체는 등기의무자의 승낙을 받아 해당 등기를 지체 없이 등기소에 촉탁하여야 한다. ② 국가 또는 지방자치단체가 등기의무자인 경우에는 국가 또는 지방자치단체는 등기권리자의 청구에 따라 지체 없이 해당 등기를 등기소에 촉탁하여야 한다.
촉탁등기의 특징	① 우편촉탁 가능 ② 관공서가 거래의 주체인 경우 공동신청 가능 ③ 관공서가 등기권리자 또는 등기의무자로 촉탁하는 경우 등기필정보의 제공 불요 ④ 등기기록과 대장의 부동산의 표시가 부합하지 않더라도 그 등기촉탁을 수리하여야 한다.

2 등기관의 직권등기

등기관의 직권에 의한 등기는 법률에 근거 규정이 있는 경우에만 할 수 있다.

소유권 기타 권리자가 가지는 권리의 처분권능을 제한하는 등기

소유권 보존등기	① 미등기부동산에 대하여 법원의 처분제한등기(예 가압류, 가처분, 경매개시결정등기)의 촉탁이 있는 경우 등기관은 직권으로 소유권보존등기를 하고 위의 처분제한 등기를 한다(법 제66조 제1항). ② 미등기부동산에 대한 임차권등기명령에 의한 주택(상가)에 대한 임차권등기촉탁을 한 경우 등기관은 직권으로 소유권보존등기를 하고 주택이나 상가건물의 임차권등기를 하여야 한다.

변경등기·경정등기	① 행정구역 또는 그 명칭이 변경된 경우에 등기관은 직권으로 부동산의 표시변경등기 또는 등기명의인의 주소변경등기를 할 수 있다(규칙 제54조). ② 등기관이 소유권이전등기를 할 때에 등기명의인의 주소변경으로 신청정보상의 등기의무자의 표시가 등기기록과 일치하지 아니하는 경우에는 직권으로 등기명의인의 표시변경등기를 하여야 한다(규칙 제122조). ③ 등기관이 등기의 착오나 빠진 부분이 등기관의 잘못으로 인한 것임을 발견한 경우에는 지체 없이 그 등기를 직권으로 경정하여야 한다(법 제32조 제2항).
말소등기	① 법 제29조 제1호(관할 위반의 등기)와 제2호(사건이 등기할 것이 아닌 경우)를 위반하여 등기한 경우 등기관은 일정한 절차를 거쳐 직권으로 말소한다(법 제58조 제1항). ② 수용으로 인한 소유권이전등기 시 소유권 또는 소유권 이외의 권리의 등기는 직권으로 말소한다. 다만, 그 부동산을 위하여 존재하는 지역권등기는 말소하지 않는다(법 제99조 제4항). ③ 환매권행사로 권리취득등기를 한 때에는 환매특약등기를 직권으로 말소한다(규칙 제114조 제1항). ④ 등기의 말소를 신청하는 경우에 그 말소에 대하여 등기상 이해관계 있는 제3자의 승낙이 있는 경우 그 제3자 명의의 등기는 등기관이 직권으로 말소한다(법 제57조 제2항). ⑤ 가등기에 기한 본등기를 하는 경우 본등기와 양립할 수 없는 제3자의 중간처분의 등기는 등기관이 직권으로 말소한다(규칙 제147조 제1항).

3 등기신청적격

의의	등기신청적격이란 등기신청의 당사자가 될 수 있는 자격, 즉 등기명의인 될 수 있는 자격을 말한다.
자연인	① 자연인 중 제한능력자(미성년자, 피한정후견인, 피성년후견인)나 외국인도 등기명의인이 될 수 있다. ② 태아는 등기명의인이 될 수 없다.
법인	법인이면 모두 등기명의인이 될 수 있다.
국가 또는 지방자치단체	① 국가나 지방자치단체(특별시·광역시·도·시·군·구)는 공법인으로서 등기명의인이 될 수 있다. ② 읍·면·동은 지방자치단체가 아니므로 등기명의인이 될 수 없다. ③ 자연부락(동·리)이 지방자치단체는 아니지만, 의사결정기관과 대표자를 두어 독자적인 활동을 하는 사회조직체라면 법인 아닌 사단으로 볼 수 있어 등기명의인이 될 수 있다.

법인 아닌 사단·재단	① 법인 아닌 사단이나 재단으로는 <mark>종중, 문중, 교회</mark>, 아파트입주자대표회의 등이 있다. ② 종중, 문중, 그 밖에 대표자나 관리인이 있는 법인 아닌 사단이나 재단에 속하는 부동산의 등기에 관하여는 그 <mark>사단이나 재단을 등기권리자 또는 등기의무자</mark>로 한다. ⚠ 대표자나 관리인이 등기권리자나 등기의무자가 된다. (×) ③ 위의 등기는 그 <mark>사단이나 재단의 명의</mark>로 그 대표자 또는 관리인이 신청한다. ④ 법인 아닌 사단이 <mark>등기의무자</mark>로 등기를 신청하는 경우는 <mark>사원총회결의서</mark>를 제공하지만, 등기권리자로 등기를 신청하는 경우는 사원총회결의서를 제공하지 않는다.
「민법」상 조합	① 「민법」상의 조합(예 계, 동업관계 등)은 권리능력이 없으므로 「민법」상 조합 명의로는 등기를 할 수 없고, <mark>조합원 전원 명의</mark>로 합유등기를 한다. ② 이 경우 합유자의 <mark>지분은 등기사항이 아니다.</mark> ⇨ 합유지분 이전등기, 합유지분에 대한 저당권설정이나 가압류등기를 할 수 없다. ③ 합유자 1인이 다른 합유자 전원의 동의를 얻어 자신의 지분을 제3자에게 처분하는 경우, 합유지분 이전등기를 하는 것이 아니라 <mark>합유명의인 변경등기</mark>를 하여야 한다. ④ 특별법상의 조합(예 농업협동조합, 재건축조합 등)은 조합형식의 명칭을 띠고 있지만, <mark>실질이 법인</mark>이므로 그 명의로 등기를 신청할 수 있다.
학교	① 학교 재산은 학교 명의가 아닌 <mark>설립자 명의</mark>로 등기를 하여야 한다. ② 사립학교는 설립자인 학교법인 명의로 등기를 하여야 하고, 국립학교는 국가 명의로, 공립학교는 지방자치단체 명의로 등기를 하여야 한다.

핵심단단 등기신청적격 여부

인정되는 경우	부정되는 경우
• 자연인(외국인을 포함한다), 법인 • 국가, 지방자치단체 • 자연부락 • 법인 아닌 사단·재단 • 특별법상 조합(예 농업협동조합, 재건축조합)	• 태아 • 읍·면·동 • 「민법」상 조합 • 학교

기본문제와 완성문제로 **단단기출**

01
기본 기출

甲은 乙에게 甲 소유의 X부동산을 부담 없이 증여하기로 하였다. 「부동산등기 특별조치법」에 따른 부동산소유권등기의 신청에 관한 설명으로 틀린 것은? (다툼이 있으면 판례에 따름)　제25회

① 甲과 乙은 증여계약의 효력이 발생한 날부터 60일 내에 X부동산에 대한 소유권이전등기를 신청하여야 한다.
② 특별한 사정이 없으면, 신청기간 내에 X부동산에 대한 소유권이전등기를 신청하지 않아도 원인된 계약은 효력을 잃지 않는다.
③ 甲이 X부동산에 대한 소유권보존등기를 신청할 수 있음에도 이를 하지 않고 乙에게 증여하는 계약을 체결하였다면, 증여계약의 체결일이 보존등기 신청기간의 기산일이다.
④ X부동산에 관한 소유권이전등기를 신청기간 내에 신청하지 않고 乙이 丙에게 소유권이전등기청구권을 양도하여도 당연히 그 양도행위의 사법상 효력이 부정되는 것은 아니다.
⑤ 만일 甲이 乙에게 X부동산을 매도하였다면, 계약으로 정한 이행기가 그 소유권이전등기 신청기간의 기산일이다.

키워드 등기신청 의무
난이도
해설 매매와 같이 계약의 당사자가 서로 대가적인 채무를 부담하는 경우에는 반대급부의 이행이 완료된 날부터 60일 이내에 소유권이전등기를 신청하여야 한다. 반대급부의 이행이 완료된 날이란 매매의 경우는 잔급지급일로서 실제로 이행한 날을 의미하는 것이지 계약으로 정한 날을 뜻하는 것은 아니다.

정답 01 ⑤

02 '지체 없이' 신청해야 하는 등기를 모두 고른 것은?

제28회

> ㉠ 「건축법」상 사용승인을 받아야 할 건물임에도 사용승인을 받지 못했다는 사실이 기록된 소유권보존등기가 된 후에 사용승인이 이루어진 경우, 그 건물소유권의 등기명의인이 해야 할 그 사실에 관한 기록의 말소등기
> ㉡ 집합건물에 있어서 규약에 따른 공용부분이라는 뜻의 등기가 이루어진 후에 그 규약이 폐지된 경우, 그 공용부분의 취득자가 해야 할 소유권보존등기
> ㉢ 존재하는 건물이 전부 멸실된 경우, 그 건물소유권의 등기명의인이 해야 할 멸실등기
> ㉣ 촉탁이나 직권에 의한 신탁변경등기에 해당하는 경우를 제외하고, 신탁재산의 운용을 위한 방법이 변경된 때에 수탁자가 해야 할 신탁원부 기록의 변경등기
> ㉤ 토지의 지목(地目)이 변경된 경우, 그 토지소유권의 등기명의인이 해야 할 변경등기

① ㉠, ㉢
② ㉠, ㉣
③ ㉡, ㉣
④ ㉡, ㉤
⑤ ㉢, ㉤

키워드 등기신청 의무

난이도 ■■■□□

해설 ㉡ 공용부분이라는 뜻을 정한 규약을 폐지한 경우에 공용부분의 취득자는 지체 없이 소유권보존등기를 신청하여야 한다(법 제47조 제2항).
㉣ 수탁자는 촉탁이나 직권에 의한 신탁변경등기에 해당하는 경우를 제외하고, 신탁재산의 운용을 위한 방법이 변경된 때에 지체 없이 신탁원부 기록의 변경등기를 신청하여야 한다(법 제86조).

보충 일반적으로 표제부등기는 소유권의 등기명의인이 1개월 이내에 등기를 신청하여야 한다. ㉠㉢㉤의 등기는 표제부의 등기로서 1개월 이내에 신청하여야 한다. 등기관이 직권으로 건물에 대한 소유권보존등기를 하는 경우, 그 건물이 「건축법」상 사용승인을 받아야 할 건물임에도 사용승인을 받지 아니하였다면 그 사실을 표제부에 기록하여야 한다(법 제66조 제2항). 이후에 등기된 건물에 대하여 「건축법」상 사용승인이 이루어진 경우에는 그 건물소유권의 등기명의인은 1개월 이내에 제2항 단서의 기록에 대한 말소등기를 신청하여야 한다(법 제66조 제3항).

정답 02 ③

03 관공서가 촉탁하는 등기에 관한 설명으로 옳은 것은? 제28회

① 관공서가 촉탁정보 및 첨부정보를 적은 서면을 제출하는 방법으로 등기촉탁하는 경우에는 우편으로 그 촉탁서를 제출할 수 있다.
② 공동신청을 해야 할 경우, 등기권리자가 지방자치단체인 때에는 등기의무자의 승낙이 없더라도 해당 등기를 등기소에 촉탁해야 한다.
③ 관공서가 공매처분을 한 경우에 등기권리자의 청구를 받으면 지체 없이 체납처분으로 인한 압류등기를 등기소에 촉탁해야 한다.
④ 관공서가 체납처분으로 인한 압류등기를 촉탁하는 경우에는 등기명의인을 갈음하여 등기명의인의 표시변경등기를 함께 촉탁할 수 없다.
⑤ 수용으로 인한 소유권이전등기를 신청하는 경우에는 보상이나 공탁을 증명하는 정보를 첨부정보로서 등기소에 제공할 필요가 없다.

키워드 관공서의 촉탁등기

난이도

해설 ② 국가 또는 지방자치단체가 등기권리자인 경우에는 국가 또는 지방자치단체는 등기의무자의 승낙을 받아 해당 등기를 지체 없이 등기소에 촉탁하여야 한다(법 제98조 제1항).
③ 관공서가 공매처분을 한 경우에 등기권리자의 청구를 받으면 지체 없이 체납처분에 관한 압류등기의 말소등기를 등기소에 촉탁하여야 한다(법 제97조).
④ 관공서가 체납처분으로 인한 압류등기를 촉탁하는 경우에는 등기명의인 또는 상속인, 그 밖의 포괄승계인을 갈음하여 부동산의 표시, 등기명의인의 표시의 변경, 경정 또는 상속, 그 밖의 포괄승계로 인한 권리이전의 등기를 함께 촉탁할 수 있다(법 제96조).
⑤ 수용으로 인한 소유권이전등기를 신청하는 경우에는 보상이나 공탁을 증명하는 정보를 첨부정보로서 등기소에 제공하여야 한다(규칙 제156조 제2항).

정답 03 ①

04 관공서의 촉탁등기에 관한 설명으로 틀린 것은? 제32회

① 관공서가 경매로 인하여 소유권이전등기를 촉탁하는 경우, 등기기록과 대장상의 부동산의 표시가 부합하지 않은 때에는 그 등기촉탁을 수리할 수 없다.
② 관공서가 등기를 촉탁하는 경우 우편에 의한 등기촉탁도 할 수 있다.
③ 등기의무자인 관공서가 등기권리자의 청구에 의하여 등기를 촉탁하는 경우, 등기의무자의 권리에 관한 등기필정보를 제공할 필요가 없다.
④ 등기권리자인 관공서가 부동산 거래의 주체로서 등기를 촉탁할 수 있는 경우라도 등기의무자와 공동으로 등기를 신청할 수 있다.
⑤ 촉탁에 따른 등기절차는 법률에 다른 규정이 없는 경우에는 신청에 따른 등기에 관한 규정을 준용한다.

키워드 관공서의 촉탁등기
난이도
해설 「부동산등기법」 제29조 제11호는 그 등기명의인이 등기신청을 하는 경우에 적용되는 규정이므로 관공서가 등기촉탁을 하는 경우에는 등기기록과 대장상의 부동산의 표시가 부합하지 아니하더라도 그 등기촉탁을 수리하여야 한다(등기예규 제1759호).

05 등기당사자능력에 관한 설명으로 옳은 것은? (다툼이 있으면 판례에 따름) 제28회

① 태아로 있는 동안에는 태아의 명의로 대리인이 등기를 신청한다.
② 「민법」상 조합은 직접 자신의 명의로 등기를 신청한다.
③ 지방자치단체와 같은 공법인은 직접 자신의 명의로 등기를 신청할 수 없다.
④ 사립학교는 설립주체가 누구인지를 불문하고 학교 명의로 등기를 신청한다.
⑤ 법인 아닌 사단은 그 사단의 명의로 대표자나 관리인이 등기를 신청한다.

키워드 등기신청의 당사자능력
난이도
해설 ① 태아는 자연인이 아니므로 태아의 명의로 등기를 신청할 수 없다.
② 「민법」상 조합 명의로는 등기를 할 수 없고, 조합원 전원 명의로 합유등기를 하여야 한다.
③ 지방자치단체와 같은 공법인은 직접 자신의 명의로 등기를 신청할 수 있다.
④ 사립학교나 국립학교는 학교 명의로는 등기를 할 수 없고, 설립자 명의로 등기하여야 한다.

정답 04 ① 05 ⑤

THEME 16 등기의 신청유형

| THEME 키워드 |
등기권리자와 등기의무자, 단독신청, 등기, 등기의 개시 유형, 채권자대위, 등기신청인, 등기의 대위신청, 매도하고 사망한 경우

기본으로 알아야 하는 대표기출

기출분석
- **기출회차**: 제30회
- **키워드**: 등기권리자와 등기의무자
- **난이도**:

등기권리자와 등기의무자에 대한 설명으로 틀린 것은?

① 실체법상 등기권리자와 절차법상 등기권리자는 일치하지 않는 경우도 있다.
② 실체법상 등기권리자는 실체법상 등기의무자에 대해 등기신청에 협력할 것을 요구할 권리를 가진 자이다.
③ 절차법상 등기의무자에 해당하는지 여부는 등기기록상 형식적으로 판단해야 하고, 실체법상 권리의무에 대해서는 고려해서는 안 된다.
④ 甲이 자신의 부동산에 설정해준 乙 명의의 저당권설정등기를 말소하는 경우 甲이 절차법상 등기권리자에 해당한다.
⑤ 부동산이 甲 ⇨ 乙 ⇨ 丙으로 매도되었으나 등기명의가 甲에게 남아 있어 丙이 乙을 대위하여 소유권이전등기를 신청하는 경우, 丙은 절차법상 등기권리자에 해당한다.

함정을 피하는 TIP
- 실체법상 등기권리자와 등기의무자 및 절차법상의 등기권리자와 등기의무자를 구분하여야 한다.
- 실체법상 등기권리자와 등기의무자 및 절차법상의 등기권리자와 등기의무자가 일치하지 않는 경우를 알아야 한다.

해설
丙이 乙을 대위하여 소유권이전등기를 신청한다는 것은 乙 명의의 소유권이전등기를 하는 것이므로 절차법상 등기권리자는 乙이 된다. 한편, 丙은 乙을 대위하여 甲에게 소유권이전등기청구권을 행사하므로 실체법상의 등기권리자가 된다.

정답 ⑤

단단하게 정리하는 핵심이론

1 공동신청

(1) 의의

등기는 법률에 다른 규정이 없는 경우에는 등기권리자와 등기의무자가 공동으로 신청한다.

(2) 실체법상의 등기권리자와 등기의무자

의의	① '등기권리자'란 실체관계에 기초한 등기청구권을 가지는 자를 의미한다. ② '등기의무자'란 등기권리자의 등기청구에 협력할 의무가 있는 자를 말한다.
등기청구권	① '등기청구권'이란 등기권리자가 등기의무자에 대하여 등기신청에 협력할 것을 요구할 수 있는 실체법상의 권리를 말한다. ② 등기의무자가 이에 협조하지 않는 경우 소송으로 강제하여 승소하면 판결정본을 첨부하여 단독으로 신청할 수 있다. ⇨ 승소한 등기권리자의 단독신청
등기인수청구권	① '등기인수청구권'이란 甲이 乙에게 부동산을 매도하였으나 乙이 소유권이전등기를 하지 않아서 등기의무자인 甲이 과세 등의 불이익을 받은 경우 乙에게 등기를 인수해 갈 것을 청구할 수 있는 권리를 말한다. ② 乙이 이에 협조하지 않는 경우 등기의무자는 소송으로 강제하여 승소하면 판결정본을 첨부하여 단독으로 신청한다. ⇨ 승소한 등기의무자의 단독신청

(3) 절차법상의 등기권리자와 등기의무자

의의	① '등기권리자'란 신청한 등기가 실행됨으로써 등기기록상 권리의 취득 또는 이익을 받는 자를 말한다. ② '등기의무자'란 신청한 등기가 실행됨으로써 등기기록상 권리 또는 이익을 상실하게 되는 자를 말한다.
판단기준	이익·불이익의 여부는 등기기록상 형식적으로 판단하는 것이지 실제로 이익이나 손해가 발생하여야 하는 것은 아니다.

(4) 실체법상 등기권리자·등기의무자와 절차법상 등기권리자·등기의무자의 관계

관계	① 실체법상 등기권리자, 등기의무자와 절차법상의 등기권리자, 등기의무자는 대체로 일치하지만 항상 일치하는 것은 아니다. ② 부동산이 甲 ⇨ 乙 ⇨ 丙 순으로 매도되었으나 등기 명의가 甲에게 남아 있어 丙이 乙을 대위하여 乙 명의의 소유권이전등기를 신청하는 경우, 실체법상의 등기권리자는 丙이지만, 절차법상의 등기권리자는 乙이 된다.

핵심단단 등기권리자와 등기의무자의 예

등기의 종류		등기원인	등기권리자	등기의무자
소유권	이전등기	매매계약	매수인	매도인
	말소등기	매매계약의 무효	매도인	매수인
저당권	설정등기	설정계약	저당권자	저당권설정자
	말소등기	해지	저당권설정자	저당권자
	이전등기	채권양도	양수인	양도인
	증액변경등기	변경계약	저당권자	저당권설정자
	감액변경등기	변경계약	저당권설정자	저당권자

2 단독신청

(1) 판결에 의한 단독신청

원고의 청구가 이유가 있는 경우에 피고의 의사표시를 강제하는 채무의 이행이나 등기절차의 이행을 명하는 판결

의의	① 등기절차의 이행 또는 인수를 명하는 판결에 의한 등기는 승소한 등기권리자 또는 등기의무자가 단독으로 신청한다. ② 공유물을 분할하는 판결에 의한 등기는 등기권리자 또는 등기의무자가 단독으로 신청한다.
이행판결	① 여기서의 판결은 등기신청에 협력할 것을 명하는 확정된 이행판결을 의미하고, 확인판결과 형성판결은 이에 해당되지 않는다. ② 다만, 공유물분할판결은 형성판결이지만 예외적으로 단독신청할 수 있다.
확정판결	① 판결은 확정판결이어야 하므로 확정되지 아니한 가집행선고에 등기절차의 이행을 명하는 조항이 기재되어 있어도 등기권리자는 이에 의하여 단독으로 등기를 신청할 수 없다. ② 등기절차의 이행을 명하는 판결을 받았다면 그 확정시기에 관계없이, 즉 확정 후 10년이 경과하였다 하더라도 언제든지 그 판결에 의한 등기신청을 할 수 있다. 판결의 취소·변경을 할 수 없는 상태
신청인	① 승소한 등기권리자 또는 승소한 등기의무자는 단독으로 판결에 의한 등기신청을 할 수 있다. ② 패소한 등기의무자는 그 판결에 기하여 직접 등기권리자 명의의 등기신청을 하거나 승소한 등기권리자를 대위하여 등기신청을 할 수 없다. ③ 공유물분할판결이 확정되면 그 소송 당사자는 원고·피고 여부에 관계없이 단독으로 공유물분할을 원인으로 한 지분이전등기를 신청할 수 있다.
첨부정보	① 판결에 의한 등기를 신청함에 있어 등기원인을 증명하는 정보로서 판결정본과 그 판결이 확정되었음을 증명하는 확정증명서를 첨부하여야 한다. ② 송달증명서의 제공을 요하지 않는다.

(2) 등기의 성질상 등기의무자가 없는 경우
① 소유권보존등기 또는 소유권보존등기의 말소등기는 등기명의인으로 될 자 또는 등기명의인이 단독으로 신청한다.
② 상속등기나 법인의 합병에 의한 소유권이전등기 등은 등기권리자가 단독으로 신청한다.
③ 부동산표시의 변경(경정)의 등기는 소유권의 등기명의인이 단독으로 신청한다.
④ 등기명의인표시의 변경(경정)의 등기는 해당 권리의 등기명의인이 단독으로 신청한다.

(3) 기타 법률의 규정에 의한 단독신청
① 혼동으로 소멸한 권리의 말소등기는 그 등기명의인이 단독으로 신청한다.
② 등기권리자가 등기의무자의 소재불명으로 인하여 공동으로 등기의 말소를 신청할 수 없는 때에는 「민사소송법」의 규정에 따라 공시최고 후 제권판결을 받아 신청서에 그 등본을 첨부하여 등기권리자만으로 등기의 말소를 신청할 수 있다.
　└ 공시최고절차를 거쳐 공시최고신청인의 신청에 대하여 법원이 실권(失權)선언을 하는 판결

3 상속인(포괄승계인)에 의한 신청

의의	등기원인이 발생한 후 그에 따른 등기를 신청하기 전에 등기권리자 또는 등기의무자가 사망한 경우에는 그 자의 상속인이나 그 밖의 포괄승계인이 그 등기를 신청할 수 있다(법 제27조).
신청 및 실행	① 등기원인은 상속이 아니라 '피상속인과 그 상대방의 매매 등'이다. ② 등기는 상속인과 피상속인과 계약한 상대방이 공동으로 신청한다. ③ 매매계약 후 매도인(甲)이 사망한 경우, 매도인의 상속인 명의로 상속등기를 생략하고 직접 매수인(乙) 명의로 소유권이전등기를 한다. ④ 매매계약 후 매수인(乙)이 사망한 경우, 매수인(乙) 명의로 등기를 하지 않고 직접 매수인(乙)의 상속인 명의로 소유권이전등기를 한다.
특칙	상속인에 의한 등기신청의 경우에는 신청정보상의 등기의무자의 표시와 등기기록상의 등기의무자의 표시가 서로 부합되지 않더라도 각하사유에 해당하지 아니한다(법 제29조 제7호).

4 대위신청

(1) 채권자대위권에 기한 대위신청

의의	① 甲·乙·丙이 순차로 부동산을 매매한 경우, 甲은 소유권이전등기절차에 협력할 의사를 가지고 있으나 乙이 등기신청을 하지 않고 있는 경우 乙의 채권자인 丙이 자기의 채권을 보전하기 위하여 乙의 등기신청권을 대위행사하여 甲으로부터 乙로의 등기를 신청할 수 있다. ② 이 경우 등기신청인은 乙이 아니라 채권자인 丙이 된다.
요건 및 절차	① 채권자가 채무자의 등기를 대위신청하기 위해서는 채권자에게도 보전할 채권이 존재하여야 한다. 채권자의 채권은 특정채권(등기청구권)이든 일반 금전채권이든 묻지 않는다. ② 채무자에게는 등기신청권이 있어야 한다. ③ 채권자가 채무자 명의의 등기를 대위신청하는 경우 제3자로부터 채무자 명의의 등기와 채무자로부터 자신 명의로의 등기를 동시에 신청하지 않더라도 수리하여야 한다.
실행 및 등기완료통지	① 대위신청에 의하여 표제부 및 갑구·을구에 등기를 함에 있어서는 대위자의 성명 또는 명칭, 주소 또는 사무소 소재지 및 대위원인을 기록하여야 한다. ② 등기를 완료한 후 등기명의인을 위한 등기필정보를 작성하지 않는다. ③ 반면, 등기를 신청한 대위채권자 및 등기권리자인 채무자에게 등기완료의 사실을 통지하여야 한다.

(2) 구분건물 및 멸실등기의 대위신청

구분건물	구분소유자 중 일부가 1동의 건물에 속하는 구분건물 중 일부만에 관하여 소유권보존등기를 신청하는 경우에는 나머지 구분건물의 표시에 관한 등기를 동시에 신청하여야 하는데, 이때 소유권보존등기를 신청하는 구분건물의 소유자는 1동에 속하는 다른 구분건물의 소유자를 대위하여 그 건물의 표시에 관한 등기를 신청할 수 있다(법 제46조).
멸실등기	건물소유자와 대지소유자가 다른 상태에서 건물이 멸실된 경우, 건물소유권의 등기명의인이 1개월 이내에 멸실등기를 신청하지 아니하면 그 건물대지의 소유자가 건물소유권의 등기명의인을 대위하여 그 등기를 신청할 수 있다(법 제43조 제2항).

5 대리인에 의한 등기신청

대상 및 자격	① 등기신청은 공동신청뿐만 아니라 단독신청, 상속인에 의한 등기신청, 대위신청, 촉탁의 경우에도 대리인에 의한 등기신청이 허용된다. ② 방문신청(e-Form 신청을 포함한다)의 경우 임의대리인의 자격에 관하여는 특별한 제한이 없으므로 변호사 또는 법무사가 아니라도 등기신청의 대리인이 될 수 있다. ③ 전자신청을 대리할 수 있는 자는 자격자대리인(변호사나 법무사)에 한한다.
자기계약, 쌍방대리	① 등기신청행위의 대리는 법률행위의 대리가 아니고 채무의 이행에 준하는 행위로 볼 수 있으므로 자기계약 및 쌍방대리가 허용된다. ② 예를 들어, 甲 소유 부동산에 대하여 甲과 乙이 매매계약을 체결한 경우, 매수인 乙이 매도인 甲에게 등기신청의 위임을 받으면 乙은 등기권리자 본인이면서 등기의무자 甲의 대리인으로 등기를 신청할 수 있다. 한편, 甲소유 부동산에 대하여 甲과 乙이 매매계약을 체결한 경우, 법무사 丙은 甲과 乙 쌍방을 대리하여 소유권이전등기를 신청할 수 있다.
대리권흠결의 효과	대리권 없는 자의 등기신청은 이를 각하하여야 하지만 이를 간과하고 등기가 실행된 경우, 본인의 추인이 있거나 그 등기가 실체관계와 부합하면 그 등기는 유효하다(법 제29조 제3호 위반).

6 전산정보처리조직에 의한 등기신청(전자신청)

의의	등기는 대법원규칙으로 정하는 바에 따라 전산정보처리조직을 이용하여 신청정보 및 첨부정보를 보내는 방법으로 신청할 수 있다. 전자신청을 할 수 있는 등기는 법원행정처장이 지정하는 등기유형으로 한정한다(법 제24조 제1항).
전자신청을 할 수 있는 자	① 등기소에 출석하여 사용자등록을 한 '자연인(외국인을 포함한다)'과 전자증명서를 발급받은 '법인'이 전자신청을 할 수 있다. 반면, 법인 아닌 사단과 재단은 전자신청을 할 수 없다(규칙 제67조 제1항). ② 본인을 대리하여 전자신청을 할 수 있는 자는 자격자대리인(변호사나 법무사)에 한한다(규칙 제67조 제1항).
사용자등록	① 전자신청을 하기 위해서는 그 등기신청을 하는 당사자 또는 등기신청을 대리할 수 있는 자격자대리인이 최초의 등기신청 전에 사용자등록을 하여야 한다(규칙 제68조 제1항). 사용자등록을 한 자격자대리인에게 전자신청을 위임한 경우 당사자는 사용자등록을 할 필요가 없다. ② 사용자등록을 신청하는 당사자 또는 자격자대리인은 등기소에 출석하여 신청서를 제출하여야 한다. ③ 사용자등록을 신청할 등기소는 주소지나 사무소 소재지 관할 및 그 이외의 아무 등기소에서도 할 수 있다. ④ 사용자등록 신청서에는 「인감증명법」에 따라 신고한 인감을 날인하고, 그 인감증명과 함께 주소를 증명하는 서면의 사본도 첨부하여야 한다. ⑤ 사용자등록의 유효기간은 3년으로 한다. 사용자등록의 유효기간 만료일 3개월 전부터 만료일까지는 그 유효기간의 연장을 신청할 수 있으며, 그 연장기간은 3년으로 한다. 이 경우 유효기간 연장은 전자문서로 신청할 수 있다.
전자신청의 방법	① 전산정보처리조직을 이용하여 등기를 신청하는 경우에는 출석주의 위반으로 인한 각하사유를 적용하지 아니한다(법 제29조 제4호). ② 전자신청을 하는 경우에는 신청정보의 내용으로 등기소에 제공하여야 하는 정보를 전자문서로 등기소에 송신하여야 한다. 이 경우 사용자등록번호도 함께 송신하여야 한다. ③ 전자문서를 송신할 때에는 신청인 또는 문서작성자의 전자서명정보(인증서 등)를 함께 송신하여야 한다. ④ 인감증명을 제출하여야 하는 자가 인증서정보를 송신한 때에는 인감증명서정보의 송신을 요하지 않는다.
전자표준양식 (e-Form)	① 전자표준양식에 의한 신청은 전자신청이 아니라 방문신청에 해당한다. ② 전자표준양식에 의한 경우, 자격자대리인이 아니라도 타인을 대리하여 등기를 신청할 수 있다.

기본문제와 완성문제로 단단기출

01 절차법상 등기권리자와 등기의무자를 옳게 설명한 것을 모두 고른 것은? 제31회

완성 기출

㉠ 甲 소유로 등기된 토지에 설정된 乙 명의의 근저당권을 丙에게 이전하는 등기를 신청하는 경우, 등기의무자는 乙이다.
㉡ 甲에서 乙로, 乙에서 丙으로 순차로 소유권이전등기가 이루어졌으나 乙 명의의 등기가 원인무효임을 이유로 甲이 丙을 상대로 丙 명의의 등기 말소를 명하는 확정판결을 얻은 경우, 그 판결에 따른 등기에 있어서 등기권리자는 甲이다.
㉢ 채무자 甲에서 乙로 소유권이전등기가 이루어졌으나 甲의 채권자 丙이 등기원인이 사해행위임을 이유로 그 소유권이전등기의 말소판결을 받은 경우, 그 판결에 따른 등기에 있어서 등기권리자는 甲이다.

① ㉡
② ㉢
③ ㉠, ㉡
④ ㉠, ㉢
⑤ ㉡, ㉢

키워드 등기권리자와 등기의무자

난이도

해설 ㉠ 丙이 등기권리자가 되고 乙이 등기의무자가 되어 공동으로 근저당권이전등기를 신청한다.
㉢ 丙이 甲을 대위하여 乙 명의의 소유권이전등기의 말소등기를 신청하는 것이므로 절차법상의 등기권리자는 甲이다.
㉡ 甲이 乙을 대위하여 丙 명의의 소유권이전등기의 말소등기를 신청하는 것이므로 절차법상의 등기권리자는 乙이다.

정답 01 ④

02 단독으로 신청할 수 있는 등기를 모두 고른 것은? (단, 판결에 의한 신청은 제외) 제27회

ㄱ. 소유권보존등기의 말소등기
ㄴ. 근저당권의 채권최고액을 감액하는 변경등기
ㄷ. 법인합병을 원인으로 한 저당권이전등기
ㄹ. 특정유증으로 인한 소유권이전등기
ㅁ. 승역지에 지역권설정등기를 하였을 경우, 요역지지역권등기

① ㄱ, ㄷ
② ㄱ, ㄹ
③ ㄴ, ㄹ
④ ㄱ, ㄷ, ㅁ
⑤ ㄷ, ㄹ, ㅁ

키워드 단독신청

난이도

해설 ㄱ 소유권보존등기의 말소등기는 소유권의 등기명의인이 단독으로 신청한다.
ㄷ 법인합병을 원인으로 한 저당권이전등기는 합병 후 법인이 단독으로 신청한다.
ㄴ 근저당권의 채권최고액을 감액하는 변경등기는 근저당권설정자와 근저당권자가 공동으로 신청한다.
ㄹ 특정유증으로 인한 소유권이전등기는 수증자가 등기권리자가 되고, 상속인이나 유언집행자가 등기의 무자가 되어 공동으로 신청한다.
ㅁ 승역지에 지역권설정등기를 하였을 경우, 요역지지역권등기는 등기관이 직권으로 등기한다.

정답 02 ①

03 기본 기출

등기권리자 또는 등기명의인이 단독으로 신청하는 등기에 관한 설명으로 **틀린** 것을 모두 고른 것은?

제28회

> ㉠ 등기의 말소를 공동으로 신청해야 하는 경우, 등기의무자의 소재불명으로 제권판결을 받으면 등기권리자는 그 사실을 증명하여 단독으로 등기의 말소를 신청할 수 있다.
> ㉡ 수용으로 인한 소유권이전등기를 하는 경우, 등기권리자는 그 목적물에 설정되어 있는 근저당권설정등기의 말소등기를 단독으로 신청하여야 한다.
> ㉢ 이행판결에 의한 등기는 승소한 등기권리자가 단독으로 신청할 수 있다.
> ㉣ 말소등기 신청 시 등기의 말소에 대하여 등기상 이해관계 있는 제3자의 승낙이 있는 경우, 그 제3자 명의 등기는 등기권리자의 단독신청으로 말소된다.
> ㉤ 등기명의인 표시변경등기는 해당 권리의 등기명의인이 단독으로 신청할 수 있다.

① ㉠, ㉢
② ㉠, ㉣
③ ㉡, ㉣
④ ㉡, ㉤
⑤ ㉢, ㉤

키워드 단독신청

난이도

해설 ㉡ 수용으로 인한 소유권이전등기를 하는 경우, 등기관은 그 목적물에 설정되어 있는 근저당권설정등기를 직권으로 말소한다(법 제99조 제4항 본문).
㉣ 말소등기 시 말소할 등기를 목적으로 하는 제3자의 승낙이 있을 경우 이해관계 있는 제3자 명의의 등기는 등기관이 직권으로 말소한다(법 제57조).

정답 03 ③

04 甲이 그 소유의 부동산을 乙에게 매도한 경우에 관한 설명으로 틀린 것은? 제30회

기본 기출

① 乙이 부동산에 대한 소유권을 취득하기 위해서는 소유권이전등기를 해야 한다.
② 乙은 甲의 위임을 받더라도 그의 대리인으로서 소유권이전등기를 신청할 수 없다.
③ 乙이 소유권이전등기신청에 협조하지 않는 경우, 甲은 乙에게 등기신청에 협조할 것을 소구(訴求)할 수 있다.
④ 甲이 소유권이전등기신청에 협조하지 않는 경우, 乙은 승소판결을 받아 단독으로 소유권이전등기를 신청할 수 있다.
⑤ 소유권이전등기가 마쳐지면, 乙은 등기신청을 접수한 때 부동산에 대한 소유권을 취득한다.

키워드 등기
난이도

해설 대리인은 본인의 허락이 없으면 본인을 위하여 자기와 법률행위를 하거나 동일한 법률행위에 관하여 당사자 쌍방을 대리하지 못한다. 그러나 채무의 이행은 할 수 있다(민법 제124조). 등기신청행위는 '채무의 이행'에 준하는 것으로 해석하므로 乙이 甲의 위임을 받은 경우 그의 대리인으로서 소유권이전등기를 신청할 수 있다.

05 등기신청에 관한 설명으로 틀린 것은? 제23회

완성 기출

① 공동신청이 요구되는 등기라 하더라도 다른 일방의 의사표시를 명하는 이행판결이 있는 경우에는 단독으로 등기를 신청할 수 있다.
② 甲 소유 부동산에 관하여 甲과 乙이 매매계약을 체결한 후 아직 등기신청을 하지 않고 있는 동안, 매도인 甲이 사망한 경우에는 상속등기를 생략하고 甲의 상속인이 등기의무자가 되어 그 등기를 신청할 수 있다.
③ 유증으로 인한 소유권이전등기는 수증자를 등기권리자, 유언집행자 또는 상속인을 등기의무자로 하여 공동으로 신청하여야 한다.
④ 같은 채권의 담보를 위하여 소유자가 다른 여러 개의 부동산에 대한 저당권설정등기를 신청하는 경우, 1개의 신청정보로 일괄하여 신청할 수 없다.
⑤ 甲, 乙, 丙 순으로 소유권이전등기가 된 상태에서 甲이 乙과 丙을 상대로 원인무효에 따른 말소판결을 얻은 경우 甲이 확정판결에 의해 丙 명의의 등기의 말소를 신청할 때에는 乙을 대위하여 신청하여야 한다.

키워드 등기의 개시 유형
난이도

해설 등기의 신청은 1건당 1개의 부동산에 관한 신청정보를 제공하는 방법으로 하여야 한다. 다만, 같은 채권의 담보를 위하여 소유자가 다른 여러 개의 부동산에 대한 저당권설정등기를 신청하는 경우, 1건의 신청정보로 일괄하여 신청할 수 있다(규칙 제47조 제1항 제1호).

정답 04 ② 05 ④

06 채권자 甲이 채권자대위권에 의하여 채무자 乙을 대위하여 등기신청하는 경우에 관한 설명으로 옳은 것을 모두 고른 것은?   제31회

> ㉠ 乙에게 등기신청권이 없으면 甲은 대위등기를 신청할 수 없다.
> ㉡ 대위등기신청에서는 乙이 등기신청인이다.
> ㉢ 대위등기를 신청할 때 대위원인을 증명하는 정보를 첨부하여야 한다.
> ㉣ 대위신청에 따른 등기를 한 경우, 등기관은 乙에게 등기완료의 통지를 하여야 한다.

① ㉠, ㉡
② ㉠, ㉢
③ ㉡, ㉣
④ ㉠, ㉢, ㉣
⑤ ㉡, ㉢, ㉣

키워드 채권자대위
난이도
해설 채권자대위등기신청에서는 대위채권자 甲이 신청인이 되어 채무자(=등기권리자) 乙 명의의 등기를 신청한다.

07 등기신청인에 관한 설명 중 옳은 것을 모두 고른 것은?   제33회

> ㉠ 부동산표시의 변경이나 경정의 등기는 소유권의 등기명의인이 단독으로 신청한다.
> ㉡ 채권자가 채무자를 대위하여 등기신청을 하는 경우, 채무자가 등기신청인이 된다.
> ㉢ 대리인이 방문하여 등기신청을 대리하는 경우, 그 대리인은 행위능력자임을 요하지 않는다.
> ㉣ 부동산에 관한 근저당권설정등기의 말소등기를 함에 있어 근저당권설정 후 소유권이 제3자에게 이전된 경우, 근저당권설정자 또는 제3취득자는 근저당권자와 공동으로 그 말소등기를 신청할 수 있다.

① ㉠, ㉢
② ㉡, ㉣
③ ㉠, ㉢, ㉣
④ ㉡, ㉢, ㉣
⑤ ㉠, ㉡, ㉢, ㉣

키워드 등기신청인
난이도
해설 채권자가 채무자를 대위하여 등기신청을 하는 경우, 대위권자인 채권자가 등기신청인이 된다.

정답 06 ④ 07 ③

08 등기신청에 관한 설명으로 틀린 것은? (다툼이 있으면 판례에 따름)   제33회

① 상속인이 상속포기를 할 수 있는 기간 내에는 상속인의 채권자가 대위권을 행사하여 상속등기를 신청할 수 없다.
② 가등기를 마친 후에 가등기권자가 사망한 경우, 그 상속인은 상속등기를 할 필요 없이 상속을 증명하는 서면을 첨부하여 가등기의무자와 공동으로 본등기를 신청할 수 있다.
③ 건물이 멸실된 경우, 그 건물소유권의 등기명의인이 1개월 이내에 멸실등기신청을 하지 않으면 그 건물대지의 소유자가 그 건물소유권의 등기명의인을 대위하여 멸실등기를 신청할 수 있다.
④ 피상속인으로부터 그 소유의 부동산을 매수한 매수인이 등기신청을 하지 않고 있던 중 상속이 개시된 경우, 상속인은 신분을 증명할 수 있는 서류를 첨부하여 피상속인으로부터 바로 매수인 앞으로 소유권이전등기를 신청할 수 있다.
⑤ 1동의 건물에 속하는 구분건물 중 일부만에 관하여 소유권보존등기를 신청하면서 나머지 구분건물의 표시에 관한 등기를 동시에 신청하는 경우, 구분건물의 소유자는 1동에 속하는 다른 구분건물의 소유자를 대위하여 그 건물의 표시에 관한 등기를 신청할 수 있다.

키워드 등기의 대위신청

난이도

해설 상속인이 상속포기를 할 수 있는 기간 내에도 상속인의 채권자가 대위권을 행사하여 상속등기를 신청할 수 있다. 이와 관련하여 판례는 "상속인이 한정승인 또는 포기를 할 수 있는 기간 내에 채권자가 상속인을 대위하여 상속등기를 하였다 하여 상속인의 한정승인 또는 포기할 수 있는 권한에는 아무런 영향도 미치는 것이 아니므로 채권자의 대위권 행사에 의한 상속등기를 거부할 수 없다."고 하였다(대결 1964.4.3, 63마54).

정답 08 ①

09 부동산등기에 관한 설명으로 옳은 것은?　　　　　　　　　　　　　　　제31회

① 저당권부채권에 대한 질권의 설정등기는 할 수 없다.
② 등기기록 중 다른 구(區)에서 한 등기 상호간의 등기한 권리의 순위는 순위번호에 따른다.
③ 대표자가 있는 법인 아닌 재단에 속하는 부동산의 등기에 관하여는 그 대표자를 등기권리자 또는 등기의무자로 한다.
④ 甲이 그 소유 부동산을 乙에게 매도하고 사망한 경우, 甲의 단독상속인 丙은 등기의무자로서 甲과 乙의 매매를 원인으로 하여 甲으로부터 乙로의 이전등기를 신청할 수 있다.
⑤ 구분건물로서 그 대지권의 변경이 있는 경우에는 구분건물의 소유권의 등기명의인은 1동의 건물에 속하는 다른 구분건물의 소유권의 등기명의인을 대위하여 그 변경등기를 신청할 수 없다.

| 키워드 | 매도하고 사망한 경우 |

| 해설 | ① 저당권부채권에 대한 질권의 설정등기를 할 수 있다.
② 등기기록 중 다른 구(區)에서 한 등기 상호간의 등기한 권리의 순위는 접수번호에 따른다.
③ 대표자가 있는 법인 아닌 재단에 속하는 부동산의 등기에 관하여는 그 재단을 등기권리자 또는 등기의무자로 한다(법 제26조 제1항).
⑤ 구분건물로서 그 대지권의 변경이나 소멸이 있는 경우에는 구분건물의 소유권의 등기명의인은 1동의 건물에 속하는 다른 구분건물의 소유권의 등기명의인을 대위하여 그 등기를 신청할 수 있다(법 제41조 제3항).

정답 09 ④

**에듀윌이
너를
지지할게**

ENERGY

뜨거운 가마 속에서 구워낸 도자기는
결코 빛이 바래는 일이 없다.

이와 마찬가지로 고난의 아픔에 단련된 사람의 인격은
영원히 변하지 않는다.

고난은 사람을 만드는 법이다.

– 쿠노 피셔(Kuno Fischer)

THEME 17

신청정보 및 첨부정보

| THEME 키워드 |
신청정보, 신청서의 작성 및 제공, 등기필정보의 제공 및 작성·통지, 부동산등기용등록번호 부여기관, 법인 아닌 사단의 등기신청 시 첨부정보, 첨부정보

기본으로 알아야 하는 대표기출

> **기출분석**
> - **기출회차**: 제29회
> - **키워드**: 신청서의 작성 및 제공
> - **난이도**: ■■■□

방문신청을 위한 등기신청서의 작성 및 제공에 관한 설명으로 틀린 것은?

① 등기신청서에는 신청인 또는 그 대리인이 기명날인하거나 서명하여야 한다.
② 신청서에 간인을 하는 경우, 등기권리자가 여러 명이고 등기의무자가 1명일 때에는 등기권리자 중 1명과 등기의무자가 간인하는 방법으로 한다.
③ 신청서에 문자를 삭제한 경우에는 그 글자 수를 난외(欄外)에 적으며 문자의 앞뒤에 괄호를 붙이고 이에 서명하고 날인하여야 한다.
④ 특별한 사정이 없는 한, 등기의 신청은 1건당 1개의 부동산에 관한 신청정보를 제공하는 방법으로 하여야 한다.
⑤ 같은 채권의 담보를 위하여 여러 개의 부동산에 대한 저당권설정등기를 신청하는 경우, 부동산의 관할 등기소가 서로 다르면 1건의 신청정보로 일괄하여 등기를 신청할 수 없다.

> **함정을 피하는 TIP**
> - 신청서를 작성하는 구체적인 방법을 알아야 한다.

| 해 설 |

신청서에 적은 문자의 정정, 삽입 또는 삭제를 한 경우에는 그 글자 수를 난외(欄外)에 적으며 문자의 앞뒤에 괄호를 붙이고 이에 날인 또는 서명하여야 한다. 이 경우 삭제한 문자는 해독할 수 있게 글자체를 남겨두어야 한다(규칙 제57조 제2항).

정답 ③

단단하게 정리하는 핵심이론

1 신청정보

(1) 신청정보의 작성방법

1건 1신청주의 (원칙)	등기의 신청은 1건당 1개의 부동산에 관한 신청정보를 제공하는 방법으로 하여야 한다(법 제25조 본문).
일괄신청 (예외)	① 등기목적과 등기원인이 동일하고 같은 등기소의 관할 내에 있는 여러 개의 부동산에 관한 신청정보를 일괄하여 제공하는 방법으로 할 수 있다(법 제25조 단서). ② 다음의 경우에는 1건의 신청정보로 일괄하여 신청하거나 촉탁할 수 있다(규칙 제47조 제1항). 이 경우 부동산의 관할등기소는 같아야 한다. 　㉠ 같은 채권의 담보를 위하여 소유자가 다른 여러 개의 부동산에 대한 저당권설정등기를 신청하는 경우 　㉡ 경매나 공매처분으로 인한 등기를 촉탁하는 경우
신청정보의 작성 및 제공 *서명: 자기의 이름을 직접 본인이 친필로 쓰는 것*	① 같은 등기소에 동시에 여러 건의 등기신청을 하는 경우에 첨부정보의 내용이 같은 것이 있을 때에는 먼저 접수되는 신청에만 그 첨부정보를 제공하고, 다른 신청에는 먼저 접수된 신청에 그 첨부정보를 제공하였다는 뜻을 신청정보의 내용으로 등기소에 제공하는 것으로 그 첨부정보의 제공을 갈음할 수 있다(규칙 제47조 제2항). ② 방문신청을 하는 경우에는 등기신청서에 신청인 또는 그 대리인이 기명날인 하거나 서명하여야 한다(규칙 제56조 제1항). ・기명: 자기의 이름을 표시하는 것 　　　　　　　　　　　　　　　　　　　　　　　　・날인: 도장을 찍는 것 ③ 신청서가 여러 장일 때에는 신청인 또는 그 대리인이 간인을 하여야 하고, 등기권리자 또는 등기의무자가 여러 명일 때에는 그중 1명이 간인하는 방법으로 한다. 다만, 신청서에 서명을 하였을 때에는 각 장마다 연결되는 서명을 함으로써 간인을 대신한다(규칙 제56조 제2항).

(2) 신청정보의 내용

필요적 제공사항	부동산의 표시	① 토지의 소재, 지번, 지목, 면적 ② 건물의 소재, 지번, 구조, 종류, 면적, 건물번호, 부속건물의 표시
	신청인	① 등기권리자가 2인 이상(공유)인 경우에는 신청정보에 그 지분을 제공하여야 한다. ② 등기할 권리가 합유인 때에는 그 뜻을 적어야 한다. 합유지분은 제공하지 않는다. ③ 대리인에 의한 신청의 경우는 대리인의 성명과 주소를 제공하여야 한다.
	등기원인과 연월일	등기원인인 법률행위가 시기부 또는 조건부인 경우에는 그 시기의 도래일 또는 조건의 성취일을 연월일로 제공한다.
	등기의 목적	신청하는 등기의 내용 내지 종류를 의미한다. 예를 들어, 소유권보존등기, 소유권이전등기, 전세권설정등기, 저당권이전등기 등을 말한다.
	등기필정보	① 등기필정보의 제공은 공동신청 또는 승소한 등기의무자의 단독신청에 의하여 권리에 관한 등기를 신청하는 경우로 한정한다. ② 승소한 등기권리자가 단독신청하는 경우는 제공하지 않는다.
	관할 등기소의 표시	–
임의적 제공사항	효력	임의적 제공사항이 등기되었을 때에는 대항력이 발생한다.
	특징	임의적 제공사항이 등기원인에 정해져 있는 경우에는 신청정보로 이를 제공하여야 한다.
	구체적인 예	① 등기원인에 권리의 소멸에 관한 약정이 있을 경우 신청인은 그 약정에 관한 등기를 신청할 수 있다. ② 등기원인에 공유물 분할금지약정이 있을 때에는 그 약정에 관한 사항도 신청정보의 내용으로 등기소에 제공하여야 한다. ③ 환매특약의 등기를 신청하는 경우 등기원인에 환매기간이 정하여져 있는 경우에만 이를 제공하여야 한다. ④ 지상권, 전세권 및 근저당권 등의 존속기간 등

(3) 등기필정보

의의	'등기필정보'란 등기부에 새로운 권리자가 기록되는 경우에 그 권리자를 확인하기 위하여 등기관이 작성한 정보를 말한다.
제공하는 경우	① 공동신청 또는 승소한 등기의무자의 단독신청에 의하여 권리에 관한 등기를 신청하는 경우로 한정한다(규칙 제43조 제1항 제7호). ② 공동신청 예: 유증에 의한 소유권이전등기, 상속인에 의한 등기신청 등
제공하지 않는 경우	① 단독신청: 소유권보존등기, 상속등기, 등기명의인의 표시변경등기, 부동산의 표시변경등기 ② 승소한 등기권리자가 단독신청하는 경우 ③ 관공서의 촉탁등기
제공할 수 없는 경우 (=멸실된 경우)	① 등기필정보는 어떠한 경우에도 재발급하지 않는다. ② 직접출석: 등기의무자 또는 그 법정대리인이 등기소에 출석하여 등기관으로부터 등기의무자 또는 그 법정대리인임을 확인받아야 한다. ③ 확인정보: 자격자대리인이 등기의무자 또는 그 법정대리인으로부터 위임받았음을 확인한 경우에는 그 확인한 사실을 증명하는 정보(이하 '확인정보'라 한다)를 첨부 정보로서 등기소에 제공하여야 한다. ④ 공증서면: 신청서나 위임장 중 등기의무자 또는 그 법정대리인의 작성부분에 관하여 공증을 받은 경우 이를 첨부정보로 제공하여야 한다.

▶ 등기신청정보 작성의 예

		소유권이전등기신청(매매)		
접수	○○년 ○○월 ○○일	처리인	등기관 확인	각종 통지
	제○○호			

부동산의 표시(거래신고관리번호/거래가액)

1동의 건물의 표시
    서울특별시 서초구 방배동 123　　삼성래미안아파트 103동
전유부분의 건물의 표시
    건물의 번호 : 103-11-1101
    구조:　　　철근콘크리트조
    면적:　　　11층 제1101호 132㎡
대지권의 표시
    토지의 표시
      1. 서울특별시 서초구 방배동 123　　대 21,400.6㎡
    대지권의 종류: 소유권
    대지권의 비율: 21,400.6분의 70.2
거래신고관리번호: 12345-2020-9-1234560　　거래가액: 650,000,000원

　　　　　　　　　　　　　　이　　　　　상

등기원인과 그 연월일	2023년 9월 1일 매매
등기의 목적	소유권 이전
이전할 지분	

구분	성명 (상호·명칭)	주민등록번호 (등기용등록번호)	주소(소재지)	지분 (개인별)
등기 의무자	김 세 연	750826- 2******	서울특별시 서초구 방배로 46길 60 삼성래미안아파트 103-1101	
등기 권리자	백 원 만	771125- 1******	서울특별시 서초구 서초대로 23길 15 105-1101(서초동 진흥아파트)	

시가표준액 및 국민주택채권매입금액		
부동산 표시	부동산별 시가표준액	부동산별 국민주택채권매입금액
1. 공동주택	금 ○○,○○○,○○○원	금 ○○○,○○○원
2.	금 원	금 원
3.	금 원	금 원
국 민 주 택 채 권 매 입 총 액		금 ○○○,○○○원
국 민 주 택 채 권 발 행 번 호		○ ○ ○

취득세(등록면허세)	금 원	지방교육세	금 원
^^	^^	농어촌특별세	금 원
세액합계	금 ○○○,○○○원		
등 기 신 청 수 수 료	금 14,000원		
^^	납부번호:		
^^	일괄납부: 건 원		

등기의무자의 등기필정보		
부동산고유번호	1102 – 2011 – 002634	
성명(명칭)	일련번호	비밀번호
김 세 연	WTDI – UPRV – P6H1	40 – 6557

첨 부 서 면

- 매매계약서   1통
- 취득세(등록면허세)영수필확인서   1통
- 등기신청수수료 영수필확인서   1통
- 위임장   통
- 등기필증   통
- 토지·임야·건축물대장등본   각 1통

- 주민등록표초본(또는 등본)   각 1통
- 부동산거래계약신고필증   1통
- 매매목록   1통
- 인감증명서나 본인서명사실확인서 또는
  전자본인서명확인서 발급증   1통
〈기타〉

2023년 10월 21일

위 신청인   김 세 연 ㊞ (전화: 010 – 1200 – 7766)
                백 원 만 ㊞ (전화: 010 – 1234 – 5678)

(또는) 위 대리인   (전화:)

서울중앙지방법원 등기국 귀중

– 신청서 작성요령 –

* 1. 부동산 표시란에 2개 이상의 부동산을 기재하는 경우에는 부동산의 일련번호를 기재하여야 합니다.
  2. 신청인란 등 해당란에 기재할 여백이 없을 경우에는 별지를 이용합니다.
  3. 담당 등기관이 판단하여 위의 첨부서면 외에 추가적인 서면을 요구할 수 있습니다.

2 등기원인을 증명하는 정보

의의	'등기원인을 증명하는 정보'란 등기할 권리변동의 원인인 법률행위 기타 법률사실의 성립을 증명하는 정보를 말한다.
예시	① 이전등기나 설정등기에서의 각종 계약서, 말소등기 시의 해지증서 등 ② 판결의 종류를 불문하고 판결정본 ③ 유증의 경우에는 유언증서
검인제도	계약을 원인으로 한 소유권이전등기를 신청할 때에는 계약서에 시장(또는 구청장)·군수 또는 그 권한의 위임을 받은 자(읍·면·동장)의 검인을 받아 이를 관할 등기소에 제출하여야 한다(부동산등기 특별조치법 제3조 제1항).

3 토지거래허가서 및 농지취득자격증명

(1) 토지거래허가서

제공요건	① 허가구역 내의 토지에 관한 소유권·지상권을 대가를 받고 이전·설정계약에 의한 이전·설정등기를 신청하는 경우에 시장·군수 또는 구청장 등의 허가를 증명하는 서면을 제공하여야 한다. ② 소유권·지상권의 이전·설정청구권 보전의 가등기를 신청하는 경우에는 토지거래허가증을 첨부하지만, 그 가등기에 기한 본등기를 신청하는 때에는 토지거래허가증을 첨부할 필요 없다.
제공 (○)	① 유상계약으로 인한 소유권과 지상권의 이전이나 설정등기 ② 소유권과 지상권의 이전이나 설정가등기
제공 (×)	① 증여, 유증, 법률의 규정(상속, 수용, 진정명의회복, 취득시효 등) ② 가등기에 기한 본등기

(2) 농지취득자격증명

제공요건	농지에 대한 계약을 원인으로 한 소유권이전등기를 신청하는 경우 농지취득자격증명을 첨부정보로 등기소에 제공하여야 한다.
제공 (○)	① 매매, 증여, 교환, 명의신탁해지, 「신탁법」상 신탁 또는 신탁해지 등을 원인으로 하여 소유권이전등기를 신청하는 경우 ② 국가나 지방자치단체로부터 농지를 매수하여 소유권이전등기를 하는 경우
제공 (×)	① 상속, 수용, 취득시효, 진정명의회복 등을 원인으로 소유권이전등기를 신청하는 경우 ⇨ 법률의 규정 ② 농지에 대한 공유물분할협의를 원인으로 소유권이전등기를 신청하는 경우 ③ 소유권이전청구권보전가등기를 신청하는 경우

4 등기권리자의 주소를 증명하는 정보

원칙	새로 등기명의인이 되는 등기권리자는 권리의 종류를 불문하고 주소 또는 사무소 소재지를 증명하는 정보를 제공하여야 한다.
예외	다만, 소유권이전등기를 신청하는 경우에는 등기의무자의 주소를 증명하는 정보도 제공하여야 한다.

5 부동산등기용등록번호

부동산등기용등록번호는 다음의 구분에 따라 부여한다(법 제49조).

국가 · 지방자치단체 · 국제기관 · 외국정부	국토교통부장관이 지정 · 고시
주민등록번호가 없는 재외국민	대법원 소재지 관할 등기소의 등기관이 부여
법인 (외국법인을 포함한다)	주된 사무소(회사의 경우에는 본점, 외국법인의 경우에는 국내에 최초로 설치 등기를 한 영업소나 사무소를 말한다) 소재지 관할 등기소의 등기관이 부여
법인 아닌 사단 · 재단, 국내에 영업소(사무소)의 설치 등기를 하지 아니한 외국법인	시장 · 군수 · 구청장이 부여
외국인	체류지(국내에 체류지가 없는 경우에는 대법원 소재지에 체류지가 있는 것으로 본다)를 관할하는 지방출입국 · 외국인관서의 장이 부여

6 대장등본 기타 부동산의 표시를 증명하는 정보

제공하는 경우	① 부동산의 표시변경등기나 멸실등기를 신청하는 경우 ② 소유권보존등기와 소유권이전등기를 신청하는 경우
유효기간	토지대장·임야대장의 등본 또는 건축물대장등본은 발행일로부터 3개월 이내의 것이어야 한다.

7 건물의 도면 또는 지적도면(제공하는 경우)

용익권등기	① 건물이나 토지의 일부에 대한 지상권·지역권·전세권·임차권설정등기 시(규칙 제126조, 제127조, 제128조, 제130조) ② 건물이나 토지의 일부에 지상권·지역권·전세권이나 임차권의 등기가 있는 경우에 그 건물이나 토지의 분할의 등기를 신청할 때(규칙 제74조, 제95조) ③ 건물이나 토지의 전부에 대한 지상권·지역권·전세권·임차권설정등기 시에는 제공하지 않는다.

8 법인 아닌 사단이나 재단

종중, 문중, 그 밖에 대표자나 관리인이 있는 법인 아닌 사단이나 재단이 등기를 신청하는 경우에는 다음의 정보를 첨부정보로서 등기소에 제공하여야 한다(규칙 제48호).

① 정관이나 그 밖의 규약
② 대표자나 관리인임을 증명하는 정보. 다만, 등기되어 있는 대표자나 관리인이 신청하는 경우에는 그러하지 아니하다.
③ 사원총회결의서는 법인 아닌 사단이 등기의무자인 경우로 한정한다.
④ 대표자나 관리인의 주소 및 주민등록번호를 증명하는 정보

기본문제와 완성문제로 **단단기출**

01 매매를 원인으로 한 토지소유권이전등기를 신청하는 경우에 「부동산등기규칙」상 신청정보의 내용
으로 등기소에 제공해야 하는 사항으로 옳은 것은? 제33회

① 등기권리자의 등기필정보
② 토지의 표시에 관한 사항 중 면적
③ 토지의 표시에 관한 사항 중 표시번호
④ 신청인이 법인인 경우에 그 대표자의 주민등록번호
⑤ 대리인에 의하여 등기를 신청하는 경우에 그 대리인의 주민등록번호

> **키워드** 신청정보
> **난이도**
> **해설** ② 토지의 표시에 관한 사항으로 소재, 지번, 지목, 면적을 제공하여야 한다.
> ① 등기권리자의 등기필정보가 아니라 등기의무자의 등기필정보를 제공하여야 한다.
> ③ 표시번호는 토지의 표시에 해당하지 않는다.
> ④ 신청인이 법인인 경우에 그 대표자의 성명과 주소는 제공하지만, 주민등록번호는 제공하지 않는다.
> ⑤ 대리인에 의하여 등기를 신청하는 경우에 그 대리인의 성명과 주소는 제공하지만, 주민등록번호는 제
>   공하지 않는다.

정답 **01** ②

02 등기필정보에 관한 설명으로 틀린 것은?

제30회

① 승소한 등기의무자가 단독으로 등기를 신청한 경우, 등기필정보를 등기권리자에게 통지하지 않아도 된다.
② 등기관이 새로운 권리에 관한 등기를 마친 경우, 원칙적으로 등기필정보를 작성하여 등기권리자에게 통지하여야 한다.
③ 등기권리자가 등기필정보를 분실한 경우, 관할 등기소에 재교부를 신청할 수 있다.
④ 승소한 등기의무자가 단독으로 권리에 관한 등기를 신청하는 경우, 그의 등기필정보를 등기소에 제공해야 한다.
⑤ 등기관이 법원의 촉탁에 따라 가압류등기를 하기 위해 직권으로 소유권보존등기를 한 경우, 소유자에게 등기필정보를 통지하지 않는다.

> 키워드 〉 등기필정보의 제공 및 작성·통지
> 난이도 〉
> 해설 〉 등기소는 등기필정보가 멸실 또는 분실되더라도 그 사유를 불문하고 이를 재교부하지 않는다. 이를 갈음하기 위하여 확인제도를 두고 있다.

03 부동산등기용등록번호에 관한 설명으로 옳은 것은?

제27회

① 법인의 등록번호는 주된 사무소 소재지를 관할하는 시장, 군수 또는 구청장이 부여한다.
② 주민등록번호가 없는 재외국민의 등록번호는 대법원 소재지 관할 등기소의 등기관이 부여한다.
③ 외국인의 등록번호는 체류지를 관할하는 시장, 군수 또는 구청장이 부여한다.
④ 법인 아닌 사단의 등록번호는 주된 사무소 소재지 관할 등기소의 등기관이 부여한다.
⑤ 국내에 영업소나 사무소의 설치 등기를 하지 아니한 외국법인의 등록번호는 국토교통부장관이 지정·고시한다.

> 키워드 〉 부동산등기용등록번호 부여기관
> 난이도 〉
> 해설 〉 부동산등기용등록번호는 다음의 방법에 따라 부여한다(법 제49조 제1항).
> 1. 국가·지방자치단체·국제기관 및 외국정부: 국토교통부장관이 지정·고시한다.
> 2. 주민등록번호가 없는 재외국민: 대법원 소재지 관할 등기소의 등기관이 부여한다.
> 3. 법인: 주된 사무소 소재지 관할 등기소의 등기관이 부여한다.
> 4. 법인 아닌 사단이나 재단 및 국내에 영업소나 사무소의 설치 등기를 하지 아니한 외국법인: 시장, 군수 또는 구청장(자치구가 아닌 구의 구청장을 포함한다)이 부여한다.
> 5. 외국인: 체류지(국내에 체류지가 없는 경우에는 대법원 소재지에 체류지가 있는 것으로 본다)를 관할하는 지방출입국·외국인관서의 장이 부여한다.

정답 02 ③ 03 ②

04 법인 아닌 사단이 등기신청을 하는 경우, 등기소에 제공하여야 할 정보에 관한 설명으로 틀린 것은?   제26회

① 대표자의 성명, 주소 및 주민등록번호를 신청정보의 내용으로 제공하여야 한다.
② 법인 아닌 사단이 등기권리자인 경우, 사원총회결의가 있었음을 증명하는 정보를 첨부정보로 제공하여야 한다.
③ 등기되어 있는 대표자가 등기를 신청하는 경우, 대표자임을 증명하는 정보를 첨부정보로 제공할 필요가 없다.
④ 대표자의 주소 및 주민등록번호를 증명하는 정보를 첨부정보로 제공하여야 한다.
⑤ 정관이나 그 밖의 규약의 정보를 첨부정보로 제공하여야 한다.

> 키워드 > 법인 아닌 사단의 등기신청 시 첨부정보
> 난이도 >
> 해설 > 사원총회결의가 있었음을 증명하는 정보를 첨부정보로 제공하는 경우는 법인 아닌 사단이 등기의무자로 등기를 신청하는 경우로 한정한다(규칙 제48조 제3호).

정답 04 ②

05 등기신청을 위한 첨부정보에 관한 설명으로 옳은 것을 모두 고른 것은?

제34회

㉠ 토지에 대한 표시변경등기를 신청하는 경우, 등기원인을 증명하는 정보로서 토지대장정보를 제공하면 된다.
㉡ 매매를 원인으로 소유권이전등기를 신청하는 경우, 등기의무자의 주소를 증명하는 정보도 제공하여야 한다.
㉢ 상속등기를 신청하면서 등기원인을 증명하는 정보로서 상속인 전원이 참여한 공정증서에 의한 상속재산분할협의서를 제공하는 경우, 상속인들의 인감증명을 제출할 필요가 없다.
㉣ 농지에 대한 소유권이전등기를 신청하는 경우, 등기원인을 증명하는 정보가 집행력 있는 판결인 때에는 특별한 사정이 없는 한 농지취득자격증명을 첨부하지 않아도 된다.

① ㉠, ㉡
② ㉢, ㉣
③ ㉠, ㉡, ㉢
④ ㉠, ㉢, ㉣
⑤ ㉡, ㉢, ㉣

키워드 첨부정보

난이도

해설 ㉠ 토지의 표시변경등기를 신청하는 경우에는 그 변경을 증명하는 토지대장 정보나 임야대장 정보를 첨부정보로서 등기소에 제공하여야 한다(규칙 제72조 제2항).
㉡ 매매를 원인으로 소유권이전등기를 신청하는 경우, 등기권리자뿐만 아니라 등기의무자의 주소를 증명하는 정보도 제공하여야 한다(규칙 제46조 제1항 제6호).
㉢ 상속재산분할협의서 등이 공정증서인 경우에는 인감증명을 제출할 필요가 없다(규칙 제60조 제4항).
㉣ 등기원인을 증명하는 정보가 집행력 있는 판결인 경우에는 제3자의 허가 등을 증명하는 정보를 제공할 필요가 없다. 다만, 등기원인에 대하여 행정관청의 허가, 동의 또는 승낙을 받을 것이 요구되는 소유권이전등기를 신청할 때에는 그 허가, 동의 또는 승낙을 증명하는 서면을 제출하여야 하므로(규칙 제46조 제3항, 부동산등기 특별조치법 제5조 제1항) 농지에 대한 소유권이전등기를 신청하는 경우, 등기원인을 증명하는 정보가 집행력 있는 판결인 때에는 농지취득자격증명을 첨부하여야 한다.

정답 05 ③

THEME 18. 등기관의 처분 및 이의신청

□ 1회독 □ 2회독

| THEME 키워드 |
각하사유, 법 제29조 제2호의 위반사유, 직권말소, 등기필정보, 등기완료통지, 이의신청, 등기관의 처분에 대한 이의

기본으로 알아야 하는 대표기출

▶ 기출분석
- 기출회차: 제30회
- 키워드: 각하사유
- 난이도:

등기관이 등기신청을 각하해야 하는 경우를 모두 고른 것은?

㉠ 일부지분에 대한 소유권보존등기를 신청한 경우
㉡ 농지를 전세권의 목적으로 하는 등기를 신청한 경우
㉢ 법원의 촉탁으로 실행되어야 할 등기를 신청한 경우
㉣ 공동상속인 중 일부가 자신의 상속지분만에 대한 상속등기를 신청한 경우
㉤ 저당권을 피담보채권과 분리하여 다른 채권의 담보로 하는 등기를 신청한 경우

① ㉠, ㉡, ㉤
② ㉠, ㉢, ㉣
③ ㉠, ㉢, ㉣, ㉤
④ ㉡, ㉢, ㉣, ㉤
⑤ ㉠, ㉡, ㉢, ㉣, ㉤

▶ 함정을 피하는 TIP
- 법 제29조 제2호 '사건이 등기할 것이 아닌 경우'에 해당하는 사유를 구체적으로 알아야 한다.

해설
㉠㉡㉢㉣㉤ 모두 법 제29조 제2호의 위반사유에 해당한다.

정답 ⑤

단단하게 정리하는 핵심이론

1 등기신청의 접수 및 심사

접수 시점	등기신청은 해당 부동산이 다른 부동산과 구별될 수 있게 하는 등기신청정보가 전산정보처리조직에 저장된 때 접수된 것으로 본다(법 제6조 제1항, 규칙 제3조).
동시신청	다음의 등기는 동시에 신청하여야 하는 것으로 이를 위반한 경우 각하의 사유가 된다. ① 환매특약등기와 소유권이전등기는 별개의 신청정보로 동시에 신청하여야 한다(민법 제592조). ② 신탁등기와 신탁으로 인한 소유권이전등기는 동일한 신청정보로 동시에 신청하여야 한다(법 제82조). ③ 1동의 건물에 속하는 구분건물 중 일부만에 관하여 소유권보존등기를 신청하는 경우에는 나머지 구분건물의 표시에 관한 등기를 동시에 신청하여야 한다(법 제46조 제1항).
형식적 심사주의	등기신청을 할 때 제공한 신청정보 및 첨부정보와 등기기록만을 자료로 하여 수리 여부를 심사하는 형식적 심사주의를 취하고 있다.

2 등기신청의 각하

(1) 의의

등기관이 신청한 등기에 대하여 등기기록에 등재를 거부하는 처분행위를 '각하'라고 한다.

(2) 각하사유(법 제29조)

등기관은 다음의 어느 하나에 해당하는 경우에만 이유를 적은 결정으로 신청을 각하하여야 한다.
① 제1호: 사건이 그 등기소의 관할이 아닌 경우
② 제2호: 사건이 등기할 것이 아닌 경우. 다음의 어느 하나에 해당하는 경우가 이에 해당한다(규칙 제52조).

> ㉠ 등기능력 없는 물건 또는 권리에 대한 등기를 신청한 경우(예 가설건축물, 교량, 폐유조선/점유권, 유치권, 동산질권, 주위토지통행권 등)
> ㉡ 법령에 근거가 없는 특약사항의 등기를 신청한 경우
> ㉢ 구분건물의 전유부분과 대지사용권의 분리처분 금지에 위반한 등기를 신청한 경우
> ㉣ 농지를 전세권설정의 목적으로 하는 등기를 신청한 경우
> ㉤ 저당권을 피담보채권과 분리하여 양도하거나, 피담보채권과 분리하여 다른 채권의 담보로 하는 등기를 신청한 경우
> ㉥ 일부 지분에 대한 소유권보존등기를 신청한 경우
> ㉦ 공동상속인 중 일부가 자신의 상속지분만에 대한 상속등기를 신청한 경우
> ㉧ 관공서 또는 법원의 촉탁으로 실행되어야 할 등기를 신청한 경우(예 가압류등기, 가처분등기 등)
> ㉨ 이미 보존등기된 부동산에 대하여 다시 보존등기를 신청한 경우
> ㉩ 그 밖에 신청취지 자체에 의하여 법률상 허용될 수 없음이 명백한 등기를 신청한 경우

핵심단단 그 밖에 법률상 허용될 수 없는 경우

❶ 사건이 등기할 것이 아닌 경우(= 법 제29조 제2호)

구분	지상권, 지역권, 전세권, 임차권	소유권이전, 저당권, 가압류, 가처분	소유권보존
부동산의 일부	○	× (각하)	× (각하)
소유권의 일부 (= 지분)	× (각하)	○	× (각하)

❷ 사건이 등기할 것이 아닌 경우(= 법 제29조 제2호)의 예시

구분	등기할 수 있는 경우	등기할 수 없는 경우(= 각하사유)
1	공유자 중의 1인이 신청하는 공유자 전원 명의 보존등기	공유자 중의 1인이 신청하는 자기 지분만의 보존등기
2	공동상속인 중의 1인이 신청하는 상속인 전원 명의의 상속등기	공동상속인 중의 1인이 신청하는 자기 지분만의 상속등기
3	수인의 가등기권리자 중 1인이 신청하는 자기 지분만의 본등기	수인의 가등기권리자 중 1인이 신청하는 가등기권리자 전원 명의의 본등기
4	포괄유증의 경우 수증자 1인이 신청하는 자기 지분만의 소유권이전등기	포괄유증의 경우 수증자 1인의 전원 명의의 소유권이전등기 신청
5	가등기상 권리의 처분을 금지하는 가처분등기	가등기에 기한 본등기를 금지하는 가처분등기
6	처분금지가처분등기에 반하는 소유권이전등기나 근저당권설정등기	—
7	공유지분에 대한 이전등기, 저당권설정등기, 가압류등기	합유지분에 대한 이전등기, 저당권설정등기, 가압류등기

③ 제3호: 신청할 권한이 없는 자가 신청한 경우(예 무권대리인의 등기신청)
④ 제4호: 방문신청 규정에 따라 등기를 신청할 때에 당사자나 그 대리인이 출석하지 아니한 경우
   ⇨ '전자신청'의 경우에는 적용되지 않는다.
⑤ 제5호: 신청정보의 제공이 대법원규칙으로 정한 방식에 맞지 아니한 경우
⑥ 제6호: 신청정보의 부동산 또는 등기의 목적인 권리의 표시가 등기기록과 일치하지 아니한 경우
⑦ 제7호: 신청정보의 등기의무자의 표시가 등기기록과 일치하지 아니한 경우. 다만, 포괄승계인이 등기신청을 하는 경우는 제외한다.
⑧ 제8호: 신청정보와 등기원인을 증명하는 정보가 일치하지 아니한 경우

⑨ 제9호: 등기에 필요한 첨부정보를 제공하지 아니한 경우 ⇨ '위조된 첨부정보'를 제9호 위반으로 해석한다.

⑩ 제10호: 취득세, 등록면허세 또는 수수료를 내지 아니하거나 등기신청과 관련하여 다른 법률에 따라 부과된 의무를 이행하지 아니한 경우

⑪ 제11호: 신청정보 또는 등기기록의 부동산의 표시가 토지대장·임야대장 또는 건축물대장과 일치하지 아니한 경우

(3) 각하사유를 간과하고 실행한 등기의 효력

구분	등기의 효력	이의신청	직권말소
제1호~제2호 위반	절대적 무효	○	○
제3호~제11호 위반	실체관계와 부합하면 유효	×	×

⚠ 1. 관할 위반인 등기는 그 등기가 실체관계와 부합하는 경우라도 등기관은 이를 직권으로 말소할 수 있다(제1호 위반).
2. 甲 소유 건물에 대한 乙 명의의 유치권등기를 등기관은 직권으로 말소할 수 있다(제2호 위반).
3. 甲 소유 농지에 대한 乙의 전세권설정등기를 등기관은 직권으로 말소할 수 있다(제2호 위반).
4. 공동상속인 甲과 乙 중 乙의 상속지분만에 대한 상속등기를 등기관은 직권으로 말소할 수 있다(제2호 위반).
5. 등기신청 대리권이 없는 자가 신청대리를 하여 이루어진 등기라도 그 등기원인사실이 실체관계와 부합되는 경우는 등기관이 이를 직권으로 말소할 수 없다(제3호 위반).
6. 위조된 甲의 인감증명에 의하여 甲으로부터 乙 명의로 마쳐진 소유권이전등기를 실체관계와 부합하는 경우 등기관은 이를 직권으로 말소할 수 없다(제9호 위반).

3 등기의 실행

실행 및 식별부호 기록	① 등기관은 접수번호의 순서에 따라 등기사무를 처리하여야 한다. ② 등기관이 등기사무를 처리한 때에는 등기사무를 처리한 등기관이 누구인지 알 수 있는 조치로서 각 등기관이 미리 부여받은 식별부호를 기록하여야 한다. ③ 식별부호를 기록하는 때 등기를 마친 것으로 본다.
등기의 효력발생시기	등기관이 등기를 마친 경우 그 등기는 접수한 때부터 효력을 발생한다(법 제6조 제2항).

4 등기필정보의 작성 및 통지

의의	'등기필정보'란 등기부에 새로운 권리자가 기록되는 경우에 그 권리자를 확인하기 위하여 등기관이 작성한 정보를 말한다(법 제2조 제4호).
작성하는 등기	등기관이 등기권리자의 신청에 의하여 다음 중 어느 하나의 등기를 하는 때에는 등기필정보를 작성하여야 한다. ⇨ 등기권리자의 신청으로 새로운 등기권리자가 등기부에 기록되는 경우 ① 등기할 수 있는 권리로 규정하고 있는 권리를 보존, 설정, 이전하는 등기를 하는 경우 ② 위 ①의 권리의 설정 또는 이전 청구권보전을 위한 가등기를 하는 경우 ③ 권리자를 추가하는 경정 또는 변경등기(예 甲 단독소유를 甲·乙 공유로 경정하는 경우나 합유자가 추가되는 합유명의인표시변경등기 등)를 하는 경우
작성·통지하지 않는 등기	① 등기권리자가 등기필정보의 통지를 원하지 아니하는 경우 ② 등기필정보를 전산정보처리조직으로 통지받아야 할 자가 수신이 가능한 때부터 3개월 이내에 전산정보처리조직을 이용하여 수신하지 않은 경우 ③ 등기필정보통지서를 수령할 자가 등기를 마친 때부터 3개월 이내에 그 서면을 수령하지 않은 경우 ④ 승소한 등기의무자가 등기신청을 한 경우 ⑤ 채권자가 등기권리자를 대위하여 등기신청을 한 경우 ⑥ 등기관이 직권으로 소유권보존등기를 한 경우 ⑦ 국가 또는 지방자치단체가 등기권리자인 경우 ⑧ 관공서가 등기를 촉탁한 경우. 다만, 관공서가 등기권리자를 위해 등기를 촉탁하는 경우에는 그러하지 아니하다.

핵심단단 등기필정보의 제공과 작성·통지의 비교

제공	• 등기를 신청하는 경우 • 등기의무자가 등기소에 등기필정보를 제공한다.
작성·통지	• 등기를 마친 경우 • 등기관이 등기필정보를 작성하여 등기권리자에게 통지한다.

5 등기완료의 통지

등기완료통지	등기관이 등기를 마쳤을 때에는 대법원규칙으로 정하는 바에 따라 신청인 등에게 그 사실을 알려야 한다(법 제30조).
등기완료통지 대상	등기완료통지는 신청인 및 다음의 어느 하나에 해당하는 자에게 하여야 한다(규칙 제53조). ① 승소한 등기의무자의 등기신청에 있어서 등기권리자 ② 대위채권자의 등기신청에서 피대위자(= 등기권리자) ③ 직권 소유권보존등기에서 소유권보존등기의 명의인 ④ 관공서가 촉탁하는 등기에서 관공서 ⑤ 등기필정보를 제공하여야 하는 등기신청에서 등기필정보를 제공하지 않고 확인조서나 확인정보 등을 제공한 등기신청에 있어서 등기의무자

📌 등기필정보 및 등기완료통지의 예

등기필정보 및 등기완료통지

권리자: 김세연
(주민)등록번호: 750826 - 2******
주소: 서울특별시 서초구 방배로 46길 60 현대홍타운아파트 103동 903호
부동산고유번호: 1102 - 2011 - 002634
부동산소재: [집합건물] 서울특별시 서초구 방배동 123 삼성래미안아파트 103동 1101호
접수일자: 2011년 9월 14일
접수번호: 69578
등기목적: 소유권이전
등기원인 및 일자: 2011년 8월 10일 매매

부착기준선 「   일련번호 : WTDI - UPRV - P6H1
　　　　　　비밀번호(기재순서 : 순번 - 비밀번호)

01 - 7952	11 - 7072	21 - 2009	31 - 8842	41 - 3168
02 - 5790	12 - 7320	22 - 5102	32 - 1924	42 - 7064
03 - 1568	13 - 9724	23 - 1903	33 - 1690	43 - 4443
04 - 8861	14 - 8752	24 - 5554	34 - 3155	44 - 6994
05 - 1205	15 - 8608	25 - 7023	35 - 9695	45 - 2263
06 - 8893	16 - 5164	26 - 3856	36 - 6031	46 - 2140
07 - 5311	17 - 1538	27 - 2339	37 - 8569	47 - 3151
08 - 3481	18 - 3188	28 - 8119	38 - 9800	48 - 5318
09 - 7450	19 - 7312	29 - 1505	39 - 6977	49 - 1314
10 - 1176	20 - 1396	30 - 3488	40 - 6557	50 - 6459

2011년 9월 16일
서울중앙지방법원 등기국
등기관

※ 등기필정보 사용방법 및 주의사항
◆ 보안스티커 안에는 다음 번 등기신청 시에 필요한 일련번호와 50개의 비밀번호가 기재되어 있습니다.
◆ 등기신청 시 보안스티커를 떼어내고 일련번호와 비밀번호 1개를 임의로 선택하여 해당 순번과 함께 신청서에 기재하면 종래의 등기필증을 첨부한 것과 동일한 효력이 있으며, 등기필정보 및 등기완료통지서면 자체를 첨부하는 것이 아님에 유의하시기 바랍니다.
◆ 따라서 등기신청 시 등기필정보 및 등기완료통지서면을 거래상대방이나 대리인에게 줄 필요가 없고, 대리인에게 위임한 경우에는 일련번호와 비밀번호 50개 중 1개와 해당 순번만 알려주시면 됩니다.
◆ 만일 등기필정보의 비밀번호 등을 다른 사람이 안 경우에는 종래의 등기필증을 분실한 것과 마찬가지의 위험이 발생하므로 관리에 철저를 기하시기 바랍니다.
☞ 등기필정보 및 등기완료통지서는 종래의 등기필증을 대신하여 발행된 것으로 분실 시 재발급되지 아니하니 보관에 각별히 유의하시기 바랍니다.

각통 제 35 호 (전산)

등기의무자에 의한 등기완료통지서

접 수 일 자: 2011년 9월 14일
접 수 번 호: 3456
등 기 목 적: 소유권이전
등기원인및일자: 2011년 9월 13일 매매

권 리 자: 김갑동
(주민)등록번호: 730305 - *******
주 소: 서울특별시 서초구 서초동 200

의 무 자: 이을동
(주민)등록번호: 700407 - *******
주 소: 서울특별시 강남구 청담동 300

부 동 산 소 재: [토지] 서울특별시 서초구 서초동 111 (1102 - 2006 - 002634)

　　위와 같이 등기의무자의 등기신청에 의하여 등기를 완료하였으므로 「부동산등기규칙」 제53조에 의하여 통지합니다.

2011년 9월 28일

서울중앙지방법원 등기국
등기관

김갑동
서울특별시 서초구 서초동 200

6 이의신청

(1) 이의신청의 대상

대상	이의신청의 대상이 되는 것은 등기관의 '부당한' 결정 또는 처분이다.
각하된 경우	사유를 불문하고 모두(법 제29조 제1호~제11호) 이의신청 대상이 된다.
실행한 경우	① 관할 위반(제1호)의 등기와 사건이 등기할 것이 아닌 경우(제2호)를 위반하였을 때에만 이의신청을 할 수 있다. ② 나머지 각하사유(제3호~제11호)를 간과하고 등기가 실행되었다는 사유로는 이의신청을 할 수 없다.
부당의 판단시점	등기관의 결정 또는 처분에 대한 부당성은 해당 결정 또는 처분을 한 시점을 기준으로 판단하여야 하므로 새로운 사실이나 새로운 증거방법을 근거로 이의신청을 할 수는 없다.

(2) 이의신청절차

이의신청인	① 등기관의 처분이 부당하다고 하여 이의신청을 할 수 있는 자는 '등기상 직접 이해관계가 있는 자'에 한한다.

	각하한 경우	등기신청인인 등기권리자 및 등기의무자에 한하여 이의신청을 할 수 있고, 제3자는 이의신청을 할 수 없다.
	실행한 경우	등기상 이해관계 있는 제3자가 그 처분에 대한 이의신청을 할 수 있다.

② 구체적 예시
  ㉠ 채권자가 채무자를 대위하여 마쳐진 등기가 채무자의 신청에 의하여 말소된 경우에는 그 말소처분에 대하여 채권자는 등기상 이해관계인으로서 이의신청을 할 수 있다.
  ㉡ 상속인이 아닌 자는 상속등기가 위법하다 하여 이의신청을 할 수 없다.

③ 이의신청에 있어서 실행과 각하의 차이점

구분	이해관계인 이의신청 가능 여부	이의신청 사유
실행	할 수 있다.	제1호~제2호 (O) 제3호~제11호 (×)
각하	할 수 없다.	제1호~제11호 (O)

이의신청 방법 및 기간	① 등기관의 결정 또는 처분에 이의가 있는 자는 관할 지방법원에 이의신청을 할 수 있는데(법 제100조), 이의의 신청은 등기소에 이의신청서를 제출하는 방법으로 한다. ② 이의신청의 기간에는 제한이 없으므로 이의의 이익이 있는 한 언제든지 이를 할 수 있다.
이의신청의 효력	등기관의 결정 또는 처분에 대한 이의에는 집행정지의 효력이 없으므로 이의절차가 진행중이라도 등기관은 다른 등기신청의 수리를 거부할 수 없다.

(3) 이의신청에 대한 조치

등기관의 조치	① 이의가 이유 있다고 인정한 때: 등기관은 이의가 이유 있다고 인정하면 그에 해당하는 처분을 하여야 한다(법 제103조 제1항). 이의신청이 이유가 있다는 것은 등기관의 결정이 부당하다는 의미이다. ② 이의가 이유 없다고 인정한 때: 등기관은 이의가 이유 없다고 인정하면 이의신청 일부터 3일 이내에 의견을 붙여 이의신청서를 관할 지방법원에 보내야 한다 (법 제103조 제2항).
관할 지방법원의 조치	① 처분 전 가등기 또는 부기등기의 명령: 관할 지방법원은 이의에 대하여 결정하기 전에 등기관에게 가등기 또는 이의가 있다는 뜻의 부기등기를 명령할 수 있다(법 제106조). ② 이의에 대한 결정: 관할 지방법원은 이의에 대하여 이유를 붙여 결정을 하여야 한다. 이 경우 이의가 이유 있다고 인정하면 등기관에게 그에 해당하는 처분을 명령하고 그 뜻을 이의신청인과 등기상의 이해관계인에게 알려야 한다(법 제105조 제1항).

기본문제와 완성문제로 **단단기출**

01 등기신청의 각하사유가 <u>아닌</u> 것은? 제26회

기본 기출
① 공동가등기권자 중 일부의 가등기권자가 자기의 지분만에 관하여 본등기를 신청한 경우
② 구분건물의 전유부분과 대지사용권의 분리처분 금지에 위반한 등기를 신청한 경우
③ 저당권을 피담보채권과 분리하여 양도하거나, 피담보채권과 분리하여 다른 채권의 담보로 하는 등기를 신청한 경우
④ 이미 보존등기된 부동산에 대하여 다시 보존등기를 신청한 경우
⑤ 법령에 근거가 없는 특약사항의 등기를 신청한 경우

> 키워드 각하사유
> 난이도
> 해설 공동가등기권자 중 일부의 가등기권자가 자기의 지분만에 관하여 본등기를 신청한 경우는 허용되는 경우로서 각하사유가 아니다. 다만, 공동가등기권자 중 일부의 가등기권자가 전원 명의의 본등기를 신청하는 경우는 각하사유에 해당한다.

02 「부동산등기법」제29조 제2호의 '사건이 등기할 것이 아닌 경우'에 해당하는 것을 모두 고른 것은? (다툼이 있으면 판례에 따름) 제34회

완성 기출

┌───┐
│ ㉠ 위조한 개명허가서를 첨부한 등기명의인 표시변경등기신청
│ ㉡ 「하천법」상 하천에 대한 지상권설정등기신청
│ ㉢ 법령에 근거가 없는 특약사항의 등기신청
│ ㉣ 일부지분에 대한 소유권보존등기신청
└───┘

① ㉠ ② ㉠, ㉡
③ ㉢, ㉣ ④ ㉡, ㉢, ㉣
⑤ ㉠, ㉡, ㉢, ㉣

> 키워드 법 제29조 제2호의 위반사유
> 난이도
> 해설 ㉡ 「하천법」상 하천에 대한 지상권설정등기신청: 「하천법」상 하천에 대한 지상권설정등기는 허용되지 않으므로 제2호 위반에 해당한다(등기예규 제1387호).
> ㉢㉣ 법 제29조 제2호 사건이 등기할 것이 아닌 경우에 해당한다.
> ㉠ 위조한 개명허가서를 첨부한 등기명의인 표시변경등기신청: 위조된 첨부정보를 제공한 경우, 그것은 유효한 정보가 아니므로 그 정보를 제공하지 않은 것으로 보아 각하한다(법 제29조 제9호 위반).

정답 01 ① 02 ④

03 등기신청의 각하사유에 해당하는 것을 모두 고른 것은? 제29회

> ㉠ 매매로 인한 소유권이전등기 이후에 환매특약등기를 신청한 경우
> ㉡ 관공서의 공매처분으로 인한 권리이전의 등기를 매수인이 신청한 경우
> ㉢ 전세권의 양도금지 특약을 등기신청한 경우
> ㉣ 소유권이전등기의무자의 등기기록상 주소가 신청정보의 주소로 변경된 사실이 명백한 때

① ㉠, ㉡
② ㉡, ㉢
③ ㉢, ㉣
④ ㉠, ㉡, ㉢
⑤ ㉠, ㉡, ㉢, ㉣

키워드 각하사유

해설 ㉠ 환매특약등기는 소유권이전등기와 동시에 신청하여야 하므로 이를 위반하여 소유권이전등기와 별도로 신청하면 그 등기신청은 각하된다.
㉡ 공매처분으로 인한 권리이전등기는 반드시 관공서의 촉탁이 필요한 등기이므로 매수인이 이를 신청한 경우 등기신청은 각하된다.

04 등기관이 직권으로 말소할 수 없는 등기는? 제23회

① 甲 소유 건물에 대한 乙의 유치권등기
② 甲 소유 농지에 대한 乙의 전세권설정등기
③ 채권자 乙의 신청에 의한 甲 소유 토지에 대한 가압류등기
④ 공동상속인 甲과 乙 중 乙의 상속지분만에 대한 상속등기
⑤ 위조된 甲의 인감증명에 의한 甲으로부터 乙로의 소유권이전등기

키워드 직권말소

해설 ⑤ 위조된 인감증명에 의하더라도 실체관계와 부합하면 유효한 등기가 되므로 직권말소의 대상이 아니다(법 제29조 제9호 위반).
①②③④ 「부동산등기법」 제29조 제2호 '사건이 등기할 것이 아닌 경우'에 해당하여 직권말소의 대상이 된다.

05 등기필정보에 관한 설명으로 옳은 것은? 제34회

① 등기필정보는 아라비아 숫자와 그 밖의 부호의 조합으로 이루어진 일련번호와 비밀번호로 구성한다.
② 법정대리인이 등기를 신청하여 본인이 새로운 권리자가 된 경우, 등기필정보는 특별한 사정이 없는 한 본인에게 통지된다.
③ 등기절차의 인수를 명하는 판결에 따라 승소한 등기의무자가 단독으로 등기를 신청하는 경우, 등기필정보를 등기소에 제공할 필요가 없다.
④ 등기권리자의 채권자가 등기권리자를 대위하여 등기신청을 한 경우, 등기필정보는 그 대위채권자에게 통지된다.
⑤ 등기명의인의 포괄승계인은 등기필정보의 실효신고를 할 수 없다.

> 키워드 등기필정보

> 난이도

> 해설 ① 규칙 제106조 제1항
② 법정대리인이 등기를 신청한 경우에는 그 법정대리인에게, 법인의 대표자나 지배인이 신청한 경우에는 그 대표자나 지배인에게, 법인 아닌 사단이나 재단의 대표자나 관리인이 신청한 경우에는 그 대표자나 관리인에게 등기필정보를 통지한다(규칙 제108조 제2항).
③ 등기필정보는 공동신청 또는 승소한 등기의무자의 단독신청에 의하여 권리에 관한 등기를 신청하는 경우로 한정하여 제공한다(규칙 제43조 제1항 제7호).
④ 등기권리자의 채권자가 등기권리자를 대위하여 등기를 신청하여 마친 경우, 등기를 완료한 후 등기명의인을 위한 등기필정보를 작성하여 통지하지 않는다(규칙 제109조 제2항 제4호).
⑤ 등기명의인 또는 그 상속인 그 밖의 포괄승계인은 등기필정보의 실효신고를 할 수 있다(규칙 제110조).

정답 05 ①

06 등기관이 등기를 마쳤을 때에 등기완료통지를 하여야 할 필요가 <u>없는</u> 자는? 　제24회

① 행정구역변경으로 인하여 등기관이 직권으로 행한 주소변경등기에서 등기명의인
② 미등기부동산의 처분제한등기를 할 때에 등기관이 직권으로 행한 소유권보존등기에서 등기명의인
③ 관공서가 촉탁하는 등기에서 관공서
④ 판결에서 승소한 등기의무자의 등기신청에서 등기의무자
⑤ 등기필정보를 제공해야 하는 등기신청에서 등기필정보를 제공하지 않고 확인정보 등을 제공한 등기의무자

> **키워드** 등기완료통지
> **난이도**
> **해설** 행정구역변경으로 인하여 등기관이 직권으로 주소변경등기를 한 경우는 등기완료통지의 대상이 되지 않는다.
> **보충** 등기관이 등기를 마쳤을 때에는 대법원규칙이 정하는 바에 따라 신청인 및 다음의 어느 하나에 해당하는 자에게 등기완료의 사실을 통지하여야 한다(규칙 제53조).
>
> 1. 승소한 등기의무자의 등기신청에 있어서 등기권리자
> 2. 대위자의 등기신청에서 피대위자
> 3. 등기필정보가 없는 경우의 등기신청에서 등기의무자
> 4. 직권 소유권보존등기에서 등기명의인
> 5. 관공서가 촉탁하는 등기에서 관공서

정답 06 ①

07 등기관의 처분에 대한 이의신청에 관한 설명으로 틀린 것은? 제34회

① 등기신청인이 아닌 제3자는 등기신청의 각하결정에 대하여 이의신청을 할 수 없다.
② 이의신청은 대법원규칙으로 정하는 바에 따라 관할 지방법원에 이의신청서를 제출하는 방법으로 한다.
③ 이의신청기간에는 제한이 없으므로 이의의 이익이 있는 한 언제라도 이의신청을 할 수 있다.
④ 등기관의 처분 시에 주장하거나 제출하지 아니한 새로운 사실을 근거로 이의신청을 할 수 없다.
⑤ 등기관의 처분에 대한 이의신청이 있더라도 그 부동산에 대한 다른 등기신청은 수리된다.

키워드 이의신청
난이도

해설   등기관의 결정 또는 처분에 이의가 있는 자는 관할 지방법원에 이의신청을 할 수 있으나(법 제100조), 이의 신청은 등기소에 이의신청서를 제출하는 방법으로 한다(법 제101조).

08 등기관의 결정 또는 처분에 대한 이의에 관한 설명으로 틀린 것을 모두 고른 것은? 제31회

㉠ 이의에는 집행정지의 효력이 있다.
㉡ 이의신청자는 새로운 사실을 근거로 이의신청을 할 수 있다.
㉢ 등기관의 결정에 이의가 있는 자는 관할 지방법원에 이의신청을 할 수 있다.
㉣ 등기관은 이의가 이유 없다고 인정하면 이의신청일로부터 3일 이내에 의견을 붙여 이의신청서를 이의신청자에게 보내야 한다.

① ㉠, ㉢   ② ㉡, ㉣
③ ㉠, ㉡, ㉣   ④ ㉠, ㉢, ㉣
⑤ ㉡, ㉢, ㉣

키워드 등기관의 처분에 대한 이의
난이도

해설   ㉠ 등기관의 결정 또는 처분에 대한 이의에는 집행정지의 효력이 없다(법 제104조).
㉡ 등기관의 결정 또는 처분 시에 주장되거나 제출되지 아니한 새로운 사실이나 새로운 증거방법을 근거로 이의신청을 할 수는 없다(법 제102조).
㉣ 등기관은 이의가 이유 없다고 인정하면 이의신청일로부터 3일 이내에 의견을 붙여 이의신청서를 관할 지방법원에 보내야 한다(법 제103조 제2항).

정답 07 ② 08 ③

THEME 19 소유권보존등기

| THEME 키워드 |
소유권보존등기 신청인, 소유권보존등기 신청인 및 기록사항, 소유권보존등기 신청인 및 직권보존등기, 소유권보존등기 및 소유권의 일부 이전등기

기본으로 알아야 하는 대표기출

> **기출분석**
> - **기출회차**: 제29회
> - **키워드**: 소유권보존등기 신청인 및 직권보존등기
> - **난이도**: ■■□

소유권보존등기에 관한 설명으로 옳은 것은?

① 보존등기에는 등기원인과 그 연월일을 기록한다.
② 군수의 확인에 의하여 미등기토지가 자기의 소유임을 증명하는 자는 보존등기를 신청할 수 있다.
③ 등기관이 미등기부동산에 관하여 과세관청의 촉탁에 따라 체납처분으로 인한 압류등기를 하기 위해서는 직권으로 소유권보존등기를 하여야 한다.
④ 미등기토지에 관한 소유권보존등기는 수용으로 인하여 소유권을 취득하였음을 증명하는 자도 신청할 수 있다.
⑤ 소유권보존등기를 신청하는 경우 신청인은 등기소에 등기필정보를 제공하여야 한다.

> **함정을 피하는 TIP**
> - 소유권보존등기의 신청인 및 직권에 의한 소유권보존등기의 구조를 알아야 한다.

해설
① 보존등기에는 등기원인과 그 연월일을 기록하지 않는다.
② 특별자치도지사, 시장, 군수 또는 구청장의 확인에 의하여 소유권보존등기를 신청할 수 있는 것은 건물에 한한다.
③ 직권보존등기는 '법원'의 처분제한등기의 촉탁이 있거나 '법원'의 임차권등기명령에 의한 주택임차권등기의 촉탁이 있는 경우에만 할 수 있다.
⑤ 소유권보존등기는 단독신청이므로 등기의무자의 등기필정보의 제공을 요하지 않는다.

정답 ④

단단하게 정리하는 **핵심이론**

1 특징

① 소유권보존등기는 부동산 전부에 대하여 소유권 전부를 등기하여야 하므로 부동산의 특정 일부나 소유권의 일부(=지분)에 대한 보존등기를 할 수 없다.
② 소유권보존등기는 공유자 중 1인 또는 수인이 공유자 전원 명의로 소유권보존등기를 신청하여야 한다. 공유자 1인은 자기의 지분만에 대해 소유권보존등기를 신청할 수 없다.

2 신청에 의한 소유권보존등기

(1) 소유권보존등기를 신청할 수 있는 자

① 토지대장·임야대장·건축물대장에 최초의 소유자로 등록되어 있는 자 또는 그 상속인, 그 밖의 포괄승계인(법 제65조 제1호)

최초의 소유자	㉠ 대장상 소유권이전등록을 받은 소유명의인은 직접 자기 명의로 소유권보존등기를 신청할 수는 없다. ㉡ 다만, 미등기토지의 지적공부상 '국'으로부터 소유권이전등록을 받은 경우에는 직접 자기 명의로 소유권보존등기를 신청할 수 있다.
상속인	최초의 소유자로 등록되어 있는 자의 상속인은 직접 자기 명의로 소유권보존등기를 신청할 수 있다.
포괄 승계인	㉠ 미등기부동산의 대장상 소유자로 등록된 자로부터 포괄유증을 받은 수증자는 직접 포괄수증자 명의로 보존등기를 신청할 수 있다. ㉡ 반면, 미등기부동산의 대장상 소유자로 등록된 자로부터 특정유증을 받은 수증자는 직접 자기 명의로 보존등기를 신청할 수 없고, 상속인 명의로 보존등기를 한 후 수증자 명의로 소유권이전등기를 하여야 한다.

② 확정판결에 의하여 자기의 소유권을 증명하는 자(법 제65조 제2호)

판결의 종류	㉠ 소유권확인판결에 한하는 것은 아니며, 형성판결이나 이행판결이라도 그 이유 중에서 보존등기신청인의 소유임을 확정하는 내용의 것이면 이에 해당한다. ㉡ 위 판결에 해당하는 예시 • 당해 부동산이 보존등기 신청인의 소유임을 이유로 소유권보존등기의 말소를 명하는 판결 • 토지대장상 공유인 미등기토지에 대한 공유물분할의 판결
판결의 상대방 (=피고)	㉠ 대장상의 최초의 소유자를 특정할 수 없는 경우 • 토지는 국가를 상대로 소송하여야 한다. • 건물은 지방자치단체를 상대방으로 소송하여야 한다. ㉡ 위 판결에 해당하지 않는 경우의 예시: 건물에 대하여 국가를 상대로 한 소유권확인판결

③ 수용으로 인하여 소유권을 취득하였음을 증명하는 자(법 제65조 제3호)

보존등기	미등기부동산을 수용한 사업시행자는 직접 자기 명의로 소유권보존등기를 신청한다.
이전등기	등기된 부동산을 수용한 경우에는 사업시행자 명의로 소유권이전등기를 하여야 한다.

④ 특별자치도지사, 시장, 군수 또는 구청장의 확인에 의하여 자기의 소유권을 증명하는 자(법 제65조 제4호): 본 규정은 건물에만 적용되고, 토지에는 적용되지 않는다.

(2) 신청정보의 특징(규칙 제121조 제1항)

제공 (×)	등기원인과 그 연월일은 신청정보의 내용으로 등기소에 제공하지 않는다.
제공 (○)	법 제65조 각 호의 어느 하나에 따라 신청한다는 근거규정을 제공하여야 한다.

3 직권에 의한 소유권보존등기

(1) 의의
① 등기관이 미등기부동산에 대하여 법원의 촉탁에 따라 소유권의 처분제한의 등기(예 가압류, 가처분, 강제경매개시결정등기 등)를 할 때에는 직권으로 소유권보존등기를 한다(법 제66조 제1항).
② 미등기주택이나 상가건물에 대하여 임차권등기명령에 의한 등기촉탁이 있는 경우에는 등기관은 직권으로 소유권보존등기를 한 후 주택임차권등기나 상가건물임차권등기를 하여야 한다.

(2) 직권보존등기의 구조

4 구분건물의 소유권보존등기

1동의 건물에 속하는 구분건물 중 일부만에 관하여 소유권보존등기를 신청하는 경우에는 나머지 구분건물의 표시에 관한 등기를 동시에 신청하여야 한다. 이 경우 구분건물의 소유자는 1동에 속하는 다른 구분건물의 소유자를 대위하여 그 건물의 표시에 관한 등기를 신청할 수 있다(법 제46조).

기본문제와 완성문제로 단단기출

01 미등기토지의 소유권보존등기에 관한 설명으로 옳은 것은? (다툼이 있으면 판례에 따름) 제24회

기본 기출

① 자치구 구청장의 확인에 의하여 자기의 토지소유권을 증명하는 자는 소유권보존등기를 신청할 수 있다.
② 미등기토지에 가처분등기를 하기 위하여 등기관이 직권으로 소유권보존등기를 한 경우, 법원의 가처분등기 말소촉탁이 있으면 직권으로 소유권보존등기를 말소한다.
③ 토지대장에 최초의 소유자로 등록되어 있는 자로부터 그 토지를 포괄유증 받은 자는 자기 명의로 소유권보존등기를 신청할 수 있다.
④ 확정판결에 의하여 자기의 소유권을 증명하여 소유권보존등기를 신청하는 자는 신청정보의 내용으로 등기원인과 그 연월일을 제공하여야 한다.
⑤ 수용으로 인하여 소유권을 취득하였음을 증명하는 자는 자기 명의로 소유권보존등기를 신청할 수 없다.

키워드 소유권보존등기 신청인

난이도

해설 ① 건축물의 경우 자치구 구청장의 확인에 의하여 자기의 소유권을 증명하는 자는 보존등기를 신청할 수 있지만, 토지의 경우는 이를 할 수 없다.
② 이미 마쳐진 소유권보존등기에 대하여는 비록 가처분등기가 말소되더라도 소유권보존등기를 말소하지 않는다.
④ 소유권보존등기를 신청하는 경우 신청정보에 등기원인 및 그 연월일을 제공하지 않는다.
⑤ 미등기부동산에 대하여 수용으로 인하여 소유권을 취득하였음을 증명하는 자는 자기 명의로 소유권보존등기를 신청할 수 있다.

정답 01 ③

02 대장은 편성되어 있으나 미등기인 부동산의 소유권보존등기에 관한 설명으로 틀린 것은? 제33회

기본 기출

① 등기관이 보존등기를 할 때에는 등기원인과 그 연월일을 기록해야 한다.
② 대장에 최초 소유자로 등록된 자의 상속인은 보존등기를 신청할 수 있다.
③ 수용으로 인하여 소유권을 취득하였음을 증명하는 자는 미등기토지에 대한 보존등기를 신청할 수 있다.
④ 군수의 확인에 의해 미등기건물에 대한 자기의 소유권을 증명하는 자는 보존등기를 신청할 수 있다.
⑤ 등기관이 법원의 촉탁에 따라 소유권의 처분제한의 등기를 할 때는 직권으로 보존등기를 한다.

키워드 소유권보존등기 신청인 및 기록사항
난이도
해설 소유권보존등기를 할 때에는 등기원인과 그 연월일을 기록하지 아니한다(법 제64조).

03 소유권보존등기의 내용으로 틀린 것은? 제26회

기본 기출

① 건물에 대하여 국가를 상대로 한 소유권확인판결에 의해서 자기의 소유권을 증명하는 자는 소유권보존등기를 신청할 수 있다.
② 일부지분에 대한 소유권보존등기를 신청한 경우에는 그 등기신청은 각하되어야 한다.
③ 토지에 관한 소유권보존등기의 경우, 당해 토지가 소유권보존등기 신청인의 소유임을 이유로 소유권보존등기의 말소를 명한 확정판결에 의해서 자기의 소유권을 증명하는 자는 소유권보존등기를 신청할 수 있다.
④ 1동의 건물에 속하는 구분건물 중 일부만에 관하여 소유권보존등기를 신청하는 경우에는 나머지 구분건물의 표시에 관한 등기를 동시에 신청하여야 한다.
⑤ 미등기주택에 대하여 임차권등기명령에 의한 등기촉탁이 있는 경우에 등기관은 직권으로 소유권보존등기를 한 후 주택임차권등기를 하여야 한다.

키워드 소유권보존등기 신청인 및 직권보존등기
난이도
해설 대장상 소유자란이 공란이거나 소유자 표시에 일부 누락이 있어 특정할 수 없을 때, 건물의 경우에는 지방자치단체를 피고로 하는 반면, 토지의 경우에는 국가를 피고로 하여야 한다. 피고를 잘못 정한 판결은 무효가 되므로 건물에 대하여 국가를 상대로 한 소유권확인판결에 의해서 자기의 소유권을 증명하는 자라도 이를 기초로 소유권보존등기를 신청할 수 없다.

정답 02 ① 03 ①

04 소유권보존등기에 관한 설명으로 틀린 것은? (다툼이 있으면 판례에 따름) 제27회

① 甲이 신축한 미등기건물을 甲으로부터 매수한 乙은 甲 명의로 소유권보존등기 후 소유권이전등기를 해야 한다.
② 미등기토지에 관한 소유권보존등기는 수용으로 인해 소유권을 취득하였음을 증명하는 자도 신청할 수 있다.
③ 미등기토지에 대해 소유권처분제한의 등기촉탁이 있는 경우, 등기관이 직권으로 소유권보존등기를 한다.
④ 본 건물의 사용에만 제공되는 부속건물도 소유자의 신청에 따라 본 건물과 별도의 독립건물로 등기할 수 있다.
⑤ 토지대장상 최초의 소유자인 甲의 미등기토지가 상속된 경우, 甲 명의로 보존등기를 한 후 상속인 명의로 소유권이전등기를 한다.

키워드 소유권보존등기 신청인 및 직권보존등기
난이도
해설 토지대장상 최초의 소유자인 甲의 미등기토지가 상속된 경우, 甲 명의로 보존등기를 할 필요 없이 직접 상속인 명의로 소유권보존등기를 하여야 한다.

05 소유권에 관한 등기의 설명으로 옳은 것을 모두 고른 것은? 제31회

㉠ 등기관이 소유권보존등기를 할 때에는 등기원인의 연월일을 기록한다.
㉡ 등기관이 미등기부동산에 대하여 법원의 촉탁에 따라 소유권의 처분제한의 등기를 할 때에는 직권으로 소유권보존등기를 한다.
㉢ 등기관이 소유권의 일부에 관한 이전등기를 할 때에는 이전되는 지분을 기록하여야 하고, 그 등기원인에 분할금지약정이 있을 때에는 그 약정에 관한 사항도 기록하여야 한다.

① ㉠
② ㉡
③ ㉠, ㉡
④ ㉠, ㉢
⑤ ㉡, ㉢

키워드 소유권보존등기 및 소유권의 일부 이전등기
난이도
해설 등기관이 소유권보존등기를 할 때에는 등기원인과 그 연월일을 기록하지 아니한다(법 제64조).

정답 04 ⑤ 05 ⑤

THEME 20 소유권이전등기

| THEME 키워드 |
공유등기, 공동소유등기, 합유등기, 거래가액 기록, 거래가액, 수용으로 인한 등기, 수용으로 인한 소유권이전등기 시 직권말소 여부, 유증으로 인한 소유권이전등기, 환매특약등기의 등기사항, 환매특약등기, 신탁등기, 소유권이전등기

기본으로 알아야 하는 대표기출

기출분석
- **기출회차:** 제30회
- **키워드:** 공유등기
- **난이도:**

공유에 관한 등기에 대한 설명으로 옳은 것은? (다툼이 있으면 판례에 따름)

① 미등기부동산의 공유자 중 1인은 전체 부동산에 대한 소유권보존등기를 신청할 수 없다.
② 공유자 중 1인의 지분포기로 인한 소유권이전등기는 지분을 포기한 공유자가 단독으로 신청한다.
③ 등기된 공유물 분할금지기간 약정을 갱신하는 경우, 공유자 중 1인이 단독으로 변경을 신청할 수 있다.
④ 건물의 특정부분이 아닌 공유지분에 대한 전세권설정등기를 할 수 있다.
⑤ 1필지의 토지 일부를 특정하여 구분소유하기로 하고 1필지 전체에 공유지분등기를 마친 경우, 대외관계에서는 1필지 전체에 공유관계가 성립한다.

해설
① 미등기부동산의 공유자 중 1인은 전체 부동산에 대하여 전원명의의 소유권보존등기를 신청할 수 있다.
② 공유자 중 1인의 지분포기로 인한 소유권이전등기는 지분을 포기한 공유자를 등기의무자로 하고 다른 공유자를 등기권리자로 하여 공동으로 신청한다.
③ 등기된 공유물 분할금지기간 약정을 갱신하는 경우, 이에 대한 변경등기는 공유자 전원이 공동으로 신청하여야 한다.
④ 공유지분에 대한 전세권설정등기는 허용되지 않는다.

정답 ⑤

함정을 피하는 TIP
- 공유부동산의 이전등기 및 변경등기를 신청하는 방법을 알아야 한다.
- 공유부동산의 보존등기 신청을 알아야 한다.

단단하게 정리하는 **핵심이론**

1 특징

소유권 이전등기	항상 주등기로 실행하고, 종전의 소유자를 말소하지 않는다.
소유권 외의 권리 이전등기	항상 부기등기로 실행하고, 종전의 권리자를 말소한다.

2 소유권의 일부이전등기

의의	'소유권의 일부이전'이란 단독소유를 공유로 하거나 또는 이미 성립하고 있는 공유물의 지분을 이전하는 것을 말한다.
신청 및 실행	① 소유권의 일부에 대한 이전등기를 신청하는 경우에는 이전되는 지분을 신청정보의 내용으로 등기소에 제공하여야 한다. ② 등기관이 소유권의 일부에 관한 이전등기를 할 때에는 이전되는 지분을 기록하여야 한다. 이 경우 등기원인에 공유물 분할금지약정이 있을 때에는 그 약정에 관한 사항도 기록하여야 하는데, 이를 등기하면 대항력이 발생한다.

3 공동소유

공유	① 공유자는 언제든지 그 지분을 처분할 수 있으며, 공유물의 분할을 청구할 수 있다. ② 공유지분을 목적으로 근저당권이나 가압류, 가처분등기를 할 수 있지만, 이를 목적으로 전세권 등 용익권을 설정할 수는 없다. ③ 토지에 대한 공유물 분할약정으로 인한 소유권이전등기는 공유자가 공동으로 신청할 수 있다. ④ 공유자 중 1인의 지분포기로 인한 소유권이전등기는 공유지분권을 포기하는 공유자를 등기의무자로 하고 다른 공유자를 등기권리자로 하여 공동으로 신청하여야 한다. ⑤ 등기된 공유물 분할금지기간을 단축하는 약정에 관한 변경등기는 공유자 전원이 공동으로 신청하여야 한다. ⑥ 등기된 공유물 분할금지기간약정을 갱신하는 경우, 이에 대한 변경등기는 공유자 전원이 공동으로 신청하여야 한다.
합유	① 합유재산에 대하여 합유자의 지분은 있지만 이를 등기하지 않는다. ② 합유지분에 대한 이전등기나 저당권설정등기, 가압류등기는 허용되지 않는다. ③ 합유자 중 1인은 합유자 전원의 동의를 얻으면 지분을 처분할 수 있는데, 이 경우 이전등기 형식으로 하는 것이 아니라 합유명의인변경등기 형식으로 실행한다.
공유 ⇔ 합유	① 소유형태를 공유에서 합유로 변경하는 경우, 공유자들의 공동신청으로 '변경계약'을 등기원인으로 하여 '소유권변경등기'를 신청할 수 있다. ② 수인의 합유자 명의로 등기되어 있는 부동산도 합유자 전원의 합의에 의하여 수인의 공유지분의 소유형태로 '소유권변경등기'를 신청할 수 있다.

4 매매로 인한 소유권이전등기와 거래가액등기

거래계약 신고필증정보 제공	① 매매계약서를 등기원인을 증명하는 정보로 하는 소유권이전등기를 신청하는 경우에는 거래가액을 신청정보의 내용으로 등기소에 제공하여야 한다. ② 매매계약서를 등기원인을 증명하는 정보로 하는 소유권이전등기를 신청하는 경우에는 시장·군수 또는 구청장으로부터 제공받은 거래계약신고필증정보를 첨부정보로서 등기소에 제공하여야 한다.
매매목록을 제공하는 경우	① 거래부동산이 2개 이상인 경우 ② 거래부동산이 1개라 하더라도 여러 명의 매도인과 여러 명의 매수인 사이의 매매계약인 경우
거래가액등기	① 매매목록의 제공이 필요 없는 경우: 등기기록 중 갑구의 '권리자 및 기타사항'란에 거래가액을 기록하는 방법으로 거래가액을 등기한다. ② 매매목록이 제공된 경우: 등기기록 중 갑구의 '권리자 및 기타사항'란에 매매목록의 번호를 기록하고, 거래가액과 부동산의 표시를 기록한 매매목록을 전자적으로 작성하여 번호를 부여하는 방법으로 거래가액을 등기한다.

▶ 거래가액등기와 매매목록의 양식

1. 거래가액등기 양식

(토지: 서울특별시 강남구 신사동 153)

【갑구】				(소유권에 관한 사항)
순위번호	등기목적	접수	등기원인	권리자 및 기타사항
2	소유권이전	2005년 5월 10일 제55500호	2005년 5월 9일 매매	소유자 오팔자 730102-1***** 서울시 중구 다동 6
3	소유권이전	2016년 8월 5일 제84000호	2016년 6월 4일 매매	소유자 나산다 650320-1***** 서울시 강남구 개포로 100 현대1차아파트 5동 502호 매매목록 제2016-101호

(건물: 서울특별시 강남구 신사동 153)

【갑구】				(소유권에 관한 사항)
순위번호	등기목적	접수	등기원인	권리자 및 기타사항
2	소유권이전	2005년 5월 10일 제55500호	2005년 5월 9일 매매	소유자 오팔자 730102-1***** 서울시 중구 다동 6
3	소유권이전	2016년 8월 5일 제84000호	2016년 6월 4일 매매	소유자 나산다 650320-1***** 서울시 강남구 개포로 100 현대1차아파트 5동 502호 매매목록 제2016-101호

2. 매매목록 양식

매매목록				
목록번호	2016-101			
거래가액	금150,000,000원			
일련번호	부동산의 표시	순위번호	예비란	
			등기원인	경정원인
1	[토지] 서울특별시 강남구 신사동 153	3	2016년 6월 4일 매매	
2	[건물] 서울특별시 강남구 신사동 153	3	2016년 6월 4일 매매	

5 상속으로 인한 소유권이전등기

(1) 신청인 및 신청정보

원칙	등기권리자(상속인)가 **단독으로 신청**한다(법 제23조 제3항).
수인의 상속인	① 상속인 전원이 동시에 신청하거나 상속인 중 일부가 **전원 명의**의 상속등기를 신청할 수 있다. ② 공동상속인 중 일부가 일부의 상속등기나 **자기의 상속지분**만에 관하여 상속등기를 신청하는 경우, 법 제29조 제2호 위반으로 **각하**된다.
신청정보	신청정보에 등기원인은 '**상속**', 등기원인일자는 '**상속개시일**(피상속인 사망일)'을 적어서 등기소에 제공한다.

(2) 협의분할에 의한 상속등기

법정상속분에 따른 상속등기를 하기 **전**에 협의분할을 한 경우에는 협의분할에 의한 **소유권이전등기**를 신청하여야 하나, 법정상속분에 따른 상속등기를 한 **후**에 협의분할을 한 경우에는 **소유권경정등기**를 신청하여야 한다.

> **핵심단단** 협의분할에 의한 상속등기

구분	상속등기 전 협의분할한 경우	상속등기 후 협의분할한 경우
등기의 목적	소유권이전등기	소유권경정등기
등기원인	협의분할에 의한 상속	

6 유증으로 인한 소유권이전등기

(1) 유증의 의의 및 종류

의의	'유증'이란 유언자가 유언에 의하여 자기의 재산을 수증자에게 사후에 무상으로 양도하는 **단독행위**를 말한다.
종류	① 특정유증: **특정 재산**을 양도하는 경우 ② 포괄유증: **재산 전부** 또는 **일정 지분**을 양도하는 경우

(2) 유언의 효력발생시기 및 유증으로 인한 물권변동시기

유언의 효력발생시기	① 유언은 유언자가 **사망한 때**로부터 그 효력이 생긴다. ② 다만, 유언에 정지조건이 있는 경우에 그 조건이 유언자의 사망 후에 성취한 때에는 그 **조건성취한 때**로부터 유언의 효력이 생긴다(민법 제1073조).
유증으로 인한 물권변동시기	① 포괄유증은 유증자의 **사망 시**에 물권변동의 효력이 발생한다. ② 특정유증은 **등기**를 하여야 물권변동의 효력이 발생한다.

(3) 신청인 및 등기원인과 그 연월일

신청인	유증으로 인한 소유권이전등기는 포괄유증이나 특정유증을 불문하고 수증자를 등기권리자로, 상속인 또는 유언집행자를 등기의무자로 하여 공동으로 신청하여야 한다.
등기원인, 그 연월일	① 등기원인은 'ㅇ년 ㅇ월 ㅇ일 유증'으로 기재하고, 그 연월일은 유증자가 사망한 날을 기재한다. ② 다만, 유증에 조건 또는 기한이 붙은 경우에는 그 조건을 성취한 날 또는 그 기한이 도래한 날을 기재한다.

(4) 등기의 신청방법

등기된 부동산 (이전등기)	① 유증으로 인한 소유권이전등기는 포괄유증이든 특정유증이든 모두 상속등기를 거치지 않고 유증자로부터 직접 수증자 명의로 등기를 신청하여야 한다. ② 유증으로 인한 소유권이전청구권보전의 가등기는 유언자가 사망한 후인 경우에는 이를 수리하고, 유언자가 생존 중인 경우에는 이를 수리하여서는 아니 된다.
미등기부동산 (보존등기)	① 포괄유증을 받은 자는 직접 수증자 명의로 소유권보존등기를 신청할 수 있다. ② 특정유증을 받은 자는 직접 수증자 명의로 보존등기를 신청할 수 없고, 상속인 명의로 보존등기 후 수증자 명의로 소유권이전등기를 하여야 한다.

7 수용에 의한 소유권이전등기

신청인	① 미등기부동산에 대하여는 사업시행자 명의로 소유권보존등기를 단독으로 신청한다. ② 등기된 부동산에 대하여는 사업시행자 명의로 소유권이전등기를 한다. ③ 수용으로 인한 소유권이전등기는 사업시행자가 단독으로 신청할 수 있다. ④ 국가 또는 지방자치단체가 등기권리자인 경우에 소유권이전등기를 촉탁하여야 한다.
신청정보	신청정보에 등기원인은 '토지수용'으로, 등기원인일자는 '수용의 개시일'을 적는다.
등기의 실행	① 수용으로 인한 소유권이전등기의 신청 또는 촉탁에 의하여 소유권이전등기를 할 때에는 그 부동산의 등기기록 중 소유권, 소유권 이외의 권리, 그 밖의 처분제한에 관한 등기가 있으면 그 등기를 등기관은 직권으로 말소하여야 한다. ② 다만, 그 부동산을 위하여 존재하는 지역권의 등기와 토지수용위원회의 재결로써 존속이 인정된 권리의 등기는 말소하지 아니한다.
재결의 실효	재결이 실효된 경우 토지수용으로 인한 소유권이전등기의 말소등기 신청은 사업시행자를 등기의무자로 하고, 수용 당시의 소유자를 등기권리자로 하여 공동으로 신청한다.

핵심단단 수용에 의한 소유권이전등기 시 직권말소 여부

구분	소유권	소유권 이외 (지상권, 지역권, 전세권, 임차권, 저당권, 가압류, 가처분 등)
원칙	말소하지 않는다.	직권으로 말소한다.
예외	• 수용의 개시일 이후에 마쳐진 소유권등기는 직권으로 말소한다. • 다만, 수용의 개시일 이후에 마쳐진 소유권이전등기라도 수용의 개시일 이전에 발생한 상속이 등기원인인 경우는 말소하지 않는다.	그 부동산을 위하여 존재하는 지역권등기는 직권말소의 대상이 아니다.

8 진정명의회복을 원인으로 한 소유권이전등기

의의	'진정명의회복을 원인으로 한 소유권이전등기'란 등기원인의 무효 등으로 등기기록에 기록된 등기명의인이 무권리자인 경우에 진정한 소유자가 소유권을 회복하는 방법으로 무권리자 명의의 등기를 말소하지 아니하고 자기명의로 소유권이전등기 하는 것을 말한다.
신청인 및 신청방법	① 이미 자기 앞으로 소유권을 표상하는 등기가 되어 있던 자(과거의 등기부상 소유자)가 등기권리자가 되고 현재의 등기명의인이 등기의무자가 되어 공동으로 신청할 수 있다. ② 현재의 등기명의인이 협력하지 않으면 그 자를 상대로 '진정명의회복'을 등기원인으로 한 소유권이전등기절차의 이행을 명하는 판결을 받아 단독으로 신청할 수 있다.
신청정보	① 등기의 목적은 '소유권이전'으로 기록한다. ② 등기원인은 '진정명의회복'으로 기록하지만, 등기원인일자는 기록하지 않는다.
첨부정보	① 등기원인을 증명하는 정보 ⇨ 판결에 의한 단독신청의 경우 판결정본을 제공한다. ② 토지거래허가증, 농지취득자격증명을 제공할 필요 없다. ⇨ 진정명의회복은 법률의 규정에 해당하기 때문이다.

핵심단단 등기원인 및 등기연월일

구분	등기원인	등기연월일
원칙	기록한다.	기록한다.
소유권보존등기	×	×
진정명의회복	진정명의회복	×

9 환매특약의 등기(환매등기)

환매권의 성질	환매권은 **채권**이므로 부동산 환매특약의 경우 매매로 인한 소유권이전등기와 동시에 환매권을 등기한 때에는 제3자에 대하여 **대항력**을 갖는다.
신청방법	① 환매특약등기의 신청정보는 소유권이전등기의 신청정보와 **별개로** 작성하여 **동시에** 신청하여야 한다. ② 환매특약등기를 매매로 인한 소유권이전등기와 동시에 신청하지 않고 별도로 신청하는 경우에는 사건이 등기할 것이 아닌 경우에 해당되어 **각하**된다.
신청인	매도인이 등기권리자가 되고, 매수인이 등기의무자가 되어 공동으로 신청한다.
신청정보	① 필요적 제공사항: 매수인이 지급한 **매매대금**과 **매매비용**을 적어야 한다. ② 임의적 제공사항: **환매기간**은 등기원인에 그 사항이 정하여져 있는 경우에만 기록한다.
등기의 실행	① 환매특약등기는 소유권이전등기에 **부기등기**로 실행한다. ② 환매권의 이전등기는 **부기등기의 부기등기** 형식으로 한다.
환매권의 말소등기	① 직권에 의한 말소: **환매권을 행사**하여 소유권이전등기를 신청하는 경우 환매특약의 등기는 등기관이 직권으로 말소한다. ② 공동신청에 의한 말소: 존속기간의 경과 등 환매권의 행사 없이 환매권이 소멸하는 경우에는 환매특약등기를 공동으로 신청하여 말소한다.

10 신탁등기

(1) 기록례

【갑구】			(소유권에 관한 사항)	
순위번호	등기목적	접수	등기원인	권리자 및 기타사항
2	소유권이전	2023년 1월 9일 제670호	2023년 1월 8일 매매	소유자 전맡겨 600104-1****** 서울특별시 서초구 반포대로 60 (반포동) 거래가액 금 700,000,000원
3	소유권이전	2023년 5월 31일 제13005호	2023년 5월 30일 신탁	수탁자 나믿음 720321-1****** 서울특별시 서초구 방배로 246 (방배동)
	신탁			신탁원부 제2021-25호

(2) 신탁등기의 신청 및 신탁등기의 말소신청

단독신청	신탁재산에 속하는 부동산의 신탁등기는 수탁자가 단독으로 신청한다(법 제23조 제7항).
동시신청, 일괄신청	① 신탁등기의 신청은 해당 신탁으로 인한 권리의 이전 또는 보존이나 설정등기의 신청과 동시에 하여야 한다(법 제82조 제1항). ② 신탁등기의 신청은 해당 신탁으로 인한 권리의 이전 또는 보존이나 설정등기의 신청과 함께 1건의 신청정보로 일괄하여 하여야 한다(규칙 제139조 제1항).
대위신청	수익자나 위탁자는 수탁자를 대위하여 신탁등기를 신청할 수 있다. 이 경우 위의 동시신청 규정은 적용되지 않는다(법 제82조 제2항).
순위번호	신탁등기는 권리의 이전 또는 보존이나 설정등기와 함께 하나의 순위번호를 사용한다(규칙 제139조 제7항).
말소등기	① 신탁등기의 말소등기는 수탁자가 단독으로 신청할 수 있다(법 제87조 제3항). ② 신탁재산에 속한 권리가 이전, 변경 또는 소멸됨에 따라 신탁재산에 속하지 아니하게 된 경우 신탁등기의 말소신청은 신탁된 권리의 이전등기, 변경등기 또는 말소등기의 신청과 동시에 하여야 한다(법 제87조 제1항). ③ 신탁재산이 수탁자의 고유재산이 되었을 때에는 그 뜻의 등기는 주등기로 하여야 한다(규칙 제143조).

(3) 수탁자가 여러 명인 경우

수탁자가 여러 명인 경우 등기관은 신탁재산이 합유인 뜻을 기록하여야 한다(법 제84조).

(4) 신탁원부

작성	등기관이 신탁등기를 할 때에는 신탁원부를 작성하여야 한다. 신탁원부는 등기기록의 일부로 보고, 그 기록은 등기로 본다.
제공	여러 개의 부동산에 관하여 1건의 신청정보로 일괄하여 신탁등기를 신청하는 경우에는 각 부동산별로 신탁원부 작성을 위한 정보를 제공하여야 한다.

(5) 신탁원부 기록의 변경등기

법원의 촉탁	법원은 다음에 해당하는 재판을 한 경우 지체 없이 신탁원부 기록의 변경등기를 등기소에 촉탁하여야 한다(법 제85조 제1항). ① 수탁자 해임의 재판 ② 신탁관리인의 선임 또는 해임의 재판 ③ 신탁 변경의 재판
등기관의 직권	등기관이 신탁재산에 속하는 부동산에 관한 권리에 대하여 다음에 해당하는 등기를 할 경우 직권으로 그 부동산에 관한 신탁원부 기록의 변경등기를 하여야 한다. ① 수탁자의 변경으로 인한 이전등기 ② 여러 명의 수탁자 중 1인의 임무 종료로 인한 변경등기 ③ 수탁자인 등기명의인의 성명 및 주소(법인인 경우에는 그 명칭 및 사무소 소재지를 말한다)에 관한 변경등기 또는 경정등기

기본문제와 완성문제로 **단단기출**

01 공유관계의 등기에 관한 설명으로 틀린 것은? 제28회

기본기출

① 구분소유적 공유관계에 있는 1필의 토지를 특정된 부분대로 단독소유하기 위해서는 분필등기한 후 공유자 상호간에 명의신탁해지를 원인으로 하는 지분소유권이전등기를 신청한다.
② 토지에 대한 공유물분할약정으로 인한 소유권이전등기는 공유자가 공동으로 신청할 수 있다.
③ 등기된 공유물 분할금지기간을 단축하는 약정에 관한 변경등기는 공유자 전원이 공동으로 신청하여야 한다.
④ 공유자 중 1인의 지분포기로 인한 소유권이전등기는 공유지분권을 포기하는 공유자가 단독으로 신청하여야 한다.
⑤ 등기된 공유물 분할금지기간 약정을 갱신하는 경우, 이에 대한 변경등기는 공유자 전원이 공동으로 신청하여야 한다.

> 키워드 공유등기
> 난이도
> 해설 공유자 중 1인의 지분포기로 인한 소유권이전등기는 지분을 포기한 공유자를 등기의무자로 하고 다른 공유자를 등기권리자로 하여 공동으로 신청한다.

정답 01 ④

02 공동소유에 관한 등기에 대한 설명으로 옳은 것은?

제29회

① 합유등기에는 합유지분을 표시한다.
② 농지에 대하여 공유물분할을 원인으로 하는 소유권이전등기를 신청하는 경우, 농지취득자격증명을 첨부하여야 한다.
③ 미등기부동산의 공유자 중 1인은 자기 지분만에 대하여 소유권보존등기를 신청할 수 있다.
④ 갑구 순위번호 2번에 기록된 A의 공유지분 4분의 3 중 절반을 B에게 이전하는 경우, 등기목적란에 '2번 A 지분 4분의 3 중 일부(2분의 1) 이전'으로 기록한다.
⑤ 법인 아닌 사단 A 명의의 부동산에 관해 A와 B의 매매를 원인으로 이전등기를 신청하는 경우, 특별한 사정이 없는 한 A의 사원총회결의가 있음을 증명하는 정보를 제출하여야 한다.

키워드 공동소유등기

난이도

해설 ⑤ 법인 아닌 사단이 등기권리자로서 등기를 신청하는 경우는 사원총회결의서를 제공할 필요는 없지만, 등기의무자로서 등기를 신청하는 경우는 사원총회결의서를 제출하여야 한다(규칙 제48조 제3호). 지문의 경우 법인 아닌 사단 A가 등기의무자로서 등기를 신청하는 경우이므로 사원총회결의가 있음을 증명하는 정보를 제출하여야 한다.
① 합유등기에는 합유지분을 표시하지 않는다.
② 농지에 대하여 공유물분할을 원인으로 하는 소유권이전등기를 신청하는 경우에 농지취득자격증명을 첨부할 필요는 없다(등기예규 제1635호).
③ 미등기부동산의 공유자 중 1인은 자기 지분만에 대하여 소유권보존등기를 신청할 수 없고, 공유자 전원 명의로 소유권보존등기를 신청하여야 한다.
④ 갑구 순위번호 2번에 기록된 A의 공유지분 4분의 3 중 절반을 B에게 이전하는 경우, 등기목적란에 '2번 A 지분 4분의 3 중 일부(8분의 3) 이전'으로 기록한다.

정답 02 ⑤

03 합유등기에 관한 설명으로 틀린 것은? 제30회

① 「민법」상 조합의 소유인 부동산을 등기한 경우, 조합원 전원의 명의로 합유등기를 한다.
② 합유등기를 하는 경우, 합유자의 이름과 각자의 지분비율이 기록되어야 한다.
③ 2인의 합유자 중 1인이 사망한 경우, 잔존 합유자는 그의 단독소유로 합유명의인 변경등기를 신청할 수 있다.
④ 합유자 중 1인이 다른 합유자 전원의 동의를 얻어 합유지분을 처분하는 경우, 지분이전등기를 신청할 수 없다.
⑤ 공유자 전원이 그 소유관계를 합유로 변경하는 경우, 변경계약을 등기원인으로 변경등기를 신청해야 한다.

키워드 〉 합유등기
난이도 〉
해설 〉 합유등기에 있어서는 등기부상 각 합유자의 지분을 표시하지 아니한다(등기예규 제911호).

04 2022년에 체결된 「부동산 거래신고 등에 관한 법률」 제3조 제1항 제1호의 부동산 매매계약의 계약서를 등기원인증서로 하는 소유권이전등기에 관한 설명으로 틀린 것은? 제33회

① 신청인은 위 법률에 따라 신고한 거래가액을 신청정보의 내용으로 등기소에 제공해야 한다.
② 신청인은 시장·군수 또는 구청장이 제공한 거래계약신고필증정보를 첨부정보로서 등기소에 제공해야 한다.
③ 신고 관할 관청이 같은 거래부동산이 2개 이상인 경우, 신청인은 매매목록을 첨부정보로서 등기소에 제공해야 한다.
④ 거래부동산이 1개라 하더라도 여러 명의 매도인과 여러 명의 매수인 사이의 매매계약인 경우에는 매매목록을 첨부정보로서 등기소에 제공해야 한다.
⑤ 등기관은 거래가액을 등기기록 중 갑구의 등기원인란에 기록하는 방법으로 등기한다.

키워드 〉 거래가액 기록
난이도 〉
해설 〉 등기관이 거래가액을 등기할 때에는 다음의 구분에 따른 방법으로 한다(규칙 제125조).

> 1. 매매목록의 제공이 필요 없는 경우: 등기기록 중 갑구의 '권리자 및 기타사항란'에 거래가액을 기록하는 방법
> 2. 매매목록이 제공된 경우: 거래가액과 부동산의 표시를 기록한 매매목록을 전자적으로 작성하여 번호를 부여하고 등기기록 중 갑구의 '권리자 및 기타사항란'에 그 매매목록의 번호를 기록하는 방법

정답 03 ② 04 ⑤

05 소유권에 관한 등기의 설명으로 옳은 것을 모두 고른 것은?

제32회

기본 기출

㉠ 공유물분할금지약정이 등기된 부동산의 경우에 그 약정상 금지기간 동안에는 그 부동산의 소유권 일부에 관한 이전등기를 할 수 없다.
㉡ 2020년에 체결된 부동산매매계약서를 등기원인을 증명하는 정보로 하여 소유권이전등기를 신청하는 경우에는 거래가액을 신청정보의 내용으로 제공하여야 한다.
㉢ 거래가액을 신청정보의 내용으로 제공하는 경우, 1개의 부동산에 관한 여러 명의 매도인과 여러 명의 매수인 사이의 매매계약인 때에는 매매목록을 첨부정보로 제공하여야 한다.
㉣ 공유물분할금지약정이 등기된 경우, 그 약정의 변경등기는 공유자 중 1인이 단독으로 신청할 수 있다.

① ㉠, ㉡
② ㉠, ㉢
③ ㉡, ㉢
④ ㉡, ㉣
⑤ ㉢, ㉣

키워드 거래가액

난이도

해설 ㉠ 공유물분할금지약정이 등기된 부동산의 경우에 그 약정상 금지기간 동안에는 공유물의 분할을 허용하지 않는 것이지, 소유권의 일부인 지분을 이전하는 것은 문제가 없다.
㉣ 공유물분할금지약정이 등기된 경우, 그 약정의 변경등기는 공유자 전원이 공동으로 신청한다.

정답 05 ③

06 수용으로 인한 등기에 관한 설명으로 옳은 것을 모두 고른 것은? 제30회

> ㉠ 수용으로 인한 소유권이전등기는 토지수용위원회의 재결서를 등기원인증서로 첨부하여 사업시행자가 단독으로 신청할 수 있다.
> ㉡ 수용으로 인한 소유권이전등기신청서에 등기원인은 토지수용으로, 그 연월일은 수용의 재결일을 기재해야 한다.
> ㉢ 수용으로 인한 등기신청 시 농지취득자격증명을 첨부해야 한다.
> ㉣ 등기권리자의 단독신청에 따라 수용으로 인한 소유권이전등기를 하는 경우, 등기관은 그 부동산을 위해 존재하는 지역권의 등기를 직권으로 말소해서는 안 된다.
> ㉤ 수용으로 인한 소유권이전등기가 된 후 토지수용위원회의 재결이 실효된 경우, 그 소유권이전등기의 말소등기는 원칙적으로 공동신청에 의한다.

① ㉠, ㉡, ㉢
② ㉠, ㉢, ㉣
③ ㉠, ㉣, ㉤
④ ㉡, ㉢, ㉤
⑤ ㉡, ㉣, ㉤

키워드 수용으로 인한 등기

난이도

해설 ㉡ 수용으로 인한 소유권이전등기신청서에 등기원인은 토지수용으로, 그 연월일은 수용의 재결일을 기재하지 않고 '수용의 개시일'을 기재해야 한다.
㉢ 농지취득자격증명은 '법률행위'에 의한 소유권이전등기를 신청하는 경우 제공하는 것을 원칙으로 하므로 법률의 규정(수용, 진정명의회복 등)에 의한 등기신청 시에는 제공을 요하지 않는다(등기예규 제1635호).

정답 06 ③

07 토지수용으로 인한 소유권이전등기를 하는 경우 그 토지에 있던 다음의 등기 중 등기관이 직권으로 말소할 수 없는 것은? (단, 수용의 개시일은 2013.4.1.임) 제24회

① 2013.2.1. 상속을 원인으로 2013.5.1.에 한 소유권이전등기
② 2013.2.7. 매매를 원인으로 2013.5.7.에 한 소유권이전등기
③ 2013.1.2. 설정계약을 원인으로 2013.1.8.에 한 근저당권설정등기
④ 2013.2.5. 설정계약을 원인으로 2013.2.8.에 한 전세권설정등기
⑤ 2013.5.8. 매매예약을 원인으로 2013.5.9.에 한 소유권이전청구권가등기

키워드 〉 수용으로 인한 소유권이전등기 시 직권말소 여부

난이도 〉

해설 〉 등기관이 수용으로 인한 소유권이전등기를 하는 경우 그 부동산의 등기기록 중 소유권, 소유권 외의 권리, 그 밖의 처분제한에 관한 등기가 있으면 그 등기를 직권으로 말소하여야 한다(법 제99조 제4항). 소유권의 경우 수용의 개시일 이후에 마쳐진 소유권이전등기는 말소되지만, 수용의 개시일 이전에 발생한 상속으로 인한 소유권이전등기는 수용의 개시일 이후에 마쳐지더라도 말소의 대상이 되지 않는다.

08 유증으로 인한 소유권이전등기에 관한 설명으로 틀린 것은? (다툼이 있으면 판례에 따름) 제24회

① 유증에 기한이 붙은 경우에는 그 기한이 도래한 날을 등기원인일자로 기록한다.
② 포괄유증은 수증자 명의의 등기가 없어도 유증의 효력이 발생하는 시점에 물권변동의 효력이 발생한다.
③ 유증으로 인한 소유권이전등기는 상속등기를 거쳐 수증자 명의로 이전등기를 신청하여야 한다.
④ 유증으로 인한 소유권이전등기 신청이 상속인의 유류분을 침해하는 내용이라 하더라도 등기관은 이를 수리하여야 한다.
⑤ 미등기부동산이 특정유증된 경우, 유언집행자는 상속인 명의의 소유권보존등기를 거쳐 유증으로 인한 소유권이전등기를 신청하여야 한다.

키워드 〉 유증으로 인한 소유권이전등기

난이도 〉

해설 〉 유증을 원인으로 한 소유권이전등기는 포괄유증이든 특정유증이든 모두 상속등기를 거치지 않고 유증자로부터 직접 수증자 명의로 등기를 신청하여야 한다(등기예규 제1512호).

정답 07 ① 08 ③

09 환매특약등기의 등기사항인 것을 모두 고른 것은?   제32회

㉠ 채권최고액
㉡ 이자지급시기
㉢ 매매비용
㉣ 매수인이 지급한 대금

① ㉠, ㉡
② ㉠, ㉣
③ ㉡, ㉢
④ ㉡, ㉣
⑤ ㉢, ㉣

키워드 환매특약등기의 등기사항
난이도
해설 등기관이 환매특약의 등기를 할 때에는 매수인이 지급한 대금과 매매비용을 기록하여야 한다. 다만, 환매 기간은 등기원인에 그 사항이 정하여져 있는 경우에만 기록한다(법 제53조).

10 환매특약의 등기에 관한 설명으로 틀린 것은?   제33회

① 매매비용을 기록해야 한다.
② 매수인이 지급한 대금을 기록해야 한다.
③ 환매특약등기는 매매로 인한 소유권이전등기가 마쳐진 후에 신청해야 한다.
④ 환매기간은 등기원인에 그 사항이 정하여져 있는 경우에만 기록한다.
⑤ 환매에 따른 권리취득의 등기를 한 경우, 등기관은 특별한 사정이 없는 한 환매특약의 등기를 직권으로 말소해야 한다.

키워드 환매특약등기
난이도
해설 환매특약등기의 신청정보는 소유권이전등기의 신청정보와 별개로 작성하여 동시에 신청하여야 한다. 소유권이전등기를 마친 후에 환매특약등기를 신청한 경우 법 제29조 제2호 '사건이 등기할 것이 아닌 경우'에 해당하여 각하된다.

정답 09 ⑤ 10 ③

11 신탁등기에 관한 설명으로 틀린 것은?

제26회

① 신탁의 일부가 종료되어 권리이전등기와 함께 신탁등기의 변경등기를 할 때에는 하나의 순위번호를 사용한다.
② 신탁재산에 속하는 부동산의 신탁등기는 수탁자가 단독으로 신청한다.
③ 신탁재산이 수탁자의 고유재산이 되었을 때에는 그 뜻의 등기를 부기등기로 하여야 한다.
④ 신탁가등기의 등기신청도 가능하다.
⑤ 신탁등기의 신청은 해당 신탁으로 인한 권리의 이전 또는 보존이나 설정등기의 신청과 함께 1건의 신청정보로 일괄하여 하여야 한다.

키워드 〉 신탁등기
난이도 〉
해설 〉 신탁재산이 수탁자의 고유재산이 되었을 때에는 그 뜻의 등기를 주등기로 하여야 한다(규칙 제143조).

12 신탁등기에 관한 설명으로 틀린 것은?

제27회

① 신탁등기 시 수탁자가 甲과 乙인 경우, 등기관은 신탁재산이 甲과 乙의 합유인 뜻을 기록해야 한다.
② 등기관이 수탁자의 고유재산으로 된 뜻의 등기와 함께 신탁등기의 말소등기를 할 경우 하나의 순위번호를 사용한다.
③ 수탁자의 신탁등기신청은 해당 부동산에 관한 권리의 설정등기, 보존등기, 이전등기 또는 변경등기의 신청과 동시에 해야 한다.
④ 신탁재산의 일부가 처분되어 권리이전등기와 함께 신탁등기의 변경등기를 할 경우, 각기 다른 순위번호를 사용한다.
⑤ 신탁등기의 말소등기신청은 권리의 이전 또는 말소등기나 수탁자의 고유재산으로 된 뜻의 등기신청과 함께 1건의 신청정보로 일괄하여 해야 한다.

키워드 〉 신탁등기
난이도 〉
해설 〉 신탁재산의 일부가 처분되었거나 신탁의 일부가 종료되어 권리이전등기와 함께 신탁등기의 변경등기를 할 때에는 하나의 순위번호를 사용하고, 처분 또는 종료 후의 수탁자의 지분을 기록하여야 한다(규칙 제142조).

정답 11 ③ 12 ④

13 「부동산등기법」상 신탁등기에 관한 설명으로 옳은 것을 모두 고른 것은? 제32회

㉠ 법원이 신탁 변경의 재판을 한 경우 수탁자는 지체 없이 신탁원부 기록의 변경등기를 신청하여야 한다.
㉡ 신탁재산이 수탁자의 고유재산이 되었을 때에는 그 뜻의 등기를 주등기로 하여야 한다.
㉢ 등기관이 신탁재산에 속하는 부동산에 관한 권리에 대하여 수탁자의 변경으로 인한 이전등기를 할 경우에는 직권으로 그 부동산에 관한 신탁원부 기록의 변경등기를 하여야 한다.
㉣ 수익자가 수탁자를 대위하여 신탁등기를 신청하는 경우에는 해당 부동산에 관한 권리의 설정등기의 신청과 동시에 하여야 한다.

① ㉠, ㉡
② ㉡, ㉢
③ ㉢, ㉣
④ ㉠, ㉡, ㉣
⑤ ㉠, ㉢, ㉣

키워드 신탁등기

난이도

해설 ㉡ 규칙 제143조
㉢ 법 제85조의2
㉠ 법원이 신탁 변경의 재판을 한 경우 지체 없이 신탁원부 기록의 변경등기를 등기소에 촉탁하여야 한다(법 제85조 제1항).
㉣ 신탁등기의 신청은 해당 부동산에 관한 권리의 설정등기, 보존등기, 이전등기 또는 변경등기의 신청과 동시에 하여야 한다(법 제82조 제1항). 다만, 수익자나 위탁자가 수탁자를 대위하여 신탁등기를 신청하는 경우에는 동시신청 규정을 적용하지 않는다(법 제82조 제2항 단서).

정답 13 ②

14 「부동산등기법」상 신탁등기에 관한 설명으로 틀린 것은? 제33회

기본 기출

① 수익자는 수탁자를 대위하여 신탁등기를 신청할 수 있다.
② 신탁등기의 말소등기는 수탁자가 단독으로 신청할 수 있다.
③ 신탁가등기는 소유권이전청구권보전을 위한 가등기와 동일한 방식으로 신청하되, 신탁원부 작성을 위한 정보를 첨부정보로서 제공해야 한다.
④ 여러 명의 수탁자 중 1인의 임무종료로 인한 합유명의인 변경등기를 한 경우에는 등기관은 직권으로 신탁원부 기록을 변경해야 한다.
⑤ 법원의 신탁관리인 선임의 재판을 한 경우, 그 신탁관리인은 지체 없이 신탁원부 기록의 변경등기를 신청해야 한다.

키워드 〉 신탁등기
난이도 〉
해설 〉 법원은 다음의 어느 하나에 해당하는 재판을 한 경우 지체 없이 신탁원부 기록의 변경등기를 등기소에 촉탁하여야 한다(법 제85조 제1항).

> 1. 수탁자 해임의 재판
> 2. 신탁관리인의 선임 또는 해임의 재판
> 3. 신탁 변경의 재판

정답 14 ⑤

15 소유권이전등기에 관한 설명으로 옳은 것을 모두 고른 것은? (다툼이 있으면 판례에 따름) 제29회

㉠ 甲이 그 명의로 등기된 부동산을 乙에게 매도한 뒤 단독상속인 丙을 두고 사망한 경우, 丙은 자신을 등기의무자로 하여 甲에서 직접 乙로의 이전등기를 신청할 수는 없다.
㉡ 甲 소유 토지에 대해 사업시행자 乙이 수용보상금을 지급한 뒤 乙 명의로 재결수용에 기한 소유권이전등기를 하는 경우, 수용개시일 후 甲이 丙에게 매매를 원인으로 경료한 소유권이전등기는 직권말소된다.
㉢ 공동상속인이 법정상속분과 다른 비율의 지분이전등기를 상속을 원인으로 신청하는 경우, 그 지분이 신청인이 주장하는 지분으로 변동된 사실을 증명하는 서면을 신청서에 첨부하여 제출하지 않으면 등기관은 그 신청을 각하한다.
㉣ 甲 소유 토지에 대해 甲과 乙의 가장매매에 의해 乙 앞으로 소유권이전등기가 된 후에 선의의 丙 앞으로 저당권설정등기가 설정된 경우, 甲과 乙은 공동으로 진정명의회복을 위한 이전등기를 신청할 수 없다.

① ㉠, ㉡
② ㉠, ㉣
③ ㉡, ㉢
④ ㉢, ㉣
⑤ ㉡, ㉢, ㉣

키워드 소유권이전등기

해설 ㉡ 수용개시일 이후에 마쳐진 소유권이전등기는 사업시행자 명의의 소유권이전등기의 신청이 있는 경우, 등기관이 직권으로 말소한다.
㉢ 협의분할에 의한 상속의 경우, 협의분할을 증명하는 서면인 '상속재산분할협의서' 등을 첨부정보로 제공하여야 한다.
㉠ 甲이 그 명의로 등기된 부동산을 乙에게 매도한 뒤 단독상속인 丙을 두고 사망한 경우, 丙은 자신을 등기의무자로 하여 甲에서 직접 乙로의 이전등기를 신청할 수 있다. 이를 상속인에 의한 등기신청이라고 한다.
㉣ 甲은 가장매매를 이유로 乙 명의의 소유권이전등기의 말소를 구할 수 있지만, 이 경우 丙의 승낙서를 첨부하여야 하고 이를 첨부하지 못하면 말소등기 신청은 각하된다. 그런데 丙은 선의자로서 승낙의 의무가 없으므로 현실적으로 丙의 승낙서를 첨부하기가 곤란하다. 이 경우 甲을 구제하기 위하여 말소등기를 하지 않고 甲 명의의 소유권이전등기를 할 수 있는데, 이를 진정명의회복을 위한 소유권이전등기라고 한다.

정답 15 ③

THEME 21
용익권등기 (지상권, 지역권, 전세권, 임차권)

| THEME 키워드 |
지역권등기, 전세권등기, 용익권등기

> **기출분석**
> - 기출회차: 제34회
> - 키워드: 용익권등기
> - 난이도: ■■■□

기본으로 알아야 하는 대표기출

등기관이 용익권의 등기를 하는 경우에 관한 설명으로 옳은 것은?

① 1필 토지 전부에 지상권설정등기를 하는 경우, 지상권설정의 범위를 기록하지 않는다.
② 지역권의 경우, 승역지의 등기기록에 설정의 목적, 범위 등을 기록할 뿐, 요역지의 등기기록에는 지역권에 관한 등기사항을 기록하지 않는다.
③ 전세권의 존속기간이 만료된 경우, 그 전세권설정등기를 말소하지 않고 동일한 범위를 대상으로 하는 다른 전세권설정등기를 할 수 있다.
④ 2개의 목적물에 하나의 전세권설정계약으로 전세권설정등기를 하는 경우, 공동전세목록을 작성하지 않는다.
⑤ 차임이 없이 보증금의 지급만을 내용으로 하는 채권적 전세의 경우, 임차권설정등기기록에 차임 및 임차보증금을 기록하지 않는다.

> **해설**
> ④ 공동전세권의 목적 부동산이 5개 이상인 경우 등기관은 공동전세목록을 작성하여야 한다(규칙 제128조 제3항).
> ① 1필 토지 전부에 지상권설정등기를 하더라도 반드시 지상권설정의 범위를 기록하여야 한다.
> ② 요역지의 등기기록에는 승역지, 지역권설정의 목적, 지역권설정의 범위를 기록하여야 한다(법 제71조 제1항).
> ③ 전세권의 존속기간이 만료된 경우, 그 전세권설정등기를 말소하지 않고는 동일한 범위를 대상으로 하는 다른 전세권설정등기를 할 수 없다.
> ⑤ 차임이 없이 보증금의 지급만을 내용으로 하는 채권적 전세의 경우, 임차보증금을 임차권설정등기기록에 기록하여야 한다(1995.12.8, 등기 3402-854).
>
> 정답 ④

> **함정을 피하는 TIP**
> - 용익권등기 시 범위를 반드시 기록하여야 한다.
> - 전부에 설정하는 경우 '도면'을 제공하지 않는 것과 구분할 수 있어야 한다.

단단하게 정리하는 **핵심이론**

1 지상권

(1) 지상권설정등기

지상권의 성질	① 지상권은 배타적인 권리이므로 지상권이 설정된 토지에 이중으로 설정하지 못한다. ② 지상권은 토지의 전부 또는 일부에 범위를 정하여 설정할 수 있지만, 공유지분에는 설정하지 못한다.
신청인	지상권설정등기는 지상권자를 등기권리자로 하고, 지상권설정자(토지소유자)를 등기의무자로 하여 공동으로 신청한다.
신청정보	**필요적 사항** ① 범위: 토지 '전부'를 목적으로 하는 경우는 '전부'라고 적는다. 이 경우 지적도면은 제공하지 않는다. 토지 '일부'를 목적으로 하는 경우 '동남쪽 300m²' 등으로 적는다. 이 경우 지적도면을 제공한다. ② 목적: 건물, 공작물, 수목 중 어느 것을 소유할 것인가를 명확히 적는다. **임의적 사항** ① 존속기간: '철탑 존속기간으로 한다'라고 불확정기간으로 정할 수 있다. ② 지료 등: 등기원인에 그 약정이 있는 경우에만 이를 제공하여야 한다.

(2) 구분지상권

목적	ⓔ 송전선 소유, 송유관 소유 등
특징	① 구분지상권도 지상권이므로 구분지상권설정등기를 하여야 권리가 발생한다. ② 지상권처럼 범위와 목적을 기록하여야 한다. ③ 범위가 다르면 동일한 토지상에 여러 개의 구분지상권을 설정할 수 있다. ④ 구분지상권설정등기를 신청하는 경우 지적도의 제공을 요하지 않는다.

2 지역권

(1) 지역권의 의의 및 성질

의의	지역권은 설정행위에서 정한 일정한 목적(ⓔ 통행·인수·관망 등)을 위하여 타인의 토지를 자기 토지의 편익에 이용하는 물권이다(민법 제291조). 편익을 받는 토지를 요역지, 편익을 제공하는 토지를 승역지라고 한다.
성질	요역지의 소유권이 이전되는 경우 별도의 지역권이전등기를 하지 않더라도 지역권이전의 효력은 발생한다.

(2) 지역권설정등기절차

신청인	지역권자가 등기권리자가 되고 지역권설정자가 등기의무자가 되어 공동으로 신청하여야 한다. 지역권은 토지소유자 이외에 지상권자·전세권자도 각각의 권한 내에서 지역권설정의 당사자가 될 수 있다.	
신청정보	필요적 사항	① 범위: '승역지'는 1필의 토지의 일부에도 설정할 수 있다. 반면, '요역지'는 1필지의 토지 전부이어야 하며, 그 일부를 위한 지역권의 설정등기는 할 수 없다. ② 목적: 승역지가 요역지에 제공하는 편익의 종류(예 통행, 인수, 관망 등)를 적어야 한다. ③ 요역지: 요역지를 특정하여 해당 토지를 표시하여야 한다.
	임의적 사항	지역권 소멸약정: 지역권은 요역지소유권에 부종하여 이전하는 것이 원칙이지만, 다른 약정이 있는 때에는 그 약정에 의한다(민법 제292조 제1항).

(3) 등기의 실행

관할 등기소	승역지를 관할하는 등기소가 관할 등기소가 된다.
신청, 직권	① 지역권설정등기는 승역지의 을구에 공동신청으로 등기한다. ② 요역지지역권은 등기관이 직권으로 등기한다.
등기 형식	① 주등기: 승역지의 소유자가 지역권을 설정한 경우 ② 부기등기: 승역지의 지상권자나 전세권자가 지역권을 설정하는 경우
실행	① 승역지: 목적, 범위, 요역지를 기록한다. ② 요역지: 목적, 범위, 승역지를 기록한다. ③ 지역권자는 등기사항이 아니다.

3 전세권

(1) 전세권의 허용 여부

설정대상	① 부동산의 전부 또는 일부에는 설정할 수 있다. ② 소유권의 일부인 공유지분에는 설정할 수 없다.
농경지	농경지를 목적으로 전세권을 설정할 수 없다.
전전세	전전세는 전세권의 존속기간 내에서만 허용되므로 존속기간이 경과한 경우는 할 수 없다.

(2) 전세권설정등기절차

① 신청정보

필요적 사항	㉠ 전세권 또는 전전세권의 목적인 범위 ㉡ 전세금 또는 전전세금
임의적 사항	존속기간, 위약금이나 배상금, 양도금지나 담보제공금지, 전전세나 임대차금지 등은 등기원인에 그 약정이 있는 경우에만 신청정보의 내용으로 제공하여야 한다.

② 등기의 실행

등기 형식	전세권은 주등기 형식으로 기록하지만, 전전세는 전세권에 부기등기 형식으로 기록한다.
공동전세목록	등기관이 5개 이상의 부동산에 관하여 전세권설정등기를 할 때에는 공동전세목록을 작성하여야 한다.

(3) 전세권으로 금전을 융통하는 방법

구분	전세권부저당권설정	전세금반환채권양도
소멸 전	○	×
소멸 후	×	○

① 전세권을 목적으로 한 저당권설정은 전세권의 존속기간 내에서만 허용된다.
② 전세권의 존속기간이 경과한 경우 전세권을 목적으로 저당권을 설정할 수 없다.
③ 건물전세권이 법적갱신된 이후 전세권을 목적으로 저당권을 설정하기 위해서는 우선 존속기간에 대한 변경등기를 선행하여야 한다.

(4) 전세금반환채권의 일부양도에 따른 전세권 일부이전등기

요건	전세권 일부이전등기의 신청은 전세권의 존속기간의 만료 전에는 할 수 없다. 다만, 존속기간 만료 전이라도 해당 전세권이 소멸하였음을 증명하여 신청하는 경우에는 그러하지 아니하다(법 제73조 제2항).
등기실행	① 전세금반환채권의 일부양도를 원인으로 한 전세권의 일부이전등기를 할 때에는 '양도액'을 기록한다. ② 전세권의 일부이전등기는 부기등기 형식으로 실행한다.

4 임차권

(1) 임차권의 대항력을 갖추는 방법

등기의 대항력	임차권은 채권이므로 등기를 하지 않더라도 권리가 발생하지만, 이를 등기하면 제3자에 대하여 대항력이 생긴다.
주임법상 대항력	주택임대차에 대하여는 등기하지 않더라도 주택의 인도와 주민등록을 마친 때에는 그 다음 날부터 대항력이 생긴다.

(2) 신청정보의 제공사항

필요적 사항	① 차임 ② 범위
임의적 사항	① 임차보증금, 차임의 지급시기, 존속기간 등은 등기원인에 약정이 있는 경우에만 제공하여야 한다. ② 토지에 대하여 존속기간을 불확정기간으로 하는 임차권설정등기도 가능하다.

(3) 임차권이전등기

임차권의 이전 및 임차물의 전대의 등기는 부기등기 형식으로 실행한다.

(4) 임차권등기명령에 의한 임차권등기

등기명령신청	주택·상가건물 임대차 종료 후 보증금을 반환받지 못한 임차인은 일정한 요건을 갖추어 임차주택의 소재지를 관할하는 법원에 임차권등기명령을 신청할 수 있다.
법원의 촉탁	법원은 임차권등기명령의 효력이 발생하면 지체 없이 촉탁서에 재판서등본을 첨부하여 등기관에게 임차권등기의 기입을 촉탁하여야 한다.
기록할 사항	① 등기의 목적을 '주택임차권(상가건물임차권)'이라 기록한다. ② 임대차계약을 체결한 날 ③ 임차보증금액 ④ 임차주택(임차상가건물)을 점유하기 시작한 날 ⇨ 대항력 요건 ⑤ 주민등록을 마친 날(사업자등록을 신청한 날) ⑥ 임대차계약서상의 확정일자를 받은 날 ⇨ 우선변제 요건
이전등기 (×)	「주택임대차보호법」·「상가건물 임대차보호법」상 등기명령에 의한 임차권등기에 기초한 임차권이전 등기는 허용되지 않는다.
선례	이미 전세권설정등기가 마쳐진 주택에 대하여 법원의 주택임차권등기명령에 따른 등기의 촉탁이 있는 경우에 주택임차인이 대항력을 취득한 날이 전세권설정등기의 접수일자보다 선일이라면, 기존 전세권의 등기명의인과 임차권의 등기명의인으로 되려는 자가 동일한지 여부와는 상관없이 등기관은 그 촉탁에 따른 등기를 수리할 수 있다.

기본문제와 완성문제로 단단기출

01 지역권등기에 관한 설명으로 틀린 것은? 제24회

① 등기관이 승역지의 등기기록에 지역권설정의 등기를 할 때에는 지역권설정의 목적을 기록하여야 한다.
② 요역지의 소유권이 이전되면 지역권은 별도의 등기 없이 이전된다.
③ 지역권설정등기는 승역지 소유자를 등기의무자, 요역지 소유자를 등기권리자로 하여 공동으로 신청함이 원칙이다.
④ 지역권설정등기 시 요역지지역권의 등기사항은 등기관이 직권으로 기록하여야 한다.
⑤ 승역지의 지상권자는 그 토지 위에 지역권을 설정할 수 있는 등기의무자가 될 수 없다.

> 키워드 〉 지역권등기
> 난이도 〉
> 해설 〉 지역권은 승역지의 소유자뿐만 아니라 지상권자나 전세권자도 설정할 수 있다. 이 경우 지상권이나 전세권에 부기등기 형식으로 지역권설정등기를 한다.

02 전세권의 등기에 관한 설명으로 틀린 것은? 제25회

① 수개의 부동산에 관한 권리를 목적으로 하는 전세권설정등기를 할 수 있다.
② 공유부동산에 전세권을 설정할 경우, 그 등기기록에 기록된 공유자 전원이 등기의무자이다.
③ 등기원인에 위약금약정이 있는 경우, 등기관은 전세권설정등기를 할 때 이를 기록한다.
④ 전세권이 소멸하기 전에 전세금반환채권의 일부 양도에 따른 전세권 일부이전등기를 신청할 수 있다.
⑤ 전세금반환채권의 일부 양도를 원인으로 한 전세권 일부이전등기를 할 때 양도액을 기록한다.

> 키워드 〉 전세권등기
> 난이도 〉
> 해설 〉 전세권이 소멸하기 전에 전세금반환채권의 일부 양도에 따른 전세권 일부이전등기를 신청할 수는 없다 (법 제73조).

정답 01 ⑤ 02 ④

03 甲은 乙과 乙 소유 A건물 전부에 대해 전세금 5억원, 기간 2년으로 하는 전세권설정계약을 체결하고 공동으로 전세권설정등기를 신청하였다. 이에 관한 설명으로 **틀린** 것은? 제32회

① 등기관은 전세금을 기록하여야 한다.
② 등기관은 존속기간을 기록하여야 한다.
③ 전세권설정등기가 된 후, 전세금반환채권의 일부 양도를 원인으로 한 전세권 일부이전등기를 할 때에 등기관은 양도액을 기록한다.
④ 전세권설정등기가 된 후에 건물전세권의 존속기간이 만료되어 법정갱신이 된 경우, 甲은 존속기간 연장을 위한 변경등기를 하지 않아도 그 전세권에 대한 저당권설정등기를 할 수 있다.
⑤ 전세권설정등기가 된 후에 甲과 丙이 A건물의 일부에 대한 전전세계약에 따라 전전세등기를 신청하는 경우, 그 부분을 표시한 건물도면을 첨부정보로 등기소에 제공하여야 한다.

> 키워드 전세권등기
> 난이도
> 해설 건물전세권이 법정갱신된 이후 전세권을 목적으로 저당권을 설정하기 위해서는 우선 존속기간에 대한 변경등기를 선행하여야 한다. 존속기간 연장의 변경등기를 하지 않으면 전세권에 대한 저당권을 설정할 수 없다.

04 전세권등기에 관한 설명으로 **틀린** 것은? (다툼이 있으면 판례에 따름) 제33회

① 전세권 설정등기를 하는 경우, 등기관은 전세금을 기록해야 한다.
② 전세권의 사용·수익 권능을 배제하고 채권담보만을 위해 전세권을 설정한 경우, 그 전세권 설정등기는 무효이다.
③ 집합건물에 있어서 특정 전유부분의 대지권에 대하여는 전세권설정등기를 할 수가 없다.
④ 전세권의 목적인 범위가 건물의 일부로서 특정 층 전부인 경우에는 전세권설정등기 신청서에 그 층의 도면을 첨부해야 한다.
⑤ 乙 명의의 전세권등기와 그 전세권에 대한 丙 명의의 가압류가 순차로 마쳐진 甲 소유 부동산에 대하여 乙 명의의 전세권등기를 말소하라는 판결을 받았다고 하더라도 그 판결에 의하여 전세권말소등기를 신청할 때에는 丙의 승낙서 또는 丙에게 대항할 수 있는 재판의 등본을 첨부해야 한다.

> 키워드 전세권등기
> 난이도
> 해설 전세권의 목적인 범위가 건물의 일부로서 특정 층 전부인 경우에는 전세권설정등기 신청서에 그 도면을 첨부정보로 등기소에 제공할 필요가 없다(2007.7.30, 부동산등기과-2482).

정답 03 ④ 04 ④

05 용익권의 등기에 관한 설명으로 옳은 것은? 제22회

① 지상권의 이전등기에는 토지소유자의 승낙이 필요하다.
② 전세권의 존속기간을 연장하는 변경등기를 신청하는 경우, 후순위저당권자는 등기법상 이해관계인에 해당하지 않는다.
③ 토지의 공유자 중 1인을 등기의무자로 하여 그의 지분만을 목적으로 하는 구분지상권을 설정할 수 없다.
④ 토지 전세권의 존속기간 만료 후에도 토지 전세권에 대한 저당권설정등기를 할 수 있다.
⑤ 「상가건물 임대차보호법」상 등기명령에 의한 임차권등기에 기초하여 임차권이전등기를 할 수 있다.

키워드 용익권등기

난이도

해설 ① 지상권은 물권으로서 자유롭게 처분할 수 있으므로 소유자의 승낙 없이 이전이 허용된다.
② 선순위 전세권의 존속기간을 연장하는 경우 후순위저당권자는 등기기록상 불이익을 받게 되는 이해관계인에 해당한다.
④ 전세권이 존속기간의 만료로 종료된 경우 전세권은 전세권설정등기의 말소등기 없이도 당연히 소멸하므로 그 전세권을 목적으로 하는 저당권을 설정할 수는 없다.
⑤ 「상가건물 임대차보호법」상 등기명령에 의한 임차권등기에 기초하여 임차권이전등기를 할 수 없다. 이미 존속기간 경과로 권리가 소멸하였으므로 이전하는 것은 허용되지 않는다.

정답 05 ③

06 용익권에 관한 등기에 대한 설명으로 틀린 것은? 제31회

완성 기출

① 시효완성을 이유로 통행지역권을 취득하기 위해서는 그 등기가 되어야 한다.
② 승역지에 지역권설정등기를 한 경우, 요역지의 등기기록에는 그 승역지를 기록할 필요가 없다.
③ 임대차 차임지급시기에 관한 약정이 있는 경우, 임차권등기에 이를 기록하지 않더라도 임차권등기는 유효하다.
④ 1필 토지의 일부에 대해 지상권설정등기를 신청하는 경우, 그 일부를 표시한 지적도를 첨부정보로서 등기소에 제공하여야 한다.
⑤ 전세금반환채권의 일부 양도를 원인으로 하는 전세권일부이전등기의 신청은 전세권 소멸의 증명이 없는 한, 전세권 존속기간 만료 전에는 할 수 없다.

키워드	용익권등기
난이도	■■■□□
해설	등기관이 승역지에 지역권설정의 등기를 하였을 때에는 직권으로 요역지의 등기기록에 다음의 사항을 기록하여야 한다(법 제71조 제1항).

> 1. 순위번호
> 2. 등기목적
> 3. 승역지
> 4. 지역권설정의 목적
> 5. 범위
> 6. 등기연월일

정답 06 ②

THEME 22

담보권등기(저당권, 권리질권)

| THEME 키워드 |
저당권등기, 근저당권등기, 담보물권등기, 공동저당, 필요적 기록사항

기본으로 알아야 하는 대표기출

기출분석
- 기출회차: 제30회
- 키워드: 저당권등기
- 난이도:

저당권등기에 관한 설명으로 옳은 것은?

① 변제기는 저당권설정등기의 필요적 기록사항이다.
② 동일한 채권에 관해 2개 부동산에 저당권설정등기를 할 때는 공동담보목록을 작성해야 한다.
③ 채권의 일부에 대하여 양도로 인한 저당권 일부이전등기를 할 때 양도액을 기록해야 한다.
④ 일정한 금액을 목적으로 하지 않는 채권을 담보하는 저당권설정의 등기는 채권평가액을 기록할 필요가 없다.
⑤ 공동저당 부동산 중 일부의 매각대금을 먼저 배당하여 경매부동산의 후순위 저당권자가 대위등기를 할 때, 매각대금을 기록하는 것이 아니라 선순위 저당권자가 변제받은 금액을 기록해야 한다.

해설
① 변제기는 저당권설정등기의 임의적 기록사항이다.
② 5개 이상의 부동산에 저당권설정등기를 할 때 공동담보목록을 작성하여야 한다.
④ 채권의 평가액을 기록하여야 한다.
⑤ 매각대금과 선순위 저당권자가 변제받은 금액 및 매각부동산을 기록하여야 한다.

정답 ③

함정을 피하는 TIP
- 저당권설정등기 및 이전등기의 특징 및 등기사항을 알아야 한다.
- 공동저당의 대위등기의 등기사항을 알아야 한다.

단단하게 정리하는 **핵심이론**

1 저당권의 객체 및 저당권설정등기

저당권의 객체	① 저당권의 목적이 될 수 있는 권리는 **소유권, 지상권, 전세권**에 한한다. ② **농경지**도 저당권의 목적이 될 수 있다. ③ 소유권의 일부인 **공유지분**에 설정할 수 있다. ④ 부동산의 일부에는 설정할 수 없다.	
신청인	저당권설정등기는 **저당권자**가 등기권리자가 되고, **저당권설정자**(소유권자 또는 지상권자나 전세권자)가 등기의무자가 되어 공동으로 신청한다.	
신청정보	필요적 사항	① 채권액 또는 채권의 평가액: 일정한 **금액을 목적으로 하지 않는 채권**을 담보하기 위한 저당권설정등기를 신청하는 경우에는 그 **채권의 평가액**을 신청정보의 내용으로 등기소에 제공하여야 한다. ② 채무자의 **성명**(명칭)과 **주소**(사무소 소재지), 주민등록번호(×)
	임의적 사항	**변제기, 이자**, 변제장소, 채무불이행으로 인한 손해배상에 관한 약정(**=위약금**) 등은 등기원인에 약정이 있는 경우에만 제공하여야 한다.
등기실행	소유권을 목적으로 한 저당권설정등기는 을구에 **주등기**로 실행하고, 지상권 또는 전세권을 목적으로 한 저당권설정등기는 그 권리에 대한 **부기등기** 형식으로 실행한다.	

2 저당권의 이전등기

의의	**채권양도** 등을 이유로 채권이 양도되면 특별한 약정이 없는 한 이를 담보하기 위한 저당권도 이전된다. 저당권은 채권에 부종하므로 저당권을 피담보채권과 **분리**하여 타인에게 양도하거나, 다른 채권의 담보로 하지 못한다.
신청인	채권양도를 원인으로 하는 저당권이전등기는 **양수인을 등기권리자**로 하고, **양도인을 등기의무자**로 하여 공동으로 신청한다.
신청정보	저당권의 이전등기를 신청하는 경우에는 **저당권이 채권과 같이 이전한다는 뜻**을 신청정보의 내용으로 등기소에 제공하여야 한다(규칙 제137조 제1항).
등기실행	① 저당권의 이전등기는 항상 **부기등기**에 의한다. 등기관은 저당권이전등기 후 종전 저당권자의 표시에 관한 사항을 말소하는 표시를 하여야 한다(규칙 제112조 제3항). ② 채권의 일부양도나 일부 대위변제로 인한 저당권의 일부이전등기는 부기등기로 실행하고 **양도액** 또는 **변제액**을 기록하여야 한다.

3 저당권의 말소등기

원칙		저당권말소등기는 저당권설정자(부동산소유자 또는 지상권자·전세권자)가 등기권리자가 되고, 저당권자가 등기의무자가 되어 공동으로 신청한다.
저당권이 이전된 경우	신청인	① 등기권리자: 저당권설정자 ② 등기의무자: 현재의 저당권자가 등기의무자가 되는 것이지, 종전의 저당권자는 등기의무자가 될 수 없다.
	실행	주등기인 저당권설정등기를 말소신청하면 부기등기인 이전등기는 등기관이 직권으로 말소한다.
소유권이 이전된 경우		제3취득자 또는 저당권설정자가 등기권리자가 되고, 저당권자가 등기의무자가 되어 공동으로 말소등기를 신청한다.

4 공동저당에 관한 등기

의의	'공동저당'이란 동일한 채권의 담보를 위하여 수개의 부동산 위에 설정되는 저당권을 말한다.
신청정보	여러 개의 부동산에 관한 권리를 목적으로 하는 저당권설정등기를 신청하는 경우에는 각 부동산에 관한 권리의 표시를 신청정보의 내용으로 등기소에 제공하여야 한다.
공동 담보목록	① 등기관은 공동저당의 목적부동산의 수가 5개 이상인 때에는 공동담보목록을 작성하여야 한다(법 제78조 제2항). 공동담보목록은 전자적으로 작성하여야 하며, 1년마다 그 번호를 새로 부여하여야 한다. ② 창설적 공동저당뿐만 아니라 추가적 공동저당의 경우도 목적 부동산이 5개 이상인 경우 공동담보목록은 작성한다. ③ 공동담보목록은 등기기록의 일부로 본다.
공동저당 대위등기	① 차순위 저당권자가 등기권리자가 되고 선순위 저당권자가 등기의무자가 되어 공동으로 신청한다. ② 공동저당 대위등기는 대위등기의 목적이 된 저당권등기에 부기등기로 한다. ③ 등기관이 공동저당 대위등기를 할 때에는 일반적인 등기사항 외에 매각부동산 위에 존재하는 차순위저당권자의 피담보채권에 관한 내용과 매각부동산, 매각대금, 선순위저당권자가 변제받은 금액을 기록하여야 한다.

5 근저당권등기

(1) 근저당권의 의의 및 실행

의의	'근저당권'이란 계속적인 거래관계로부터 발생하는 불특정 다수의 채권을 결산기에서 일정한 한도액까지 담보하는 저당권을 말한다.
성질	근저당권은 담보물권의 부종성이 완화되고, 불특정의 채권을 담보한다는 점에서 저당권과 차이가 있는 특수한 저당권이라 할 수 있다.
등기의 실행	① 채권최고액과 채무자를 반드시 기록하여야 한다. ② 채권최고액은 채권자·채무자가 수인인 경우에도 단일하게 기록하여야 하고 이를 구분하여 기록하지 못한다. ③ 채무자가 수인인 경우 그 수인의 채무자가 연대채무자라 하더라도 등기기록에는 단순히 '채무자'로 적는다. ④ 존속기간은 등기원인에 그 약정이 있는 경우에 기록하여야 하지만, 변제기는 등기할 사항이 아니다. ⑤ 이자나 채무불이행으로 인한 손해배상에 관한 약정(=위약금)은 등기사항이 아니다.

(2) 근저당권의 이전등기

① 피담보채권이 확정되기 전에는 '채권양도'를 원인으로 근저당권이전등기를 할 수 없다. [담보물권(저당권이나 유치권)에 의하여 담보되고 있는 채권]
② 근저당권의 피담보채권이 확정되기 전에 근저당권의 기초가 되는 기본계약상의 채권자 지위가 제3자에게 양도된 경우에 '계약양도'를 등기원인으로 하여 근저당권이전등기를 신청할 수 있다.

6 권리질권에 관한 등기

의의	'권리질권'이란 재산권(예 채권, 주식 등) 등을 목적으로 하는 질권을 말한다. 권리질권 중 등기가 될 수 있는 것은 저당권부 채권질권에 한한다.
공동신청	① 등기권리자: 채권자(= 권리질권자) ② 등기의무자: 저당권자
등기의 실행	① 권리질권등기는 저당권에 부기등기로 실행한다. ② 필요적 사항: 채권액 또는 채권최고액, 채무자 ③ 임의적 사항: 변제기, 이자 등
효력	저당권에 권리질권의 부기등기를 하여야 그 효력이 저당권에 미친다.

> **참고**

권리별 필요적 기록사항 및 임의적 기록사항

구분	필요적 기록사항	임의적 기록사항
지상권설정	• 범위 • 지상권설정의 목적	• 지료 • 존속기간
지역권설정	• 범위 • 지역권설정의 목적 • 요역지	지역권 소멸약정
전세권설정	• 범위 • 전세금	• 존속기간 • 위약금이나 배상금 • 양도금지특약, 담보제공금지특약
임차권설정	• 범위 • 차임	• 임차보증금 • 존속기간
저당권설정	• 채권액 • 채무자	• 이자, 위약금 • 변제기
근저당권설정	• 채권최고액 • 채무자	존속기간

기본문제와 완성문제로 단단기출

01 저당권의 등기절차에 관한 설명으로 틀린 것은? 제28회

기본 기출

① 일정한 금액을 목적으로 하지 않는 채권을 담보하기 위한 저당권설정등기를 신청하는 경우, 그 채권의 평가액을 신청정보의 내용으로 등기소에 제공하여야 한다.
② 저당권의 이전등기를 신청하는 경우, 저당권이 채권과 같이 이전한다는 뜻을 신청정보의 내용으로 등기소에 제공하여야 한다.
③ 채무자와 저당권설정자가 동일한 경우에도 등기기록에 채무자를 표시하여야 한다.
④ 3개의 부동산이 공동담보의 목적물로 제공되는 경우, 등기관은 공동담보목록을 작성하여야 한다.
⑤ 피담보채권의 일부양도를 이유로 저당권의 일부이전등기를 하는 경우, 등기관은 그 양도액도 기록하여야 한다.

키워드 저당권등기

난이도

해설 등기관은 공동저당의 목적 부동산이 5개 이상일 때에는 공동담보목록을 작성하여야 하는데, 공동담보목록은 등기부의 일부로 본다(법 제78조 제2항·제3항).

정답 01 ④

02 근저당권등기에 관한 설명으로 옳은 것은? 제31회

① 근저당권의 약정된 존속기간은 등기사항이 아니다.
② 피담보채권의 변제기는 등기사항이 아니다.
③ 지연배상액은 등기하였을 경우에 한하여 근저당권에 의해 담보된다.
④ 1번 근저당권의 채권자가 여러 명인 경우, 그 근저당권설정등기의 채권최고액은 각 채권자별로 구분하여 기록한다.
⑤ 채권자가 등기절차에 협력하지 아니한 채무자를 피고로 하여 등기절차의 이행을 명하는 확정판결을 받은 경우, 채권자는 채무자와 공동으로 근저당권설정등기를 신청하여야 한다.

키워드 근저당권등기
난이도
해설 ② 피담보채권의 변제기는 저당권의 등기사항이 될 수 있지만, 근저당권의 등기사항에는 해당하지 않는다.
① 근저당권의 약정된 존속기간은 등기사항에 속한다(법 제75조 제2항).
③ 근저당권설정등기에서는 이자나 지연배상액 등은 채권최고액에 포함되므로 별도의 등기사항이 아니다.
④ 채권자가 여러 명인 경우, 그 근저당권설정등기의 채권최고액은 단일하게 기록한다.
⑤ 근저당권자는 등기절차에 협력하지 아니한 등기의무자를 피고로 하여 등기절차의 이행을 명하는 확정판결을 받은 경우, 단독으로 근저당권설정등기를 신청할 수 있다.

정답 02 ②

03 담보권의 등기에 관한 설명으로 옳은 것은?

제26회

① 일정한 금액을 목적으로 하지 아니하는 채권을 담보하기 위한 저당권설정등기는 불가능하다.
② 채권자가 수인인 근저당권의 설정등기를 할 경우, 각 채권자별로 채권최고액을 구분하여 등기부에 기록한다.
③ 채권의 일부에 대한 대위변제로 인한 저당권 일부이전등기는 불가능하다.
④ 근저당권의 피담보채권이 확정되기 전에 그 피담보채권이 양도된 경우, 이를 원인으로 하여 근저당권이전등기를 신청할 수 없다.
⑤ 근저당권이전등기를 신청할 경우, 근저당권설정자가 물상보증인이면 그의 승낙을 증명하는 정보를 등기소에 제공하여야 한다.

키워드 저당권등기

난이도

해설 ① 등기관이 일정한 금액을 목적으로 하지 아니하는 채권을 담보하기 위한 저당권설정의 등기를 할 때에는 그 채권의 평가액을 기록하여야 한다(법 제77조).
② 근저당권의 채권자 또는 채무자가 수인일지라도 단일한 채권최고액만을 기록하여야 하고, 각 채권자 또는 채무자별로 채권최고액을 구분하여 기록할 수 없다.
③ 등기관이 채권의 일부에 대한 양도 또는 대위변제로 인한 저당권 일부이전등기를 할 때에는 양도액 또는 변제액을 기록하여야 한다(법 제79조).
⑤ 근저당권설정자가 물상보증인이거나 소유자가 제3취득자인 경우에도 그의 승낙을 증명하는 정보를 등기소에 제공할 필요가 없다(등기예규 제1656호 제3조).

정답 03 ④

04 담보물권에 관한 등기에 대한 설명으로 옳은 것은? 제29회

① 「민법」상 조합 자체를 채무자로 표시하여 근저당설정등기를 할 수 없다.
② 근저당권의 존속기간은 등기할 수 없다.
③ 채무자 변경을 원인으로 하는 저당권변경등기는 변경 전 채무자를 등기권리자로, 변경 후 채무자를 등기의무자로 하여 공동으로 신청한다.
④ 근저당권설정등기 신청서에 변제기 및 이자를 기재하여야 한다.
⑤ 「민법」상 저당권부 채권에 대한 질권을 설정함에 있어서 채권최고액은 등기할 수 없다.

키워드 담보물권등기
난이도

해설 ① 「민법」상 조합은 권리능력이 없으므로 근저당권설정자나 근저당권자, 채무자 중 어떤 주체도 될 수 없다.
② 근저당권의 존속기간은 임의적 사항으로 등기원인에 그 약정이 있는 경우 기록하여야 한다(법 제75조 제2항).
③ 채무자 변경을 원인으로 하는 저당권변경등기는 저당권자를 등기권리자로, 저당권설정자를 등기의무자로 하여 공동으로 신청한다. 채무자는 저당권설정등기의 당사자가 아니라 저당권등기의 내용이므로 채무자가 변경되더라도 변경등기 신청의 당사자가 될 수 없다.
④ 근저당권설정등기에서 변제기 및 이자는 등기사항에 해당하지 않는다.
⑤ 저당권부 채권에 대한 질권설정등기를 할 때에는 채권액이나 채권최고액을 등기하여야 한다(법 제76조 제1항).

05 등기관이 근저당권등기를 하는 경우에 관한 설명으로 틀린 것은? 제34회

① 채무자의 성명, 주소 및 주민등록번호를 등기기록에 기록하여야 한다.
② 채무자가 수인인 경우라도 채무자별로 채권최고액을 구분하여 기록할 수 없다.
③ 신청정보의 채권최고액이 외국통화로 표시된 경우, 외화표시금액을 채권최고액으로 기록한다.
④ 선순위근저당권의 채권최고액을 감액하는 변경등기는 그 저당목적물에 관한 후순위권리자의 승낙서가 첨부되지 않더라도 할 수 있다.
⑤ 수용으로 인한 소유권이전등기를 하는 경우, 특별한 사정이 없는 한 그 부동산의 등기기록 중 근저당권등기는 직권으로 말소하여야 한다.

키워드 근저당권등기
난이도

해설 ① 채무자의 성명(명칭)과 주소(사무소 소재지)은 기록하여야 하지만, 주민등록번호는 기록하지 않는다(법 제75조).
② 채권최고액을 외국통화로 표시하여 신청정보로 제공한 경우에는 외화표시금액을 채권최고액으로 기록한다(예 "미화 금 ○○달러")(등기예규 제1656호).

정답 04 ① 05 ①

06 甲은 乙에게 금전을 대여하면서 그 담보로 乙 소유의 A부동산, B부동산에 甲 명의로 공동저당권설정등기(채권액 1억원)를 하였다. 그 후 丙이 A부동산에 대하여 저당권설정등기(채권액 5천만원)를 하였다. 乙의 채무불이행으로 甲이 A부동산에 대한 담보권을 실행하여 甲의 채권은 완제되었으나 丙의 채권은 완제되지 않았다. 丙이 甲을 대위하고자 등기하는 경우 B부동산에 대한 등기기록 사항이 아닌 것은? 제28회

① 채권액
② 존속기간
③ 매각대금
④ 매각 부동산
⑤ 선순위 저당권자가 변제받은 금액

키워드 공동저당

난이도

해설 저당권에서 존속기간은 등기사항이 아니다.

보충 등기관이 공동저당의 대위등기를 할 때에는 다음의 사항을 기록하여야 한다(법 제80조 제1항·제2항).

> 1. 매각 부동산(소유권 외의 권리가 저당권의 목적일 때에는 그 권리를 말한다)
> 2. 매각대금
> 3. 선순위 저당권자가 변제받은 금액
> 4. 채권액
> 5. 채무자의 성명 또는 명칭과 주소 또는 사무소 소재지

정답 06 ②

07 乙은 甲에 대한 동일한 채무의 담보를 위해 자신 소유의 A와 B부동산에 甲 명의의 저당권설정등기를 하였다. 그 후 A부동산에는 丙 명의의 후순위 저당권설정등기가 되었다. 이에 관한 설명으로 틀린 것은? 제32회

① 乙이 甲에 대한 동일한 채무를 담보하기 위해 추가로 C부동산에 대한 저당권설정등기를 신청한 경우, 등기관은 C부동산의 저당권설정등기 및 A와 B부동산의 저당권설정등기의 끝부분에 공동담보라는 뜻을 기록하여야 한다.
② 丙이 乙의 채무의 일부를 甲에게 변제하여 그 대위변제를 이유로 저당권 일부이전등기가 신청된 경우, 등기관은 변제액을 기록하여야 한다.
③ 乙이 변제하지 않아 甲이 우선 A부동산을 경매하여 변제받은 경우, 丙은 후순위저당권자로서 대위등기를 할 때 '甲이 변제받은 금액'과 '매각대금'을 신청정보의 내용으로 제공하여야 한다.
④ 甲에 대한 乙의 채무가 증액되어 C, D 및 E부동산이 담보로 추가된 경우, 이때 공동담보목록은 전자적으로 작성하고 1년마다 그 번호를 새로 부여하여야 한다.
⑤ 丙이 후순위저당권자로서 대위등기를 할 경우, 甲이 등기의무자가 되고 丙이 등기권리자가 되어 공동으로 신청하여야 한다.

키워드 공동저당

난이도

해설 등기관이 1개 또는 여러 개의 부동산에 관한 권리를 목적으로 하는 저당권설정의 등기를 한 후 동일한 채권에 대하여 다른 1개 또는 여러 개의 부동산에 관한 권리를 목적으로 하는 저당권설정의 등기를 할 때에는 공동담보 목적으로 새로 추가되는 부동산의 등기기록에는 그 등기의 끝부분에 공동담보라는 뜻을 기록하고 종전에 등기한 부동산의 등기기록에는 해당 등기에 부기등기로 그 뜻을 기록하여야 한다(규칙 제135조 제3항).

정답 07 ①

08 각 권리의 설정등기에 따른 필요적 기록사항으로 옳은 것을 모두 고른 것은?

기본 기출

제25회

> ㉠ 지상권: 설정목적과 범위, 지료
> ㉡ 지역권: 승역지 등기기록에서 설정목적과 범위, 요역지
> ㉢ 전세권: 전세금과 설정범위
> ㉣ 임차권: 차임과 존속기간
> ㉤ 저당권: 채권액과 변제기

① ㉠
② ㉡, ㉢
③ ㉡, ㉣, ㉤
④ ㉠, ㉢, ㉣, ㉤
⑤ ㉠, ㉡, ㉢, ㉣, ㉤

키워드 ▶ 필요적 기록사항

난이도 ▶

해설 ▶ ㉠ 지상권: 지료는 임의적 사항이다.
㉣ 임차권: 존속기간은 임의적 사항이다.
㉤ 저당권: 변제기는 임의적 사항이다.

정답 08 ②

THEME 23

변경등기, 경정등기, 말소등기, 말소회복등기, 멸실등기, 부기등기

| THEME 키워드 |
합병요건, 말소등기, 말소등기 시 이해관계 있는 제3자, 부기등기하는 경우, 부기등기, 이해관계인의 승낙과 부기등기

☐ 1회독 ☐ 2회독

기출분석
- **기출회차**: 제28회
- **키워드**: 말소등기
- **난이도**:

함정을 피하는 TIP
- 말소등기의 개념과 유형, 특징 및 요건을 알아야 한다.

기본으로 알아야 하는 대표기출

말소등기에 관한 설명으로 틀린 것은? (다툼이 있으면 판례에 따름)

① 말소되는 등기의 종류에는 제한이 없으며, 말소등기의 말소등기도 허용된다.
② 말소등기는 기존의 등기가 원시적 또는 후발적인 원인에 의하여 등기사항 전부가 부적법할 것을 요건으로 한다.
③ 농지를 목적으로 하는 전세권설정등기가 실행된 경우, 등기관은 이를 직권으로 말소할 수 있다.
④ 피담보채무의 소멸을 이유로 근저당권설정등기가 말소되는 경우, 채무자를 추가한 근저당권 변경의 부기등기는 직권으로 말소된다.
⑤ 말소등기신청의 경우에 '등기상 이해관계 있는 제3자'란 등기의 말소로 인하여 손해를 입을 우려가 있다는 것이 등기기록에 의하여 형식적으로 인정되는 자를 말한다.

해 설

말소등기의 말소등기는 허용되지 않으므로 말소회복등기를 하여야 한다.

정답 ①

단단하게 정리하는 **핵심이론**

1 변경등기

(1) 의의 및 종류

의의	'변경등기'란 등기사항의 일부가 후발적으로 실체관계와 부합하지 않게 된 경우 이를 일치시키기 위한 등기를 말한다.
부동산의 표시변경등기	① 토지의 소재, 지번, 지목, 면적 등이 변경된 경우 실행하는 등기이다. 토지의 분할, 합병, 지목변경, 행정구역변경, 행정구역의 명칭변경 등이 등기원인이 된다. ② 건물의 소재, 지번, 구조, 종류, 면적, 건물번호 등에 변경이 있는 경우 실행하는 등기이다. 건물의 분할, 구분, 합병, 부속건물의 신축 등이 등기원인이 된다.
권리의 변경등기	등기되어 있는 권리의 내용에 변경이 있는 경우(예 전세권의 전세금이나 존속기간의 변경, 근저당권의 채권최고액의 변경 등) 실행한다.
등기명의인의 표시변경등기	등기명의인의 표시인 성명(명칭), (주민)등록번호, 주소(사무소 소재지)가 변경된 경우 실행하는 등기이다. 개명이나 주소변경 등이 원인이 된다.

(2) 부동산의 표시변경등기

① 의의 및 신청에 의한 변경등기

의의	부동산의 표시변경등기란 토지의 표시(소재, 지번, 지목, 면적)나 건물의 표시(소재, 지번, 구조, 종류, 면적, 건물번호, 부속건물 등)에 변경이 있는 경우에 실행하는 변경등기이다.
대장등록 선행	부동산의 표시에 관한 변경의 사실이 있으면 먼저 대장의 등록을 변경하여야 한다.
단독신청 및 신청의무	㉠ 부동산의 표시에 변경이 있는 때에는 그 소유권의 등기명의인은 그 사실이 있는 때부터 1개월 이내에 그 등기를 신청하여야 한다(법 제35조, 제41조). ㉡ 이를 위반하더라도 과태료의 처분대상은 아니다.
신청정보 및 첨부정보	㉠ 토지나 건물의 표시변경등기를 신청하는 경우에는 그 토지나 건물의 변경 전과 변경 후의 표시에 관한 정보를 신청정보의 내용으로 등기소에 제공하여야 한다. ㉡ 부동산의 표시의 변경을 증명하는 토지대장 정보나 임야대장 정보, 건축물대장 정보를 첨부정보로서 등기소에 제공하여야 한다.
등기의 실행	부동산의 표시에 관한 사항을 변경하는 등기를 할 때에는 항상 주등기로 실행하며, 종전의 표시에 관한 등기를 말소하는 표시를 하여야 한다(규칙 제73조).

② 직권에 의한 변경등기

행정구역 및 그 명칭 변경	㉠ 행정구역 또는 그 명칭이 변경되었을 때에는 등기기록에 기록된 행정구역 또는 그 명칭에 대하여 변경등기가 있는 것으로 본다(법 제31조). ㉡ 이 경우에 공시를 명확하게 하기 위하여 등기관은 직권으로 부동산의 표시변경등기를 할 수 있다(규칙 제54조).

③ 토지의 합필등기

합필 가능	㉠ 합필하려는 토지에 소유권, 용익권등기(지상권·전세권·임차권 및 승역지지역권 등기)가 있는 경우 ㉡ 합필하려는 모든 토지에 등기원인 및 그 연월일과 접수번호가 동일한 저당권 등기가 있는 경우 ㉢ 합필하려는 모든 토지에 등기사항이 동일한 신탁등기가 있는 경우
합필 불가능	합필하려는 토지에 용익권 외의 등기(저당권등기나 가압류등기, 가처분등기 등)가 있는 경우
등기 실행	합필 후 존속한 필지에 대하여는 부동산의 표시변경등기를 실행하고, 소멸한 필지에 대한 등기기록은 폐쇄한다.

(3) 권리의 변경등기

① 의의 및 내용

의의	'권리의 변경등기'란 이미 등기된 권리의 내용 중 일부가 후발적으로 변경된 경우 변경된 실체관계와 등기기록상의 기록을 일치시키기 위한 등기이다.
내용	㉠ 전세권의 변경등기: 전세금의 증감, 존속기간의 연장 또는 단축 ㉡ 저당권의 변경등기: 채권액의 증감, 채무자의 변경 ㉢ 근저당권의 변경등기: 채권최고액의 증감, 채무자의 변경 ㉣ 지상권의 변경등기: 지료의 증감, 존속기간의 연장 또는 단축

② 신청인 및 등기의 실행

신청인	일반원칙에 따라 등기권리자와 등기의무자의 공동신청에 의한다.
부기등기	㉠ 권리의 변경등기는 등기상 이해관계 있는 제3자가 존재하지 않거나, 등기상 이해관계 있는 제3자가 있더라도 그 자의 승낙이 있는 경우에는 부기등기로 하여야 한다. ㉡ 등기관이 부기등기 형식으로 권리의 변경등기를 할 때에는 변경 전의 등기사항을 말소하는 표시를 하여야 한다.
주등기	㉠ 권리의 변경등기를 하는 데 있어 등기상 이해관계 있는 제3자가 있으나 그 자의 승낙이 없는 경우에는 그 이해관계인의 등기보다 후순위가 되는 주등기로 한다. ㉡ 주등기로 할 때에는 변경 전의 등기사항은 종전의 순위로 제3자에게 대항할 수 있어야 하므로 변경 전의 등기사항을 말소하는 표시를 하지 않는다.

핵심단단 등기상 이해관계 있는 제3자

의의	'등기상 이해관계 있는 제3자'란 등기기록의 기록형식상 불이익을 받게 될 위치에 있는 자를 말하는데, 실제로 불이익이 발생하였느냐의 여부는 묻지 않는다.
예시	• 선순위 저당권의 채권액의 증액으로 변경등기를 하는 경우 후순위 전세권자나 저당권자는 불이익을 받을 염려가 생기므로 이해관계인에 해당한다. • 선순위저당권의 채권액을 감액하는 변경등기의 경우 후순위 전세권자나 저당권자는 손해입을 염려가 없으므로 이해관계인이 아니다.

(4) 등기명의인의 표시변경등기

의의	등기명의인의 표시인 성명(명칭), 주민등록번호(부동산등기용등록번호), 주소(사무소 소재지) 등이 등기 후에 변경됨으로써 이를 실체관계와 부합하도록 바로잡는 등기를 말한다.
단독신청	등기명의인표시의 변경등기는 변경등기에 의하여 불이익을 받는 자나 이해관계인이 있을 수 없으므로 등기명의인이 단독으로 신청한다(법 제23조 제6항).
등기의 실행	등기명의인표시의 변경등기는 항상 부기등기로 하며, 등기관이 등기명의인표시의 변경 등기를 할 때에는 변경 전의 등기사항을 말소하는 표시를 하여야 한다.
직권등기	① 행정구역 또는 그 명칭이 변경되었을 때에는 등기기록에 기록된 행정구역 또는 그 명칭에 대하여 변경등기가 있는 것으로 본다(법 제31조). ② 이 경우 등기관은 공시를 명확하게 하기 위하여 직권으로 등기명의인의 주소변경등기를 할 수 있다.

2 경정등기

(1) 의의 및 요건

의의	'경정등기'란 등기사항의 일부에 원시적으로 착오 또는 빠진 부분이 있어 실체관계와 부합하지 않게 된 경우 이를 시정하기 위한 등기를 말한다.

동일성·유사성	① 경정 전후에 '동일성 또는 유사성'이 있어야 한다.
	② 경정 전의 등기와 경정 후의 등기 사이에 동일성 또는 유사성이 없는 경우에는 경정등기를 할 수 없고, 말소등기를 하여야 한다.
	③ 동일성이 없어서 경정등기를 할 수 없는 경우
	  ㉠ 권리 자체를 경정하는 경우(예 소유권이전등기를 저당권설정등기로 경정하거나 저당권설정등기를 전세권설정등기로 경정하는 경우는 허용되지 않는다)
	  ㉡ 권리자 전체를 경정하는 경우(예 권리자를 甲에서 乙로 경정하거나, 甲·乙의 공동소유에서 丙·丁의 공동소유로 경정하는 경우는 허용되지 않는다)
	  ㉢ 법인 아닌 사단을 법인으로 경정하는 경우는 허용되지 않는다.

(2) 직권경정등기

규정	등기관이 등기의 착오나 빠진 부분이 등기관의 잘못으로 인한 것임을 발견한 경우에는 지체 없이 그 등기를 직권으로 경정하여야 한다(법 제32조 제2항).
승낙서	이 경우 등기상 이해관계 있는 제3자가 있는 경우에는 제3자의 승낙이 있어야 한다. 이를 첨부하지 못하면 직권으로 경정등기를 할 수 없다(법 제32조 제2항).
통지	① 직권으로 경정등기를 마친 등기관은 등기권리자와 등기의무자(등기권리자 또는 등기의무자가 2인 이상인 때에는 그중 1인)에게 통지한다. ② 채권자 대위에 의한 등기를 경정한 때에는 대위채권자에게도 통지하여야 한다(법 제32조 제4항).

3 말소등기

(1) 의의 및 요건

의의	'말소등기'란 원시적 또는 후발적 사유로 등기사항의 전부가 실체관계와 부합하지 아니하여 기존등기의 전부를 소멸시킬 목적으로 행하는 등기를 말한다.
전부 부적법	등기사항의 전부가 실체관계와 부합하지 아니한 경우만 할 수 있고, 등기사항의 일부만이 부적법한 때에는 말소등기의 대상이 되는 것은 아니다. 이 경우는 변경등기나 경정등기를 할 수 있다.
승낙서 첨부	① 등기의 말소를 신청하는 경우에 그 말소에 대하여 등기상 이해관계 있는 제3자가 있을 때에는 제3자의 승낙이 있어야 한다. ② 승낙서 등을 첨부하지 아니하고 말소등기를 신청한 경우 각하된다.
양립가능	말소등기와 등기기록상 양립할 수 없는 등기의 명의인은 말소등기를 하는 데 있어 이해관계인이 될 수 없다.
말소등기의 말소등기	말소등기가 부적법하더라도 말소등기의 말소등기는 할 수 없으므로 말소회복등기를 하여야 한다.

핵심단단 말소등기 시 이해관계인 해당 여부

등기상 이해관계인에 해당하는 경우	등기상 이해관계인에 해당하지 않는 경우
• 소유권이 甲에서 乙로 이전되고 乙이 丙에게 저당권을 설정한 경우 乙의 소유권이전등기의 말소등기 신청 시 저당권자 丙 • 전세권의 말소등기 신청 시에 전세권을 목적으로 한 저당권자	• 甲 ⇨ 乙 ⇨ 丙 순으로 소유권이전등기가 된 상태에서 乙명의의 소유권이전등기를 말소할 때의 丙 • 1순위 저당권의 말소등기 시 2순위 저당권자 • 2순위 저당권의 말소등기 시 1순위 저당권자

(2) 말소등기의 유형

공동신청	말소등기도 등기신청의 일반원칙에 따라 등기권리자와 등기의무자의 <mark>공동신청</mark>에 의한다.
단독신청	① <mark>판결</mark>에 의한 말소등기 ② 소유권보존등기의 말소등기: 소유권의 등기명의인이 단독으로 신청한다. ③ 등기의무자의 소재불명으로 공동신청을 할 수 없을 때: 등기권리자가 등기의무자의 <mark>소재불명</mark>으로 인하여 공동으로 등기의 말소를 신청할 수 없을 때에는 공시최고를 신청한 후 <mark>제권판결</mark>이 있으면 등기권리자가 그 사실을 증명하여 단독으로 등기의 말소를 신청할 수 있다(법 제56조). ④ <mark>혼동</mark>에 의한 말소 ⑤ 가등기말소의 경우: 일반원칙에 따라 공동신청이 원칙이나 <mark>가등기명의인</mark>이 단독으로 신청할 수도 있고, <mark>가등기명의인의 승낙</mark>을 받아 가등기의무자 또는 가등기에 관하여 등기상 이해관계 있는 자도 단독으로 말소를 신청할 수 있다(법 제93조). ⑥ 가처분등기 이후에 마쳐진 제3자 명의의 등기의 말소: 가처분채권자가 가처분채무자를 등기의무자로 하여 권리의 이전, 말소 또는 설정의 등기를 신청하는 경우에는, 그 <mark>가처분등기 이후에 된 등기</mark>로서 가처분채권자의 권리를 침해하는 등기의 말소를 단독으로 신청할 수 있다(법 제94조 제1항).
직권말소	① 관할 위반(<mark>법 제29조 제1호</mark>)·사건이 등기할 것이 아닌 경우(<mark>동조 제2호</mark>) 위반의 등기는 등기관이 직권으로 말소하여야 한다(법 제58조 제4항). ② 말소등기 시 <mark>말소할 등기를 목적으로 하는 제3자의 승낙이 있을 경우 이해관계 있는 제3자 명의의 등기</mark>는 등기관이 직권으로 말소한다(법 제57조). ③ 등기관은 가등기에 의한 본등기를 하였을 때에는 가등기 이후에 된 등기로서 가등기에 의하여 보전되는 권리를 침해하는 등기를 직권으로 말소하여야 한다(법 제92조). ④ 등기관이 수용으로 인한 소유권이전등기를 하는 경우 그 부동산의 등기기록 중 소유권, 소유권 외의 권리(그 부동산을 위하여 존재하는 지역권은 제외한다), 그 밖의 처분제한에 관한 등기가 있으면 그 등기를 직권으로 말소하여야 한다(법 제99조 제4항). ⑤ 환매에 따른 권리취득의 등기를 하였을 때에는 등기관은 직권으로 환매특약의 등기를 말소하여야 한다(규칙 제114조 제1항).

(3) 말소등기의 실행

등기를 말소할 때에는 말소의 등기를 한 후 해당 등기를 말소하는 표시를 하여야 한다(규칙 제116조 제1항). 말소등기는 <mark>항상 주등기</mark>로 한다.

4 말소회복등기

(1) 의의 및 요건

의의	'말소회복등기'란 등기사항의 전부 또는 일부가 부적법하게 말소된 경우, 말소된 등기가 말소되기 이전의 순위와 효력을 회복하도록 하는 등기를 말한다.
부적법하게 말소될 것	등기사항이 부적법하게 말소되어야 하므로 당사자가 자발적으로 말소등기를 한 경우에는 말소회복등기를 할 수 없다.
승낙서 첨부	① 말소된 등기의 회복을 신청하는 경우에 등기상 이해관계 있는 제3자가 있을 때에는 그 제3자의 승낙이 있어야 한다(법 제59조). ② 승낙서를 첨부하지 못한 경우 등기신청은 각하된다.
양립 가능	회복할 등기와 등기기록상 양립할 수 없는 등기는 회복등기에 앞서 말소의 대상(전제)이 될 뿐이다. 이러한 등기의 명의인은 이해관계 있는 제3자가 될 수 없다.
말소등기의 말소등기	말소등기를 말소하는 방법으로서는 종래 말소된 등기가 회복되지 아니하므로 말소회복등기를 하여야 한다. ⇨ 말소등기의 말소등기는 허용되지 않는다.

핵심단단 이해관계인과 승낙서

구분	승낙서 첨부(○)	승낙서 첨부(×)
권리의 변경·경정등기	실행(부기등기)	실행(주등기)
말소·말소회복등기	실행	각하

❶ 권리의 변경등기를 하는 데 있어 등기상 이해관계인이 있는 경우, 그 자의 승낙서 등을 첨부하여야 한다. (×)
❷ 권리의 경정등기를 하는 데 있어 등기상 이해관계인이 있는 경우, 그 자의 승낙서 등을 첨부하여야 한다. (×)
❸ 말소등기를 하는 데 있어 등기상 이해관계인이 있는 경우, 그 자의 승낙서 등을 첨부하여야 한다. (○)
❹ 말소회복등기를 하는 데 있어 등기상 이해관계인이 있는 경우, 그 자의 승낙서 등을 첨부하여야 한다. (○)

(2) 말소회복등기의 실행 및 효력

주등기	어떤 등기사항의 전부가 말소된 경우에 그 등기 전부를 회복하고자 하는 때에는 통상의 절차에 따라 주등기로 회복의 등기를 한 후 다시 말소된 등기와 같은 등기를 하여야 한다.
부기등기	어떤 등기사항의 일부가 말소된 것일 때에는 부기에 의하여 말소된 등기사항만 다시 등기한다.
효력	말소회복된 등기는 말소되기 전과 동일한 순위와 효력을 회복한다.

5 멸실등기

의의	① '멸실등기'란 1개의 부동산 전부가 물리적으로 소멸하는 경우에 이를 공시하는 등기를 말한다. 부동산의 일부가 멸실된 경우에는 부동산의 표시변경등기를 실행한다. ② 존재하지 아니하는 건물에 대한 등기가 있는 때에도 멸실등기를 한다.
단독신청	① 부동산이 멸실한 경우 그 소유권의 등기명의인은 그 사실이 있는 때부터 1개월 이내에 멸실등기를 신청하여야 한다(법 제39조, 제43조 제1항). ② 다만, 존재하지 아니하는 건물에 대한 등기가 있는 때에는 지체 없이 멸실등기를 신청하여야 한다(법 제44조 제1항).
첨부정보	멸실등기를 신청하는 경우에는 그 멸실을 증명하는 토지대장 정보나 임야대장 정보, 건축물대장 정보를 첨부정보로서 등기소에 제공하여야 한다.
실행	멸실등기를 하는 때에는 등기기록 중 표제부에 멸실의 뜻과 그 원인 또는 부존재의 뜻을 기록하고, 표제부의 등기를 말소하는 표시를 한 후 그 등기기록을 폐쇄하여야 한다.

6 부기등기

(1) 의의 및 실행

의의	'부기등기'란 독립한 순위번호를 갖지 않고 주등기 또는 부기등기의 순위번호에 가지번호를 붙여서 하는 등기를 말한다.
실행	① 부기등기는 갑구·을구에 실행하고 표제부에는 할 수 없다. ② 부기등기에 대한 부기등기도 할 수 있다(예 환매권의 이전등기). ③ 1개의 주등기에 여러 개의 부기등기를 할 수 있다.
순위	부기등기의 순위는 주등기의 순위에 따르며, 같은 주등기에 관한 부기등기 상호간의 순위는 그 등기 순서에 따른다(법 제5조).

(2) 주등기하는 경우

① 소유권의 이전등기
② 소유권을 목적으로 하는 권리에 관한 등기(예 소유자가 설정한 전세권이나 저당권설정등기)
③ 소유권에 대한 처분제한 등기(예 소유권을 목적으로 하는 가압류나 가처분등기)

④ 표제부의 등기(예 부동산의 표시변경등기, 멸실등기 등)
⑤ 모든 권리의 말소등기
⑥ 전부말소회복등기

(3) 부기등기하는 경우(법 제52조)

① **소유권 외의 권리**의 이전등기(예 전세권이전등기, 가등기상의 권리의 이전등기 등)
② **소유권 외의 권리**를 목적으로 하는 권리에 관한 등기(예 전세권부 근저당권설정등기, 전전세권등기, 권리질권등기 등)
③ **소유권 외의 권리**에 대한 처분제한 등기(예 전세권에 대한 가압류나 가처분등기 등)

④ 환매**특약**등기
⑤ 권리소멸**약정**등기
⑥ 공유물 분할금지의 **약정**등기

⑦ 등기명의인표시의 변경이나 경정의 등기
⑧ 권리의 변경이나 경정의 등기. 다만, 등기상 이해관계 있는 제3자의 승낙이 없는 경우에는 주등기로 실행한다.
⑨ 일부말소회복등기

기본문제와 완성문제로 단단기출

01 건축물대장에 甲 건물을 乙 건물에 합병하는 등록을 2018년 8월 1일에 한 후, 건물의 합병등기를 하고자 하는 경우에 관한 설명으로 틀린 것은? 제29회

기본 기출

① 乙 건물의 소유권의 등기명의인은 건축물대장상 건물의 합병등록이 있는 날로부터 1개월 이내에 건물합병등기를 신청하여야 한다.
② 건물합병등기를 신청할 의무있는 자가 그 등기신청을 게을리하였더라도, 「부동산등기법」상 과태료를 부과받지 아니한다.
③ 합병등기를 신청하는 경우, 乙 건물의 변경 전과 변경 후의 표시에 관한 정보를 신청정보의 내용으로 등기소에 제공하여야 한다.
④ 甲 건물에만 저당권등기가 존재하는 경우에 건물합병등기가 허용된다.
⑤ 등기관이 합병제한 사유가 있음을 이유로 신청을 각하한 경우 지체 없이 그 사유를 건축물대장 소관청에 알려야 한다.

> 키워드 합병요건
> 난이도
> 해설 소유권·전세권 및 임차권의 등기 외의 권리에 관한 등기(저당권, 가압류 등)가 있는 건물에 관하여는 합병의 등기를 할 수 없다(법 제42조 제1항). 이는 「공간정보의 구축 및 관리 등에 관한 법률」에서 배운 토지의 합병제한요건과 유사하다.

정답 01 ④

02 말소등기에 관련된 설명으로 틀린 것은?

제26회

① 말소등기를 신청하는 경우, 그 말소에 대하여 등기상 이해관계 있는 제3자가 있으면 그 제3자의 승낙이 필요하다.
② 근저당권설정등기 후 소유권이 제3자에 이전된 경우, 제3취득자가 근저당권설정자와 공동으로 그 근저당권말소등기를 신청할 수 있다.
③ 말소된 등기의 회복을 신청하는 경우, 등기상 이해관계 있는 제3자가 있을 때에는 그 제3자의 승낙이 필요하다.
④ 근저당권이 이전된 후 근저당권의 양수인은 소유자인 근저당권설정자와 공동으로 그 근저당권말소등기를 신청할 수 있다.
⑤ 가등기의무자는 가등기명의인의 승낙을 받아 단독으로 가등기의 말소를 신청할 수 있다.

키워드 말소등기

난이도

해설 근저당권설정등기 후 소유권이 제3자에 이전된 경우, 제3취득자가 근저당권자와 공동으로 근저당권말소등기를 신청할 수 있다. 근저당권자는 등기의무자에 해당하고, 제3취득자와 근저당권설정자는 근저당권말소등기에 있어서 등기권리자에 해당한다.

정답 02 ②

THEME 23 변경등기, 경정등기, 말소등기, 말소회복등기, 멸실등기, 부기등기

03 말소등기를 신청하는 경우 그 말소에 관하여 승낙서를 첨부하여야 하는 등기상 이해관계 있는 제3자에 해당하는 것을 모두 고른 것은? 제29회

기본 기출

> ㉠ 지상권등기를 말소하는 경우 그 지상권을 목적으로 하는 저당권자
> ㉡ 순위 2번 저당권등기를 말소하는 경우 순위 1번 저당권자
> ㉢ 순위 1번 저당권등기를 말소하는 경우 순위 2번 저당권자
> ㉣ 토지에 대한 저당권등기를 말소하는 경우 그 토지에 대한 지상권자
> ㉤ 소유권보존등기를 말소하는 경우 가압류권자

① ㉠, ㉣
② ㉠, ㉤
③ ㉡, ㉢
④ ㉡, ㉤
⑤ ㉢, ㉣

키워드 〉 말소등기 시 이해관계 있는 제3자

난이도 〉

해설 〉 말소등기에서 등기상 이해관계 있는 제3자란 말소등기의 실행으로 등기기록상 형식상 손해 입을 우려가 있다고 인정되는 자를 의미한다.
㉠ 지상권등기를 말소하는 경우 그 지상권을 목적으로 하는 저당권도 말소되므로 저당권자는 이해관계인에 해당한다.
㉤ 소유권보존등기를 말소하는 경우 이를 목적으로 하는 가압류등기도 말소되므로 가압류권자는 이해관계인에 해당한다.

04 부기등기를 하는 경우가 아닌 것은? 제30회

기본 기출

① 환매특약등기
② 권리소멸약정등기
③ 전세권을 목적으로 하는 저당권설정등기
④ 저당부동산의 저당권 실행을 위한 경매개시결정등기
⑤ 등기상 이해관계 있는 제3자의 승낙이 있는 경우, 권리의 변경등기

키워드 〉 부기등기하는 경우

난이도 〉

해설 〉 ④ 저당부동산의 저당권 실행을 위한 경매개시결정등기는 소유권을 경매하는 것이므로, 갑구에 주등기로 실행한다.
①②③⑤ 부기등기하는 경우를 법정하고 있는 등기(법 제52조)에 해당한다.

정답 03 ② 04 ④

05 부기로 하는 등기로 옳은 것은? 제33회

① 부동산멸실등기
② 공유물 분할금지의 약정등기
③ 소유권이전등기
④ 토지분필등기
⑤ 부동산의 표시변경등기 등 표제부의 등기

키워드 부기등기
난이도
해설 등기관이 다음의 등기를 할 때에는 부기등기로 하여야 한다(법 제52조).

> 1. 소유권 외의 권리의 이전등기
> 2. 소유권 외의 권리를 목적으로 하는 권리에 관한 등기
> 3. 소유권 외의 권리에 대한 처분제한등기
> 4. 환매특약등기
> 5. 권리소멸약정등기
> 6. 공유물 분할금지의 약정등기
> 7. 등기명의인표시의 변경이나 경정의 등기
> 8. 권리의 변경이나 경정의 등기. 다만, 등기상 이해관계 있는 제3자의 승낙이 없는 경우에는 주등기로 실행한다.
> 9. 일부말소회복등기

06 등기상 이해관계 있는 제3자가 있는 경우에 그 제3자의 승낙이 없으면 부기등기로 할 수 없는 것은? 제29회

① 환매특약등기
② 지상권의 이전등기
③ 등기명의인표시의 변경등기
④ 지상권 위에 설정한 저당권의 이전등기
⑤ 근저당권에서 채권최고액 증액의 변경등기

키워드 이해관계인의 승낙과 부기등기
난이도
해설 근저당권에서 채권최고액 증액의 변경등기가 권리의 변경등기로서 이해관계인의 승낙이 없으면 부기등기가 아닌 주등기로 실행하여야 한다.
보충 권리의 변경등기를 하는 데 있어 등기상 이해관계 있는 제3자가 있는 경우에 그 제3자의 승낙이 있으면 부기등기, 승낙이 없으면 주등기로 실행한다.

정답 05 ② 06 ⑤

THEME 24

가등기, 가압류등기, 가처분등기

| THEME 키워드 |
가등기, 가등기에 의한 본등기, 본등기 후 직권말소 여부, 가압류 및 가처분등기, 가처분등기 후 마쳐진 등기의 말소 여부

기본으로 알아야 하는 대표기출

> 기출분석
> - 기출회차: 제32회
> - 키워드: 가등기
> - 난이도:

가등기에 관한 설명으로 틀린 것은?

① 가등기권리자는 가등기를 명하는 법원의 가처분명령이 있는 경우에는 단독으로 가등기를 신청할 수 있다.
② 근저당권 채권최고액의 변경등기청구권을 보전하기 위해 가등기를 할 수 있다.
③ 가등기를 한 후 본등기의 신청이 있을 때에는 가등기의 순위번호를 사용하여 본등기를 하여야 한다.
④ 임차권설정등기청구권보전 가등기에 의한 본등기를 한 경우 가등기 후 본등기 전에 마쳐진 저당권설정등기는 직권말소의 대상이 아니다.
⑤ 등기관이 소유권이전등기청구권보전 가등기에 의한 본등기를 한 경우, 가등기 후 본등기 전에 마쳐진 해당 가등기상 권리를 목적으로 하는 가처분등기는 직권으로 말소한다.

> 함정을 피하는 TIP
> - 가등기의 요건 및 신청방식에 대하여 알아야 한다.
> - 가등기에 기한 본등기의 실행방법 및 본등기 후 직권말소 여부를 구분할 수 있어야 한다.

해설

가등기의무자의 소유권을 목적으로 한 가처분등기는 직권말소의 대상이 되지만, 해당 가등기상의 권리를 목적으로 하는 가처분등기는 말소의 대상이 아니다.

정답 ⑤

단단하게 정리하는 핵심이론

1 가등기

(1) 의의 및 종류

의의	'가등기'란 등기되는 권리의 청구권을 보전하기 위한 임시적인 등기를 말한다.
청구권보전 가등기	청구권보전가등기는 「부동산등기법」상 등기할 수 있는 각종 권리의 설정·이전·변경·소멸의 청구권을 보전할 목적으로 본등기 전에 미리 해두는 예비적 등기이다.
담보가등기	① '담보가등기'란 「가등기담보 등에 관한 법률」에 따른 채권담보의 목적으로 하는 가등기를 말한다. ② 담보가등기에는 가등기의 일반적 효력 이외에 경매신청권과 우선변제권이 인정된다.

(2) 가등기를 할 수 있는 권리 및 가등기로 보전하는 청구권

가등기의 대상인 권리	가등기는 본등기를 할 수 있는 권리에 대하여 할 수 있는데, 「부동산등기법」상 본등기를 할 수 있는 권리로는 소유권, 지상권, 지역권, 전세권, 저당권, 권리질권, 채권담보권, 임차권이 있다(법 제3조).
가등기로 보전하려는 청구권	① 가등기는 「부동산등기법」상 등기할 수 있는 각종 권리의 설정·이전·변경·소멸의 청구권을 보전하기 위해서 한다. ② 가등기로 보전하려는 청구권은 채권적 청구권에 한한다. 물권적 청구권은 대세적 효력이 있어 가등기의 대상이 될 수 없다. ③ 청구권은 장래에 확정될 것이거나 시기부 또는 정지조건부 청구권이라도 무방하다. 종기부 또는 해제조건부 청구권은 가등기의 대상이 될 수 없다.

(3) 가등기의 허용 여부가 문제되는 경우

소유권보존등기의 가등기	소유권보존등기는 청구권이 존재하지 않으므로 가등기를 할 수 없다.
가등기상 권리의 이전등기	가등기된 물권변동의 청구권(예 소유권이전청구권 등)을 양도한 경우에 그 가등기상의 권리의 이전등기를 가등기에 대한 부기등기의 형식으로 할 수 있다.
가등기상 권리에 대한 가압류·가처분	가등기상의 권리는 처분할 수 있는 권리로서 재산적 가치가 있으므로 가등기상 권리에 대한 처분금지가처분등기나 가압류등기를 부기등기의 형식으로 할 수 있다.
가등기에 기한 본등기금지가처분등기	가등기에 기해 본등기를 하는 것은 권리의 처분이 아니라 취득이므로 가등기에 기한 본등기를 금지하는 가처분등기는 허용되지 않는다.
유증을 원인으로 한 소유권이전가등기	유증을 원인으로 한 소유권이전가등기는 유언자가 생존 중에는 할 수 없으나, 유언자가 사망한 후에는 가능하다.
사인증여를 원인으로 한 소유권이전가등기	사인증여로 인한 수증자가 갖는 소유권이전청구권은 증여자의 사망으로 효력이 발생하는 일종의 시기부청구권이므로 가등기의 대상이 될 수 있다.

> **핵심단단** 가등기의 허용 여부

허용되는 경우	허용되지 않는 경우
• 채권적 청구권을 보전하기 위한 가등기 • 시기부·정지조건부 청구권을 보전하기 위한 가등기 • 가등기상 권리의 이전등기 • 가등기상 권리에 대한 처분금지가처분등기 • 가등기상 권리에 대한 가압류등기	• 물권적 청구권을 보전하기 위한 가등기 • 종기부·해제조건부 청구권을 보전하기 위한 가등기 • 소유권보존등기의 가등기 • 가등기에 기한 본등기금지가처분등기

(4) 가등기의 절차

① 가등기의 신청

공동신청 (원칙)	가등기도 권리의 등기의 일종이므로 등기신청의 일반원칙에 따라 가등기권리자와 가등기의무자가 공동으로 신청한다(법 제23조 제1항).
단독신청 (예외)	㉠ 가등기의 경우에도 일반원칙에 따라 승소판결을 얻어서 단독으로 신청할 수 있다 (법 제23조 제4항). ㉡ 부동산 소재지를 관할하는 지방법원의 가등기가처분명령이 있을 때에는 이를 증명하는 정보를 첨부하여 단독으로 가등기를 신청할 수 있다(법 제89조, 법 제90조 제1항). ㉢ 가등기권리자는 가등기의무자의 승낙서를 첨부하여 단독으로 가등기를 신청할 수 있다(법 제89조).

핵심단단 가등기의 말소신청

공동신청 (원칙)	등기신청의 일반원칙에 따라 등기권리자와 등기의무자의 공동신청에 의하여 말소한다 (법 제23조 제1항).
단독신청 (예외)	• 등기명의인은 단독으로 가등기의 말소를 신청할 수 있다(법 제93조 제1항). • 가등기의무자 또는 가등기에 관하여 등기상 이해관계 있는 자는 가등기명의인의 승낙을 받아 단독으로 가등기의 말소를 신청할 수 있다(동조 제2항).

② 첨부정보

제공 (○)	토지거래허가구역에서 가등기 시에 토지거래허가증을 제공한다.
제공 (×)	㉠ 등기원인을 증명하는 정보로 매매예약서, 판결정본 등을 첨부하지만 계약서 등에 검인을 요하지 아니한다. ㉡ 농지에 대한 가등기를 신청하는 경우 농지취득자격증명을 첨부할 필요는 없다.

(5) 가등기의 실행 및 효력

① 가등기의 실행

가등기의 실행	가등기는 보전하려는 권리의 종류에 따라 갑구 또는 을구에 기록한다. 예를 들어, 소유권이전청구권을 보전하는 가등기는 갑구에 기록하지만, 전세권설정청구권을 보전하는 가등기는 을구에 기록한다.
가등기의 형식	가등기의 형식은 가등기에 의하여 실행되는 본등기의 형식에 따라 결정된다. 소유권이전등기는 주등기로 실행하므로 소유권이전청구권보전가등기도 주등기로 실행하고, 전세권이전등기는 부기등기로 실행하므로 전세권이전청구권보전가등기도 부기등기로 실행한다.

② 가등기의 효력

순위보전효력	가등기는 본등기의 순위를 보전하는 효력이 있다.
대항력 (×)	가등기를 하였더라도 물권변동의 효력이나 제3자에 대한 대항력이 발생하는 것은 아니다.
처분금지효력 (×)	소유권자의 처분권능을 제한하는 것도 아니므로 소유권자가 이를 처분하였을 때라도 가등기명의인은 그 등기의 말소를 청구할 수 없다.
추정력 (×)	소유권이전청구권보전가등기가 있다고 하여 반드시 소유권이전등기를 청구할 수 있는 어떠한 법률관계, 즉 금전채무에 관한 담보계약이나 대물변제의 예약이 있었던 것으로 단정할 수는 없다(대판 1963.4.18, 63다114)고 하여 가등기의 추정력을 부정하고 있다.

(6) 가등기에 기한 본등기

① 신청인(공동신청)

원칙	가등기에 기한 본등기도 등기신청의 일반원칙에 따라 등기권리자와 등기의무자의 공동신청에 의하여야 한다.
등기권리자	⊙ 하나의 가등기에 관하여 수인의 가등기권자가 있는 경우에 가등기권자 모두가 공동의 이름으로 본등기를 신청하거나, 일부의 가등기권자가 자기의 가등기 지분에 관하여 본등기를 신청할 수 있다. ⓒ 다만, 일부의 가등기권자가 공유물보존행위에 준하여 가등기 전부에 대한 본등기를 신청할 수는 없다. ⓒ 가등기 후 가등기상의 권리가 제3자에게 이전된 경우, 그 제3자가 가등기에 기한 본등기의 등기권리자가 된다.
등기의무자	⊙ 가등기에 기한 본등기의 등기의무자는 가등기 후에 제3취득자가 있을지라도 그 제3취득자(현재 등기부상 소유자)가 아니고, 가등기의무자(가등기 당시의 소유자)가 본등기의 의무자가 된다. ⓒ 본등기를 함에 있어서 제3취득자의 승낙을 받을 필요는 없다.

② 본등기의 실행 및 효력

실행	⊙ 가등기를 한 후 본등기의 신청이 있을 때에는 가등기의 순위번호를 사용하여 본등기를 하여야 하므로 본등기의 순위번호를 따로 기재할 필요는 없다(규칙 제146조). ⓒ 본등기의 실행 후에 가등기를 말소하는 표시를 하지 않는다.
효력	⊙ 가등기에 의한 본등기를 한 경우 본등기의 순위는 가등기의 순위에 따른다(법 제91조). 즉, 본등기의 순위는 가등기 시로 소급하게 되는데, 이를 가등기의 순위보전의 효력이라고 한다. ⓒ 실체법상의 효력은 가등기 시로 소급하지 않고 본등기 시에 발생한다.

③ **본등기 후의 조치**: 등기관은 가등기에 의한 본등기를 하였을 때에는 가등기 이후에 된 등기로서 가등기에 의하여 보전되는 권리를 침해하는 등기를 직권으로 말소하여야 한다. 등기관이 가등기 이후의 등기를 말소하였을 때에는 지체 없이 그 사실을 말소된 권리의 등기명의인에게 통지하여야 한다(법 제92조).

(7) 소유권이전등기청구권보전가등기에 기하여 소유권이전의 본등기를 한 경우(규칙 제147조)

직권말소 (○)	① 소유권이전등기, 제한물권의 설정등기, 임차권설정등기, 가압류·가처분등기, 경매개시결정등기, 주택임차권(설정)등기 등 ② 가등기의무자의 사망으로 인한 상속등기
직권말소 (×)	① 해당 가등기상 권리를 목적으로 하는 가압류등기나 가처분등기 ② 가등기 전에 마쳐진 가압류에 의한 강제경매개시결정등기 ③ 가등기 전에 마쳐진 담보가등기, 전세권 및 저당권에 의한 임의경매개시결정등기 ④ 가등기권자에게 대항할 수 있는 주택임차권등기, 주택임차권설정등기 등 ⑤ 해당 가등기

(8) 지상권, 전세권 또는 임차권의 설정청구권보전가등기에 기하여 지상권, 전세권 또는 임차권설정의 본등기를 한 경우(규칙 제148조)

직권말소 (○)	① 지상권설정등기 ② 지역권설정등기 ③ 전세권설정등기 ④ 임차권설정등기
직권말소 (×)	① 소유권이전등기 ② 가압류 및 가처분 등 처분제한등기 ③ 저당권설정등기

(9) 저당권설정등기청구권보전가등기에 의하여 저당권설정의 본등기를 한 경우

저당권설정등기청구권보전가등기에 의하여 저당권설정의 본등기를 한 경우 가등기 후 본등기 전에 마쳐진 모든 등기는 직권말소의 대상이 되지 아니한다(규칙 제148조 제3항).

2 가압류등기

(1) 의의

가압류는 금전채권을 보전할 목적으로 미리 채무자의 재산을 압류하여 그 처분권을 잠정적으로 빼앗은 집행보전제도이다.

(2) 가압류의 목적물

공유지분	가압류의 대상이 된다.
합유지분	가압류의 대상이 아니다. ⚠ 합유지분에 대한 가압류등기 촉탁은 법 제29조 제2호의 각하사유에 해당한다.

가등기상의 권리	가등기상의 권리는 가압류의 대상이 된다.
전세권, 등기된 임차권	가압류의 대상이 된다.
미등기부동산	가압류의 대상이 된다. ⚠ 다만, 미등기부동산에 대하여 가압류등기 촉탁이 있는 경우에는 그 전제로 등기관이 직권으로 소유권보존등기를 한 후 가압류등기를 한다.

(3) 가압류등기의 촉탁 및 실행

법원의 촉탁	① 가압류등기는 법원의 촉탁으로 실행한다. ② 가압류채권자가 가압류등기를 신청한 경우 법 제29조 제2호 위반으로 각하된다.
실행	① 가압류등기는 갑구나 을구에 기록한다. 소유권에 대한 가압류등기는 주등기로 실행하고, 소유권 외의 권리에 대한 가압류등기는 부기등기로 실행한다. ② 가압류등기에는 가압류사건번호와 청구금액을 기록하고, 채권자를 기록한다.

(4) 가압류등기의 말소

원칙	가압류등기는 법원의 촉탁으로 말소하는 것이 원칙이다.
예외	다만, 등기관의 직권이나 당사자의 신청으로 말소할 수 있는 경우도 있다.

3 (처분금지)가처분등기

(1) 의의

채권자가 금전 이외의 청구권을 보전하기 위하여 그 강제집행 시까지 다툼이 되는 물건이나 권리가 처분되는 것을 막기 위하여 현상을 유지시키는 집행보전제도이다.

(2) 가처분의 목적물

공유지분	가처분의 대상이 된다.
합유지분	가처분의 대상이 아니다. ⚠ 합유지분에 대한 가처분등기 촉탁은 법 제29조 제2호의 각하사유에 해당한다.
가등기상의 권리	① 가처분의 대상이 된다. ② 가등기에 기한 본등기를 금지하는 가처분등기는 허용되지 아니한다.

전세권, 등기된 임차권	가처분의 대상이 된다.
미등기부동산	가처분의 대상이 된다. ⚠ 다만, 미등기부동산에 대하여 가처분등기 촉탁이 있는 경우에는 그 전제로 등기관이 직권으로 소유권보존등기를 한 후 가처분등기를 한다.

(3) 가처분등기의 촉탁 및 실행

법원의 촉탁	① 가처분등기는 법원의 촉탁으로 실행한다. ② 가처분채권자가 가처분등기를 신청한 경우 법 제29조 제2호 위반으로 각하된다.
실행	① 가처분등기는 갑구나 을구에 기록한다. 소유권에 대한 가처분등기는 주등기로 실행하고, 소유권 외의 권리에 대한 가처분등기는 부기등기로 실행한다. ② 가처분등기는 가처분사건번호와 피보전권리 등을 기록한다. ③ 채권액은 등기할 사항이 아니다.

(4) 가처분에 저촉되는 등기의 실행 여부

처분금지가처분에 저촉하는(=반하는) 소유권이전등기나 전세권설정등기, 저당권설정등기, 가압류등기 등 일체의 등기는 모두 허용된다.

(5) 가처분등기 이후의 등기 등의 말소(법 제94조)

단독신청 말소	「민사집행법」에 따라 권리의 이전, 말소 또는 설정등기청구권을 보전하기 위한 처분금지가처분등기가 된 후 가처분채권자가 승소한 경우에는, 그 가처분등기 이후에 된 등기로서 가처분채권자의 권리를 침해하는 등기는 가처분채권자의 단독신청으로 말소한다.
말소의 대상이 아닌 경우	① 가처분등기 전에 마쳐진 가압류에 의한 강제경매개시결정등기 ② 가처분등기 전에 마쳐진 담보가등기, 전세권 및 저당권에 의한 임의경매개시결정등기 ③ 가처분채권자에게 대항할 수 있는 주택임차권등기
가처분등기의 말소	① 등기관이 가처분등기 이후의 등기를 말소할 때에는 그 가처분등기를 직권으로 말소하여야 한다. ② 가처분등기 이후의 등기가 없는 경우로서 가처분채무자를 등기의무자로 하는 권리의 이전, 말소 또는 설정의 등기만을 할 때에도 그 가처분등기를 직권으로 말소하여야 한다.

기본문제와 완성문제로 단단기출

01 가등기에 관한 설명으로 틀린 것은? 제31회

기본 기출

① 가등기권리자는 가등기의무자의 승낙이 있는 경우에 단독으로 가등기를 신청할 수 있다.
② 가등기명의인은 단독으로 가등기의 말소를 신청할 수 있다.
③ 가등기의무자는 가등기명의인의 승낙을 받아 단독으로 가등기의 말소를 신청할 수 있다.
④ 부동산소유권이전의 청구권이 정지조건부인 경우에 그 청구권을 보전하기 위해 가등기를 할 수 있다.
⑤ 가등기를 명하는 가처분명령은 가등기권리자의 주소지를 관할하는 지방법원이 할 수 있다.

키워드 > 가등기
난이도 >
해설 > 가등기권리자는 가등기를 명하는 부동산의 소재지를 관할하는 지방법원의 가처분명령이 있을 때에는 단독으로 가등기를 신청할 수 있다(법 제89조, 제90조 제1항).

정답 01 ⑤

02 가등기에 관한 설명으로 옳은 것은? 제27회

① 소유권이전등기청구권이 정지조건부일 경우, 그 청구권 보전을 위한 가등기를 신청할 수 없다.
② 가등기를 명하는 법원의 가처분명령이 있는 경우, 등기관은 법원의 촉탁에 따라 그 가등기를 한다.
③ 가등기신청 시 그 가등기로 보전하려고 하는 권리를 신청정보의 내용으로 등기소에 제공할 필요는 없다.
④ 가등기권리자가 가등기를 명하는 가처분명령을 신청할 경우, 가등기의무자의 주소지를 관할하는 지방법원에 신청한다.
⑤ 가등기에 관한 등기상 이해관계 있는 자가 가등기명의인의 승낙을 받은 경우, 단독으로 가등기의 말소를 신청할 수 있다.

키워드 > 가등기
난이도 >

해설 > ① 가등기로 보전하려는 청구권이 시기부 또는 정지조건부일 경우나 그 밖에 장래에 확정될 것인 경우에도 가등기의 대상이 된다(법 제88조 단서).
② 가등기권리자는 가등기의무자의 승낙이 있거나 가등기를 명하는 법원의 가처분명령이 있을 때에는 단독으로 가등기를 신청할 수 있다(법 제89조).
③ 가등기를 신청하는 경우에는 그 가등기로 보전하려고 하는 권리를 신청정보의 내용으로 등기소에 제공하여야 한다(규칙 제145조 제1항).
④ 가처분명령은 부동산의 소재지를 관할하는 지방법원이 가등기권리자의 신청으로 가등기 원인사실의 소명이 있는 경우에 할 수 있다(법 제90조 제1항).

03 가등기에 관한 설명으로 틀린 것은? (다툼이 있으면 판례에 따름) 제29회

① 부동산임차권의 이전청구권을 보전하기 위한 가등기는 허용된다.
② 가등기에 기한 본등기를 금지하는 취지의 가처분등기는 할 수 없다.
③ 가등기의무자도 가등기명의인의 승낙을 받아 단독으로 가등기의 말소를 청구할 수 있다.
④ 사인증여로 인하여 발생한 소유권이전등기청구권을 보전하기 위한 가등기는 할 수 없다.
⑤ 甲이 자신의 토지에 대해 乙에게 저당권설정청구권 보전을 위한 가등기를 해준 뒤 丙에게 그 토지에 대해 소유권이전등기를 했더라도 가등기에 기한 본등기 신청의 등기의무자는 甲이다.

키워드 > 가등기
난이도 >

해설 > 사인증여로 인하여 발생한 소유권이전등기청구권은 채권적청구권으로서 가등기로 보전할 수 있다.

정답 02 ⑤ 03 ④

04 가등기에 관한 설명으로 옳은 것은? 제33회

① 가등기명의인은 그 가등기의 말소를 단독으로 신청할 수 없다.
② 가등기의무자는 가등기명의인의 승낙을 받더라도 가등기의 말소를 단독으로 신청할 수 없다.
③ 가등기권리자는 가등기를 명하는 법원의 가처분명령이 있더라도 단독으로 가등기를 신청할 수 없다.
④ 하나의 가등기에 관하여 여러 사람의 가등기권자가 있는 경우, 그중 일부의 가등기권자는 공유물보존행위에 준하여 가등기 전부에 관한 본등기를 신청할 수 없다.
⑤ 가등기목적물의 소유권이 가등기 후에 제3자에게 이전된 경우, 가등기에 의한 본등기신청의 등기의무자는 그 제3자이다.

키워드 가등기에 의한 본등기
난이도
해설 ① 가등기명의인은 단독으로 가등기의 말소를 신청할 수 있다(법 제93조 제1항).
② 가등기의무자는 가등기명의인의 승낙을 받아 단독으로 가등기의 말소를 신청할 수 있다(법 제93조 제2항).
③ 가등기의무자가 가등기에 협력하지 않는 경우 가등기권리자는 가등기를 명하는 부동산의 소재지를 관할하는 지방법원의 가처분명령이 있을 때에는 단독으로 가등기를 신청할 수 있다(법 제89조, 제90조 제1항).
⑤ 가등기에 의한 본등기 신청의 등기의무자는 가등기를 할 때의 소유자이며, 가등기 후에 제3자에게 소유권이 이전된 경우에도 가등기의무자는 변동되지 않는다(등기예규 제1632호).

05 가등기에 관한 설명으로 틀린 것은? (다툼이 있으면 판례에 따름) 제30회

① 소유권보존등기를 위한 가등기는 할 수 없다.
② 소유권이전청구권이 장래에 확정될 것인 경우, 가등기를 할 수 있다.
③ 가등기된 권리의 이전등기가 제3자에게 마쳐진 경우, 그 제3자가 본등기의 권리자가 된다.
④ 가등기권리자가 여럿인 경우, 그중 1인이 공유물보존행위에 준하여 가등기 전부에 관한 본등기를 신청할 수 있다.
⑤ 가등기권리자가 가등기에 의한 본등기로 소유권이전등기를 하지 않고 별도의 소유권이전등기를 한 경우, 그 가등기 후에 본등기와 저촉되는 중간등기가 없다면 가등기에 의한 본등기를 할 수 없다.

키워드 가등기
난이도
해설 하나의 가등기에 관하여 여러 사람의 가등기권자가 있는 경우에, 가등기권자 모두가 공동의 이름으로 본등기를 신청하거나, 그중 일부의 가등기권자가 자기의 가등기 지분에 관하여 본등기를 신청할 수 있지만, 일부의 가등기권자가 공유물보존행위에 준하여 가등기 전부에 관한 본등기를 신청할 수는 없다(등기예규 제1632호).

정답 04 ④ 05 ④

06 가등기에 관한 설명으로 틀린 것은? (다툼이 있으면 판례에 따름)   제28회

① 물권적 청구권을 보전하기 위한 가등기는 허용되지 않는다.
② 가등기의무자가 가등기명의인의 승낙을 얻어 단독으로 가등기의 말소를 신청하는 경우에는 그 승낙이 있음을 증명하는 정보를 등기소에 제공해야 한다.
③ 가등기에 의하여 순위 보전의 대상이 되어 있는 물권변동청구권이 양도된 경우, 그 가등기상의 권리에 대한 이전등기를 할 수 있다.
④ 가등기에 의한 본등기를 한 경우, 본등기의 순위는 가등기의 순위에 따른다.
⑤ 지상권설정등기청구권보전 가등기에 의하여 본등기를 한 경우, 가등기 후 본등기 전에 마쳐진 당해 토지에 대한 저당권설정등기는 직권말소대상이 된다.

키워드 가등기

난이도

해설 지상권설정등기청구권보전 가등기에 의하여 지상권설정의 본등기를 한 경우, 가등기 후 본등기 전에 마쳐진 당해 토지에 대한 저당권설정등기는 지상권설정등기와 양립할 수 있어 직권말소의 대상이 될 수 없다(규칙 제148조 제2항).

07 가등기에 관한 설명으로 틀린 것은?   제34회

① 가등기로 보전하려는 등기청구권이 해제조건부인 경우에는 가등기를 할 수 없다.
② 소유권이전청구권 가등기는 주등기의 방식으로 한다.
③ 가등기는 가등기권리자와 가등기의무자가 공동으로 신청할 수 있다.
④ 가등기에 기한 본등기를 금지하는 취지의 가처분등기의 촉탁이 있는 경우, 등기관은 이를 각하하여야 한다.
⑤ 소유권이전청구권 가등기에 기하여 본등기를 하는 경우, 등기관은 그 가등기를 말소하는 표시를 하여야 한다.

키워드 가등기

난이도

해설 본등기를 하는 경우, 순위가 유지됨을 공시할 필요가 있기 때문에 가등기를 말소하지 않고 그대로 둔다.

정답 06 ⑤ 07 ⑤

08 A건물에 대해 甲이 소유권이전등기청구권보전 가등기를 2016.3.4.에 하였다. 甲이 이 가등기에 의해 2016.10.18. 소유권이전의 본등기를 한 경우, A건물에 있던 다음 등기 중 직권으로 말소할 수 있는 등기는? 제27회

① 甲에게 대항할 수 있는 주택임차권에 의해 2016.7.4.에 한 주택임차권등기
② 2016.3.15. 등기된 가압류에 의해 2016.7.16.에 한 강제경매개시결정등기
③ 2016.2.5. 등기된 근저당권에 의해 2016.7.6.에 한 임의경매개시결정등기
④ 위 가등기상의 권리를 목적으로 2016.7.7.에 한 가처분등기
⑤ 위 가등기상의 권리를 목적으로 2016.7.8.에 한 가압류등기

키워드 〉 본등기 후 직권말소 여부
난이도 〉
해설 〉 2016.3.15. 등기된 가압류등기는 가등기 후에 마쳐진 등기로서 직권말소의 대상이 되므로 그 가압류에 의해 2016.7.16.에 마쳐진 강제경매개시결정등기 또한 직권말소의 대상이 된다.

09 가등기에 관한 설명으로 틀린 것은? 제25회

① 가등기 후 본등기의 신청이 있는 경우, 가등기의 순위번호를 사용하여 본등기를 하여야 한다.
② 소유권이전등기청구권보전 가등기에 의한 본등기를 한 경우, 등기관은 그 가등기 후 본등기 전에 마친 등기 전부를 직권말소한다.
③ 임차권설정등기청구권보전 가등기에 의한 본등기를 마친 경우, 등기관은 가등기 후 본등기 전에 가등기와 동일한 부분에 마친 부동산용익권 등기를 직권말소한다.
④ 저당권설정등기청구권보전 가등기에 의한 본등기를 한 경우, 등기관은 가등기 후 본등기 전에 마친 제3자 명의의 부동산용익권 등기를 직권말소할 수 없다.
⑤ 가등기명의인은 단독으로 그 가등기의 말소를 신청할 수 있다.

키워드 〉 가등기에 의한 본등기
난이도 〉
해설 〉 소유권이전등기청구권보전 가등기에 의한 본등기를 한 경우, 등기관은 그 가등기 후 본등기 전에 마친 등기 전부를 직권으로 말소할 수 있는 것이 아니라 직권말소의 대상이 아닌 등기도 있다(규칙 제147조 제1항 참조).

정답 08 ② 09 ②

10 가압류·가처분 등기에 관한 설명으로 옳은 것은? 제22회

① 소유권에 대한 가압류등기는 부기등기로 한다.
② 처분금지가처분등기가 되어 있는 토지에 대하여는 지상권설정등기를 신청할 수 없다.
③ 가압류등기의 말소등기는 등기권리자와 등기의무자가 공동으로 신청해야 한다.
④ 부동산에 대한 처분금지가처분등기의 경우, 금전채권을 피보전권리로 기재한다.
⑤ 부동산의 공유지분에 대해서도 가압류등기가 가능하다.

키워드 > 가압류 및 가처분등기

난이도 >

해설 > ① 소유권에 대한 가압류등기나 가처분등기는 주등기로 실행한다.
② 처분금지가처분등기가 마쳐진 경우라도 처분이 금지되는 것은 아니므로 가처분등기에 반하는 지상권 설정등기는 허용된다.
③ 가압류등기의 말소등기는 법원의 촉탁으로 실행하는 것이 원칙이다.
④ 가처분은 금전채권 이외의 청구권을 보전하려는 것이 목적이므로 피보전권리로 청구권을 기록하는 것이지 금전채권을 기록하는 것은 아니다.

11 乙 소유의 건물에 대하여 소유권이전등기청구권을 보전하기 위한 甲의 가처분이 2013.2.1. 등기되었다. 甲이 乙을 등기의무자로 하여 소유권이전등기를 신청하는 경우, 그 건물에 있던 다음의 제3자 명의의 등기 중 단독으로 등기의 말소를 신청할 수 있는 것은? 제24회

① 2013.1.7. 등기된 가압류에 의하여 2013.6.7.에 한 강제경매개시결정등기
② 2013.1.8. 등기된 가등기담보권에 의하여 2013.7.8.에 한 임의경매개시결정등기
③ 임차권등기명령에 의해 2013.4.2.에 한 甲에게 대항할 수 있는 주택임차권등기
④ 2013.1.9. 체결된 매매계약에 의하여 2013.8.1.에 한 소유권이전등기
⑤ 2013.1.9. 등기된 근저당권에 의하여 2013.9.2.에 한 임의경매개시결정등기

키워드 > 가처분등기 후 마쳐진 등기의 말소 여부

난이도 >

해설 > 계약일자는 비록 가처분등기일자보다 빠르더라도 소유권이전등기를 할 때 물권변동이 생기므로 소유권 이전등기일자가 가처분등기일자보다 늦어서 말소의 대상이 된다.

정답 10 ⑤ 11 ④

2023년 제34회
최신 기출문제

제34회 시험분석

2023년 제34회 최신 기출문제

01 공간정보의 구축 및 관리 등에 관한 법령상 지적측량수행자가 지적측량 의뢰를 받은 때 그 다음 날까지 지적소관청에 제출하여야 하는 것으로 옳은 것은?

① 지적측량수행계획서
② 지적측량 의뢰서
③ 토지이동현황 조사계획서
④ 토지이동정리결의서
⑤ 지적측량 결과서

키워드 지적측량수행계획서

해설 지적측량수행자는 지적측량 의뢰를 받은 때에는 측량기간·측량일자 및 측량수수료 등을 적은 지적측량수행계획서를 그 다음 날까지 지적소관청에 제출하여야 한다(규칙 제25조 제2항).

정답 01 ①

02 공간정보의 구축 및 관리 등에 관한 법령상 도시개발사업 등의 시행자가 그 사업의 착수·변경 및 완료 사실을 지적소관청에 신고하여야 하는 사업으로 틀린 것은?

① 「공공주택 특별법」에 따른 공공주택지구조성사업
② 「도시 및 주거환경정비법」에 따른 정비사업
③ 「택지개발촉진법」에 따른 택지개발사업
④ 「지역 개발 및 지원에 관한 법률」에 따른 지역개발사업
⑤ 「지적재조사에 관한 특별법」에 따른 지적재조사사업

키워드 착수·변경 및 완료 사실 신고

난이도

해설 토지개발사업 등의 범위(법 제86조, 영 제83조 제1항)

1. 「도시개발법」에 따른 도시개발사업
2. 「농어촌정비법」에 따른 농어촌정비사업
3. 「주택법」에 따른 주택건설사업
4. 「택지개발촉진법」에 따른 택지개발사업
5. 「산업입지 및 개발에 관한 법률」에 따른 산업단지개발사업
6. 「도시 및 주거환경정비법」에 따른 정비사업
7. 「지역개발 및 지원에 관한 법률」에 따른 지역개발사업
8. 「체육시설의 설치·이용에 관한 법률」에 따른 체육시설 설치를 위한 토지개발사업
9. 「관광진흥법」에 따른 관광단지 개발사업
10. 「공유수면 관리 및 매립에 관한 법률」에 따른 매립사업
11. 「항만법」, 「신항만건설촉진법」에 따른 항만개발사업 및 「항만재개발 및 주변지역 발전에 관한 법률」에 따른 항만재개발사업
12. 「공공주택 특별법」에 따른 공공주택지구조성사업
13. 「물류시설의 개발 및 운영에 관한 법률」 및 「경제자유구역의 지정 및 운영에 관한 특별법」에 따른 개발사업
14. 「철도의 건설 및 철도시설 유지관리에 관한 법률」에 따른 고속철도, 일반철도 및 광역철도 건설사업
15. 「도로법」에 따른 고속국도 및 일반국도 건설사업
16. 그 밖에 위의 사업과 유사한 경우로서 국토교통부장관이 고시하는 요건에 해당하는 토지개발사업

정답 02 ⑤

03 공간정보의 구축 및 관리 등에 관한 법령상 지목의 구분으로 옳은 것은?

① 온수·약수·석유류 등을 일정한 장소로 운송하는 송수관·송유관 및 저장시설의 부지는 '광천지'로 한다.
② 일반 공중의 종교의식을 위하여 예배·법요·설교·제사 등을 하기 위한 교회·사찰·향교 등 건축물의 부지와 이에 접속된 부속시설물의 부지는 '사적지'로 한다.
③ 자연의 유수(流水)가 있거나 있을 것으로 예상되는 토지는 '구거'로 한다.
④ 제조업을 하고 있는 공장시설물의 부지와 같은 구역에 있는 의료시설 등 부속시설물의 부지는 '공장용지'로 한다.
⑤ 일반 공중의 보건·휴양 및 정서생활에 이용하기 위한 시설을 갖춘 토지로서 「국토의 계획 및 이용에 관한 법률」에 따라 공원 또는 녹지로 결정·고시된 토지는 '체육용지'로 한다.

키워드 지목의 구분
난이도
해설 ① 온수·약수·석유류 등을 일정한 장소로 운송하는 송수관·송유관 및 저장시설의 부지는 '광천지'로 하지 않는다.
② 일반 공중의 종교의식을 위하여 예배·법요·설교·제사 등을 하기 위한 교회·사찰·향교 등 건축물의 부지와 이에 접속된 부속시설물의 부지는 '종교용지'로 한다.
③ 자연의 유수(流水)가 있거나 있을 것으로 예상되는 토지는 '하천'으로 한다.
⑤ 일반 공중의 보건·휴양 및 정서생활에 이용하기 위한 시설을 갖춘 토지로서 「국토의 계획 및 이용에 관한 법률」에 따라 공원 또는 녹지로 결정·고시된 토지는 '공원'으로 한다.

04 공간정보의 구축 및 관리 등에 관한 법령상 지적도의 축척이 600분의 1인 지역에서 신규등록할 1필지의 면적을 측정한 값이 145.450m^2인 경우 토지대장에 등록하는 면적의 결정으로 옳은 것은?

① 145m^2
② 145.4m^2
③ 145.45m^2
④ 145.5m^2
⑤ 146m^2

키워드 축척이 600분의 1인 경우
난이도
해설 지적도의 축척이 600분의 1인 지역은 경계점좌표등록부를 갖추두는 지역이므로 제곱미터 이하 한 자리 단위로 등록하여야 한다. 0.1제곱미터 미만의 끝수가 있는 경우 그 끝수가 0.05제곱미터일 때에는 구하려는 끝자리의 숫자가 0 또는 짝수이면 버리고, 홀수이면 올린다(영 제60조 제1항 제2호). 문제의 경우 끝수가 0.05이고 구하려는 끝자리의 숫자가 4이므로 145.4m^2로 등록하여야 한다.

정답 03 ④ 04 ②

05

공간정보의 구축 및 관리 등에 관한 법령상 대지권등록부와 경계점좌표등록부의 공통 등록사항을 모두 고른 것은?

㉠ 지번
㉡ 소유자의 성명 또는 명칭
㉢ 토지의 소재
㉣ 토지의 고유번호
㉤ 지적도면의 번호

① ㉠, ㉢, ㉣
② ㉢, ㉣, ㉤
③ ㉠, ㉡, ㉢, ㉣
④ ㉠, ㉡, ㉢, ㉤
⑤ ㉠, ㉡, ㉣, ㉤

키워드 대지권등록부·경계점좌표등록부 공통 등록사항

난이도

해설 ㉠㉢ 소재와 지번은 모든 지적공부에 공통되는 등록사항이다.
㉣ 토지의 고유번호는 지적도면을 제외한 토지대장, 임야대장, 공유지연명부, 대지권등록부, 경계점좌표등록부에 등록한다.
㉡ 소유자의 성명 또는 명칭은 대지권등록부의 등록사항이지만, 경계점좌표등록부의 등록사항은 아니다.
㉤ 지적도면의 번호는 경계점좌표등록부의 등록사항이지만, 대지권등록부의 등록사항은 아니다.

정답 05 ①

06 공간정보의 구축 및 관리 등에 관한 법령상 지적소관청이 토지소유자에게 지적정리 등을 통지하여야 하는 시기에 대한 설명이다. ( )에 들어갈 내용으로 옳은 것은?

- 토지의 표시에 관한 변경등기가 필요하지 아니한 경우: (㉠)에 등록한 날부터 (㉡) 이내
- 토지의 표시에 관한 변경등기가 필요한 경우: 그 (㉢)를 접수한 날부터 (㉣) 이내

① ㉠: 등기완료의 통지서 ㉡: 15일 ㉢: 지적공부 ㉣: 7일
② ㉠: 등기완료의 통지서 ㉡: 7일   ㉢: 지적공부 ㉣: 15일
③ ㉠: 지적공부 ㉡: 7일   ㉢: 등기완료의 통지서 ㉣: 15일
④ ㉠: 지적공부 ㉡: 10일 ㉢: 등기완료의 통지서 ㉣: 15일
⑤ ㉠: 지적공부 ㉡: 15일 ㉢: 등기완료의 통지서 ㉣: 7일

키워드 지적정리 등의 통지시기

난이도

해설
- 토지의 표시에 관한 변경등기가 필요한 경우: 지적소관청은 등기관서로부터 그 등기완료통지서를 접수한 날부터 15일 이내에 토지소유자에게 지적정리 등을 통지하여야 한다(영 제85조 제1호).
- 토지의 표시에 관한 변경등기가 필요하지 않은 경우: 지적소관청은 지적공부에 등록한 날부터 7일 이내에 토지소유자에게 지적정리 등을 통지를 하여야 한다(영 제85조 제2호).

07 공간정보의 구축 및 관리 등에 관한 법령상 지적삼각보조점성과의 등본을 발급받으려는 경우 그 신청 기관으로 옳은 것은?

① 시·도지사
② 시·도지사 또는 지적소관청
③ 지적소관청
④ 지적소관청 또는 한국국토정보공사
⑤ 한국국토정보공사

키워드 지적삼각보조점성과의 등본 발급기관

난이도

해설 지적측량기준점성과 또는 그 측량부를 열람하거나 등본을 발급받으려는 자는 지적삼각점성과에 대해서는 특별시장·광역시장·특별자치시장·도지사·특별자치도지사(이하 '시·도지사'라 한다) 또는 지적소관청에 신청하고, 지적삼각보조점성과 및 지적도근점성과에 대해서는 지적소관청에 신청하여야 한다(규칙 제26조 제1항).

정답 06 ③ 07 ③

08 공간정보의 구축 및 관리 등에 관한 법령상 지적소관청은 축척변경에 따른 청산금의 납부 및 지급이 완료되었을 때 지체 없이 축척변경의 확정공고를 하여야 한다. 이 경우 확정공고에 포함되어야 할 사항으로 틀린 것은?

① 토지의 소재 및 지역명
② 축척변경 지번별 조서
③ 청산금 조서
④ 지적도의 축척
⑤ 지역별 제곱미터당 금액조서

키워드 확정공고 포함사항

난이도

해설 청산금의 납부 및 지급이 완료되었을 때에는 지적소관청은 다음의 사항을 포함하여 지체 없이 축척변경의 확정공고를 하여야 한다(영 제78조 제1항, 규칙 제92조 제1항).

> 1. 토지의 소재 및 지역명
> 2. 축척변경 지번별 조서
> 3. 청산금 조서
> 4. 지적도의 축척

정답 08 ⑤

09 공간정보의 구축 및 관리 등에 관한 법령상 중앙지적위원회의 구성 및 회의 등에 관한 설명으로 옳은 것을 모두 고른 것은?

> ㉠ 중앙지적위원회의 간사는 국토교통부의 지적업무담당 공무원 중에서 지적업무 담당 국장이 임명하며, 회의 준비, 회의록 작성 및 회의 결과에 따른 업무 등 중앙지적위원회의 서무를 담당한다.
> ㉡ 중앙지적위원회의 회의는 재적위원 과반수의 출석으로 개의(開議)하고, 출석위원 과반수의 찬성으로 의결한다.
> ㉢ 중앙지적위원회는 관계인을 출석하게 하여 의견을 들을 수 있으며, 필요하면 현지조사를 할 수 있다.
> ㉣ 위원장이 중앙지적위원회의 회의를 소집할 때에는 회의 일시·장소 및 심의 안건을 회의 7일 전까지 각 위원에게 서면으로 통지하여야 한다.

① ㉠, ㉡
② ㉡, ㉢
③ ㉠, ㉡, ㉢
④ ㉠, ㉢, ㉣
⑤ ㉡, ㉢, ㉣

키워드 중앙지적위원회의 구성 및 회의

난이도

해설 ㉡ 영 제21조 제3항
㉢ 영 제21조 제4항
㉠ 중앙지적위원회의 간사는 국토교통부의 지적업무 담당 공무원 중에서 국토교통부장관이 임명하며, 회의 준비, 회의록 작성 및 회의 결과에 따른 업무 등 중앙지적위원회의 서무를 담당한다(영 제20조 제5항).
㉣ 위원장이 중앙지적위원회의 회의를 소집할 때에는 회의 일시·장소 및 심의 안건을 회의 5일 전까지 각 위원에게 서면으로 통지하여야 한다(영 제21조 제5항).

정답 09 ②

10 공간정보의 구축 및 관리 등에 관한 법령상 지적측량의 측량기간 및 검사기간에 대한 설명이다. (　)에 들어갈 내용으로 옳은 것은? (단, 지적측량 의뢰인과 지적측량수행자가 서로 합의하여 따로 기간을 정하는 경우는 제외함)

> 지적측량의 측량기간은 (㉠)일로 하며, 측량검사기간은 (㉡)일로 한다. 다만, 지적기준점을 설치하여 측량 또는 측량검사를 하는 경우 지적기준점이 15점 이하인 경우에는 (㉢)일을, 15점을 초과하는 경우에는 (㉣)일에 15점을 초과하는 (㉤)점마다 1일을 가산한다.

① ㉠: 4　㉡: 4　㉢: 4　㉣: 4　㉤: 3
② ㉠: 5　㉡: 4　㉢: 4　㉣: 4　㉤: 4
③ ㉠: 5　㉡: 4　㉢: 4　㉣: 5　㉤: 3
④ ㉠: 5　㉡: 4　㉢: 5　㉣: 5　㉤: 4
⑤ ㉠: 6　㉡: 5　㉢: 5　㉣: 5　㉤: 3

키워드 지적측량의 측량기간 및 검사기간

난이도

해설 지적측량의 측량기간은 '5일'로 하며, 측량검사기간은 '4일'로 한다. 다만, 세부측량을 하기 위하여 지적기준점을 설치하여 측량 또는 측량검사를 하는 경우 지적기준점이 15점 이하인 경우에는 '4일'을, 15점을 초과하는 경우에는 '4일'에 15점을 초과하는 '4점'마다 1일을 가산한다(규칙 제25조 제3항).

정답 10 ②

11 공간정보의 구축 및 관리 등에 관한 법령상 지적소관청은 축척변경 확정공고를 하였을 때에는 지체 없이 축척변경에 따라 확정된 사항을 지적공부에 등록하여야 한다. 이 경우 토지대장에 등록하는 기준으로 옳은 것은?

① 축척변경 확정측량 결과도에 따른다.
② 청산금납부고지서에 따른다.
③ 토지이동현황 조사계획서에 따른다.
④ 확정공고된 축척변경 지번별 조서에 따른다.
⑤ 축척변경 시행계획에 따른다.

> 키워드 ▶ 토지대장 등록 기준
> 난이도 ▶
> 해설 ▶ 지적소관청은 축척변경에 따라 확정된 사항을 지적공부에 등록하는 때에는 다음의 기준에 따라야 한다(규칙 제92조 제2항).
>
> > 1. 토지대장은 확정공고된 축척변경 지번별 조서에 따를 것
> > 2. 지적도는 확정측량 결과도 또는 경계점좌표에 따를 것

12 공간정보의 구축 및 관리 등에 관한 법령상 지상경계점등록부의 등록사항으로 틀린 것은?

① 지적도면의 번호
② 토지의 소재
③ 공부상 지목과 실제 토지이용 지목
④ 경계점의 사진 파일
⑤ 경계점표지의 종류 및 경계점 위치

> 키워드 ▶ 지상경계점등록부 등록사항
> 난이도 ▶
> 해설 ▶ 지상경계점등록부에 다음의 사항을 등록하여야 한다(법 제65조 제2항, 규칙 제60조).
>
> > 1. 토지의 소재
> > 2. 지번
> > 3. 경계점표지의 종류 및 경계점 위치
> > 4. 경계점 위치 설명도
> > 5. 경계점 좌표(경계점좌표등록부 시행지역에 한정한다)
> > 6. 경계점의 사진 파일
> > 7. 공부상 지목과 실제 토지이용 지목

정답 11 ④ 12 ①

13 등기신청에 관한 설명으로 틀린 것은?

① 정지조건이 붙은 유증을 원인으로 소유권이전등기를 신청하는 경우, 조건성취를 증명하는 서면을 첨부하여야 한다.
② 사립대학이 부동산을 기증받은 경우, 학교 명의로 소유권이전등기를 할 수 있다.
③ 법무사는 매매계약에 따른 소유권이전등기를 매도인과 매수인 쌍방을 대리하여 신청할 수 있다.
④ 법인 아닌 사단인 종중이 건물을 매수한 경우, 종중의 대표자는 종중 명의로 소유권이전등기를 신청할 수 있다.
⑤ 채권자대위권에 의한 등기신청의 경우, 대위채권자는 채무자의 등기신청권을 자기의 이름으로 행사한다.

키워드 ▶ 등기신청
난이도 ▶
해설 ▶ 학교는 하나의 시설물에 불과하여 권리·의무의 주체가 될 수 없으므로 학교 명의로 등기할 수 없고 설립자 명의로 등기를 하여야 한다. 사립대학교는 설립자인 학교법인명의로 소유권이전등기를 하여야 한다.

14 「부동산등기법」상 등기할 수 없는 것을 모두 고른 것은?

| ㉠ 분묘기지권 | ㉡ 전세권저당권 |
| ㉢ 주위토지통행권 | ㉣ 구분지상권 |

① ㉠, ㉢
② ㉡, ㉣
③ ㉠, ㉡, ㉢
④ ㉠, ㉢, ㉣
⑤ ㉡, ㉢, ㉣

키워드 ▶ 등기할 수 없는 것
난이도 ▶
해설 ▶ ㉠㉢ 「부동산등기법」상 등기할 수 없는 권리에 해당한다.
보충 ▶ 1. 「부동산등기법」상 등기할 사항인 권리: 소유권, 지상권, 지역권, 전세권, 임차권, 저당권, 권리질권과 채권담보권(법 제3조). 저당권은 소유권, 지상권, 전세권을 목적으로 설정할 수 있고, 특정 공간을 사용하는 구분지상권은 지상권의 일종으로 등기할 수 있는 권리이다.
2. 등기할 수 없는 권리: 점유권, 유치권, 동산질권, 주위토지통행권, 분묘기지권 등

정답 13 ② 14 ①

15 등기한 권리의 순위에 관한 설명으로 <u>틀린</u> 것은? (다툼이 있으면 판례에 따름)

① 부동산에 대한 가압류등기와 저당권설정등기 상호간의 순위는 접수번호에 따른다.
② 2번 저당권이 설정된 후 1번 저당권 일부이전의 부기등기가 이루어진 경우, 배당에 있어서 그 부기등기가 2번 저당권에 우선한다.
③ 위조된 근저당권해지증서에 의해 1번 근저당권등기가 말소된 후 2번 근저당권이 설정된 경우, 말소된 1번 근저당권등기가 회복되더라도 2번 근저당권이 우선한다.
④ 가등기 후에 제3자 명의의 소유권이전등기가 이루어진 경우, 가등기에 기한 본등기가 이루어지면 본등기는 제3자 명의 등기에 우선한다.
⑤ 집합건물 착공 전의 나대지에 대하여 근저당권이 설정된 경우, 그 근저당권등기는 집합건물을 위한 대지권등기에 우선한다.

키워드 등기한 권리의 순위

난이도

해설 ③ 말소회복등기는 말소되기 전의 등기와 동일한 순위와 효력을 보유하므로 1번 근저당권등기가 말소되고 2번 근저당권이 설정된 후, 말소된 1번 근저당권등기가 회복되면 2번 근저당권보다 선순위가 된다.
① 등기한 순서는 등기기록 중 같은 구(區)에서 한 등기는 순위번호에 따르고, 다른 구에서 한 등기는 접수번호에 따르므로(법 제4조 제2항) 갑구에 등기한 가압류등기와 을구에 등기한 저당권설정등기 상호간의 순위는 접수번호에 따른다.
② 부기등기의 순위는 주등기의 순위에 따르므로(법 제5조) 2번 저당권이 설정된 후 1번 저당권 일부이전의 부기등기가 이루어진 경우, 배당에 있어서 그 부기등기가 2번 저당권에 우선한다.
④ 가등기에 의한 본등기를 한 경우 본등기의 순위는 가등기의 순위에 따르므로(법 제91조), 가등기 후에 제3자 명의의 소유권이전등기가 이루어진 경우, 가등기에 기한 본등기가 이루어지면 본등기는 제3자 명의 등기에 우선한다.

정답 15 ③

16 등기신청을 위한 첨부정보에 관한 설명으로 옳은 것을 모두 고른 것은?

㉠ 토지에 대한 표시변경등기를 신청하는 경우, 등기원인을 증명하는 정보로서 토지대장정보를 제공하면 된다.
㉡ 매매를 원인으로 소유권이전등기를 신청하는 경우, 등기의무자의 주소를 증명하는 정보도 제공하여야 한다.
㉢ 상속등기를 신청하면서 등기원인을 증명하는 정보로서 상속인 전원이 참여한 공정증서에 의한 상속재산분할협의서를 제공하는 경우, 상속인들의 인감증명을 제출할 필요가 없다.
㉣ 농지에 대한 소유권이전등기를 신청하는 경우, 등기원인을 증명하는 정보가 집행력 있는 판결인 때에는 특별한 사정이 없는 한 농지취득자격증명을 첨부하지 않아도 된다.

① ㉠, ㉡
② ㉢, ㉣
③ ㉠, ㉡, ㉢
④ ㉠, ㉢, ㉣
⑤ ㉡, ㉢, ㉣

키워드 첨부정보

해설
㉠ 토지의 표시변경등기를 신청하는 경우에는 그 변경을 증명하는 토지대장 정보나 임야대장 정보를 첨부정보로서 등기소에 제공하여야 한다(규칙 제72조 제2항).
㉡ 매매를 원인으로 소유권이전등기를 신청하는 경우, 등기권리자뿐만 아니라 등기의무자의 주소를 증명하는 정보도 제공하여야 한다(규칙 제46조 제1항 제6호).
㉢ 상속재산분할협의서 등이 공정증서인 경우에는 인감증명을 제출할 필요가 없다(규칙 제60조 제4항).
㉣ 등기원인을 증명하는 정보가 집행력 있는 판결인 경우에는 제3자의 허가 등을 증명하는 정보를 제공할 필요가 없다. 다만, 등기원인에 대하여 행정관청의 허가, 동의 또는 승낙을 받을 것이 요구되는 소유권이전등기를 신청할 때에는 그 허가, 동의 또는 승낙을 증명하는 서면을 제출하여야 하므로(규칙 제46조 제3항, 부동산등기 특별조치법 제5조 제1항) 농지에 대한 소유권이전등기를 신청하는 경우, 등기원인을 증명하는 정보가 집행력 있는 판결인 때에는 농지취득자격증명을 첨부하여야 한다.

정답 16 ③

17 등기관이 용익권의 등기를 하는 경우에 관한 설명으로 옳은 것은?

① 1필 토지 전부에 지상권설정등기를 하는 경우, 지상권설정의 범위를 기록하지 않는다.
② 지역권의 경우, 승역지의 등기기록에 설정의 목적, 범위 등을 기록할 뿐, 요역지의 등기기록에는 지역권에 관한 등기사항을 기록하지 않는다.
③ 전세권의 존속기간이 만료된 경우, 그 전세권설정등기를 말소하지 않고 동일한 범위를 대상으로 하는 다른 전세권설정등기를 할 수 있다.
④ 2개의 목적물에 하나의 전세권설정계약으로 전세권설정등기를 하는 경우, 공동전세목록을 작성하지 않는다.
⑤ 차임이 없이 보증금의 지급만을 내용으로 하는 채권적 전세의 경우, 임차권설정등기기록에 차임 및 임차보증금을 기록하지 않는다.

키워드 용익권등기

해설 ④ 공동전세권의 목적 부동산이 5개 이상인 경우 등기관은 공동전세목록을 작성하여야 한다(규칙 제128조 제3항).
① 1필 토지 전부에 지상권설정등기를 하더라도 반드시 지상권설정의 범위를 기록하여야 한다.
② 요역지의 등기기록에는 승역지, 지역권설정의 목적, 지역권설정의 범위를 기록하여야 한다(법 제71조 제1항).
③ 전세권의 존속기간이 만료된 경우, 그 전세권설정등기를 말소하지 않고는 동일한 범위를 대상으로 하는 다른 전세권설정등기를 할 수 없다.
⑤ 차임이 없이 보증금의 지급만을 내용으로 하는 채권적 전세의 경우, 임차보증금을 임차권설정등기기록에 기록하여야 한다(1995.12.8, 등기 3402-854).

정답 17 ④

18 등기관이 근저당권등기를 하는 경우에 관한 설명으로 틀린 것은?

① 채무자의 성명, 주소 및 주민등록번호를 등기기록에 기록하여야 한다.
② 채무자가 수인인 경우라도 채무자별로 채권최고액을 구분하여 기록할 수 없다.
③ 신청정보의 채권최고액이 외국통화로 표시된 경우, 외화표시금액을 채권최고액으로 기록한다.
④ 선순위근저당권의 채권최고액을 감액하는 변경등기는 그 저당목적물에 관한 후순위권리자의 승낙서가 첨부되지 않더라도 할 수 있다.
⑤ 수용으로 인한 소유권이전등기를 하는 경우, 특별한 사정이 없는 한 그 부동산의 등기기록 중 근저당권등기는 직권으로 말소하여야 한다.

키워드 근저당권등기

해설 ① 채무자의 성명(명칭)과 주소(사무소 소재지)은 기록하여야 하지만, 주민등록번호는 기록하지 않는다(법 제75조).
② 채권최고액을 외국통화로 표시하여 신청정보로 제공한 경우에는 외화표시금액을 채권최고액으로 기록한다(예 "미화 금 ○○달러")(등기예규 제1656호).

19 가등기에 관한 설명으로 틀린 것은?

① 가등기로 보전하려는 등기청구권이 해제조건부인 경우에는 가등기를 할 수 없다.
② 소유권이전청구권 가등기는 주등기의 방식으로 한다.
③ 가등기는 가등기권리자와 가등기의무자가 공동으로 신청할 수 있다.
④ 가등기에 기한 본등기를 금지하는 취지의 가처분등기의 촉탁이 있는 경우, 등기관은 이를 각하하여야 한다.
⑤ 소유권이전청구권 가등기에 기하여 본등기를 하는 경우, 등기관은 그 가등기를 말소하는 표시를 하여야 한다.

키워드 가등기

해설 본등기를 하는 경우, 순위가 유지됨을 공시할 필요가 있기 때문에 가등기를 말소하지 않고 그대로 둔다.

20 등기관의 처분에 대한 이의신청에 관한 설명으로 <u>틀린</u> 것은?

① 등기신청인이 아닌 제3자는 등기신청의 각하결정에 대하여 이의신청을 할 수 없다.
② 이의신청은 대법원규칙으로 정하는 바에 따라 관할 지방법원에 이의신청서를 제출하는 방법으로 한다.
③ 이의신청기간에는 제한이 없으므로 이의의 이익이 있는 한 언제라도 이의신청을 할 수 있다.
④ 등기관의 처분 시에 주장하거나 제출하지 아니한 새로운 사실을 근거로 이의신청을 할 수 없다.
⑤ 등기관의 처분에 대한 이의신청이 있더라도 그 부동산에 대한 다른 등기신청은 수리된다.

키워드 이의신청
난이도
해설 등기관의 결정 또는 처분에 이의가 있는 자는 관할 지방법원에 이의신청을 할 수 있으나(법 제100조), 이의의 신청은 등기소에 이의신청서를 제출하는 방법으로 한다(법 제101조).

21 「부동산등기법」 제29조 제2호의 '사건이 등기할 것이 아닌 경우'에 해당하는 것을 모두 고른 것은? (다툼이 있으면 판례에 따름)

> ㉠ 위조한 개명허가서를 첨부한 등기명의인 표시변경등기신청
> ㉡ 「하천법」상 하천에 대한 지상권설정등기신청
> ㉢ 법령에 근거가 없는 특약사항의 등기신청
> ㉣ 일부지분에 대한 소유권보존등기신청

① ㉠
② ㉠, ㉡
③ ㉢, ㉣
④ ㉡, ㉢, ㉣
⑤ ㉠, ㉡, ㉢, ㉣

키워드 법 제29조 제2호의 위반사유
난이도
해설 ㉡ 「하천법」상 하천에 대한 지상권설정등기신청: 「하천법」상 하천에 대한 지상권설정등기는 허용되지 않으므로 제2호 위반에 해당한다(등기예규 제1387호).
㉢㉣ 법 제29조 제2호 사건이 등기할 것이 아닌 경우에 해당한다.
㉠ 위조한 개명허가서를 첨부한 등기명의인 표시변경등기신청: 위조된 첨부정보를 제공한 경우, 그것은 유효한 정보가 아니므로 그 정보를 제공하지 않은 것으로 보아 각하한다(법 제29조 제9호 위반).

정답 20 ② 21 ④

22 구분건물의 등기에 관한 설명으로 틀린 것은?

① 대지권의 표시에 관한 사항은 전유부분의 등기기록 표제부에 기록하여야 한다.
② 토지전세권이 대지권인 경우에 대지권이라는 뜻의 등기가 되어 있는 토지의 등기기록에는 특별한 사정이 없는 한 저당권설정등기를 할 수 없다.
③ 대지권의 변경이 있는 경우, 구분건물의 소유권의 등기명의인은 1동의 건물에 속하는 다른 구분건물의 소유권의 등기명의인을 대위하여 대지권변경등기를 신청할 수 있다.
④ 1동의 건물에 속하는 구분건물 중 일부만에 관하여 소유권보존등기를 신청하는 경우에는 나머지 구분건물의 표시에 관한 등기를 동시에 신청하여야 한다.
⑤ 집합건물의 규약상 공용부분이라는 뜻을 정한 규약을 폐지한 경우, 그 공용부분의 취득자는 소유권이전등기를 신청하여야 한다.

키워드 규약 폐지

난이도

해설 ② 전세권이 대지권인 경우에 대지권이라는 뜻의 등기가 되어 있는 토지의 등기기록에는 전세권이전등기, 전세권부저당권설정등기, 그 밖에 이와 관련이 있는 등기를 할 수 없다(법 제61조 제4항·제5항). 반면, 대지권이라는 뜻의 등기가 되어 있는 토지의 소유권은 전유부분과 일체성이 있는 권리가 아니므로 그 토지에 대한 소유권이전등기나 저당권설정등기는 허용된다.
⑤ 공용부분이라는 뜻을 정한 규약을 폐지한 경우에 공용부분의 취득자는 지체 없이 소유권보존등기를 신청하여야 한다(법 제47조 제2항).

정답 22 ②, ⑤

23 소유권등기에 관한 설명으로 **틀린** 것은? (다툼이 있으면 판례에 따름)

① 미등기 건물의 건축물대장상 소유자로부터 포괄유증을 받은 자는 자기 명의로 소유권보존등기를 신청할 수 있다.
② 미등기 부동산이 전전양도된 경우, 최후의 양수인이 소유권보존등기를 한 때에도 그 등기가 결과적으로 실질적 법률관계에 부합된다면, 특별한 사정이 없는 한 그 등기는 무효라고 볼 수 없다.
③ 미등기 토지에 대한 소유권을 군수의 확인에 의해 증명한 자는 그 토지에 대한 소유권보존등기를 신청할 수 있다.
④ 특정유증을 받은 자로서 아직 소유권등기를 이전받지 않은 자는 직접 진정명의회복을 원인으로 한 소유권이전등기를 청구할 수 없다.
⑤ 부동산 공유자의 공유지분 포기에 따른 등기는 해당 지분에 관하여 다른 공유자 앞으로 소유권이전등기를 하는 형태가 되어야 한다.

키워드 군수의 확인

난이도

해설 특별자치도지사, 시장, 군수 또는 구청장(자치구의 구청장을 말한다)의 확인에 의하여 건물이 자기의 소유권을 증명하는 자는 자기명의의 보존등기를 신청할 수 있다(법 제65조 제4호). 본 규정은 건물에만 적용되고 토지에는 적용되지 않는다.

정답 23 ③

24 등기필정보에 관한 설명으로 옳은 것은?

① 등기필정보는 아라비아 숫자와 그 밖의 부호의 조합으로 이루어진 일련번호와 비밀번호로 구성한다.
② 법정대리인이 등기를 신청하여 본인이 새로운 권리자가 된 경우, 등기필정보는 특별한 사정이 없는 한 본인에게 통지된다.
③ 등기절차의 인수를 명하는 판결에 따라 승소한 등기의무자가 단독으로 등기를 신청하는 경우, 등기필정보를 등기소에 제공할 필요가 없다.
④ 등기권리자의 채권자가 등기권리자를 대위하여 등기신청을 한 경우, 등기필정보는 그 대위채권자에게 통지된다.
⑤ 등기명의인의 포괄승계인은 등기필정보의 실효신고를 할 수 없다.

키워드 등기필정보

난이도

해설   ① 규칙 제106조 제1항
② 법정대리인이 등기를 신청한 경우에는 그 법정대리인에게, 법인의 대표자나 지배인이 신청한 경우에는 그 대표자나 지배인에게, 법인 아닌 사단이나 재단의 대표자나 관리인이 신청한 경우에는 그 대표자나 관리인에게 등기필정보를 통지한다(규칙 제108조 제2항).
③ 등기필정보는 공동신청 또는 승소한 등기의무자의 단독신청에 의하여 권리에 관한 등기를 신청하는 경우로 한정하여 제공한다(규칙 제43조 제1항 제7호).
④ 등기권리자의 채권자가 등기권리자를 대위하여 등기를 신청하여 마친 경우, 등기를 완료한 후 등기명의인을 위한 등기필정보를 작성하여 통지하지 않는다(규칙 제109조 제2항 제4호).
⑤ 등기명의인 또는 그 상속인 그 밖의 포괄승계인은 등기필정보의 실효신고를 할 수 있다(규칙 제110조).

정답 24 ①

에듀윌이 너를 지지할게

ENERGY

내가 꿈을 이루면
나는 누군가의 꿈이 된다.

– 이도준

2024 에듀윌 공인중개사 단단 2차 부동산공시법

발 행 일	2024년 1월 7일 초판
편 저 자	김민석
펴 낸 이	양형남
펴 낸 곳	(주)에듀윌
등록번호	제25100-2002-000052호
주 소	08378 서울특별시 구로구 디지털로34길 55 코오롱싸이언스밸리 2차 3층

* 이 책의 무단 인용·전재·복제를 금합니다.

www.eduwill.net

대표전화 1600-6700

**여러분의 작은 소리
에듀윌은 크게 듣겠습니다.**

본 교재에 대한 여러분의 목소리를 들려주세요.
공부하시면서 어려웠던 점, 궁금한 점,
칭찬하고 싶은 점, 개선할 점, 어떤 것이라도 좋습니다.

에듀윌은 여러분께서 나누어 주신 의견을
통해 끊임없이 발전하고 있습니다.

에듀윌 도서몰 book.eduwill.net
• 부가학습자료 및 정오표: 에듀윌 도서몰 → 도서자료실
• 교재 문의: 에듀윌 도서몰 → 문의하기 → 교재(내용, 출간) / 주문 및 배송

합격하고 꼭 해야 할 것 1

에듀윌 공인중개사
동문회 9가지 특권

1. 에듀윌 공인중개사 합격자 모임

2. 동문회 인맥북

믿고 의지할 수 있는 동문들을 한 손에!

3. 동문 중개업소 홍보물 지원

4. 동문회와 함께하는 사회공헌활동

5. 동문회 사이트
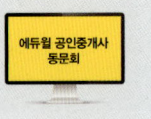
전국구 동문 인맥 네트워크!
dongmun.eduwill.net

6. 동문회 소식지 무료 구독

7. 최대 규모의 동문회 커뮤니티

8. 창업 사무소 지원 센터

상위1% 고소득을 위한
동문회 전임
자문교수
김진희 교수

우수 동문 선정
부동산 사무소
언론홍보 지원

업계 최고
전문가 초청
성공특강

9. 취업/창업 코칭 센터

합격 후 취업 성공
부동산 중개법인
취업연계

전국 인맥 네트워크
동문선배 사무소
취업연계

선배 동문
성공 노하우
실무포럼

※ 본 특권은 회원별로 상이하며, 예고 없이 변경될 수 있습니다.

에듀윌 공인중개사 동문회 | dongmun.eduwill.net
문의 | 1600-6700

합격하고 꼭 해야 할 것 2

에듀윌 부동산 아카데미 강의 듣기

성공 창업의 필수 코스
부동산 창업 CEO 과정

1 튼튼 창업 기초
- 창업 입지 컨설팅
- 중개사무 문서작성
- 성공 개업 실무TIP

2 중개업 필수 실무
- 온라인 마케팅
- 세금 실무
- 토지/상가 실무
- 재개발/재건축

3 실전 Level-Up
- 계약서작성 실습
- 중개영업 실무
- 사고방지 민법실무
- 빌딩 중개 실무

4 부동산 투자
- 시장 분석
- 투자 정책

부동산으로 성공하는
컨설팅 전문가 3대 특별 과정

마케팅 마스터
- 데이터 분석
- 블로그 마케팅
- 유튜브 마케팅
- 실습 샘플 파일 제공

디벨로퍼 마스터
- 부동산 개발 사업
- 유형별 절차와 특징
- 토지 확보 및 환경 분석
- 사업성 검토

빅데이터 마스터
- QGIS 프로그램 이해
- 공공데이터 분석 및 활용
- 컨설팅 리포트 작성
- 토지 상권 분석

경매의 神과 함께 '중개'에서
'경매'로 수수료 업그레이드

- 공인중개사를 위한 경매 실무
- 투자 및 중개업 분야 확장
- 고수들만 아는 돈 되는 특수 물권
- 이론(기본) - 이론(심화) - 임장 3단계 과정
- 경매 정보 사이트 무료 이용

실전 경매의 神
안성선
이주왕
장석태

에듀윌 부동산 아카데미 | uland.eduwill.net
문의 | 온라인 강의 1600-6700, 학원 강의 02)6736-0600

꿈을 현실로 만드는
에듀윌

DREAM

공무원 교육
- 선호도 1위, 신뢰도 1위! 브랜드만족도 1위!
- 합격자 수 2,100% 폭등시킨 독한 커리큘럼

자격증 교육
- 8년간 아무도 깨지 못한 기록 합격자 수 1위
- 가장 많은 합격자를 배출한 최고의 합격 시스템

직영학원
- 직영학원 수 1위, 수강생 규모 1위!
- 표준화된 커리큘럼과 호텔급 시설 자랑하는 전국 27개 학원

종합출판
- 온라인서점 베스트셀러 1위!
- 출제위원급 전문 교수진이 직접 집필한 합격 교재

어학 교육
- 토익 베스트셀러 1위
- 토익 동영상 강의 무료 제공
- 업계 최초 '토익 공식' 추천 AI 앱 서비스

콘텐츠 제휴 · B2B 교육
- 고객 맞춤형 위탁 교육 서비스 제공
- 기업, 기관, 대학 등 각 단체에 최적화된 고객 맞춤형 교육 및 제휴 서비스

부동산 아카데미
- 부동산 실무 교육 1위!
- 상위 1% 고소득 창업/취업 비법
- 부동산 실전 재테크 성공 비법

공기업 · 대기업 취업 교육
- 취업 교육 1위!
- 공기업 NCS, 대기업 직무적성, 자소서, 면접

학점은행제
- 99%의 과목이수율
- 15년 연속 교육부 평가 인정 기관 선정

대학 편입
- 편입 교육 1위!
- 업계 유일 500% 환급 상품 서비스

국비무료 교육
- '5년우수훈련기관' 선정
- K-디지털, 4차 산업 등 특화 훈련과정

에듀윌 교육서비스 **공무원 교육** 9급공무원/7급공무원/경찰공무원/소방공무원/계리직공무원/기술직공무원/군무원 **자격증 교육** 공인중개사/주택관리사/감정평가사/노무사/전기기사/경비지도사/검정고시/소방설비기사/소방시설관리사/사회복지사1급/건축기사/토목기사/직업상담사/전기기능사/산업안전기사/위험물산업기사/위험물기능사/도로교통사고감정사/유통관리사/물류관리사/행정사/한국사능력검정/한경TESAT/매경TEST/KBS한국어능력시험·실용글쓰기/IT자격증/국제무역사/무역영어 **어학 교육** 토익 교재/토익 동영상 강의/인공지능 토익 앱 **세무/회계** 회계사/세무사/전산세무회계/ERP정보관리사/재경관리사 **대학 편입** 편입 교재/편입 영어·수학/경찰대/의치대/편입 컨설팅·면접 **공기업·대기업 취업 교육** 공기업 NCS·전공·상식/대기업 직무적성/자소서·면접 **직영학원** 공무원학원/경찰학원/소방학원/공인중개사 학원/주택관리사 학원/전기기사학원/세무사·회계사 학원/편입학원/취업아카데미 **종합출판** 공무원·자격증 수험교재 및 단행본 **학점은행제** 교육부 평가인정기관 원격평생교육원(사회복지사2급/경영학/CPA)/교육부 평가인정기관 원격 사회교육원(사회복지사2급/심리학) **콘텐츠 제휴·B2B 교육** 교육 콘텐츠 제휴/기업 맞춤 자격증 교육/대학 취업역량 강화 교육 **부동산 아카데미** 부동산 창업CEO과정/실전 경매 과정/디벨로퍼과정 **국비무료 교육 (국비교육원)** 전기기능사/전기(산업)기사/소방설비(산업)기사/IT(빅데이터/자바프로그램/파이썬)/게임그래픽/3D프린터/실내건축디자인/웹퍼블리셔/그래픽디자인/영상편집(유튜브)디자인/온라인 쇼핑몰창고 및 제작(쿠팡, 스마트스토어)/전산세무회계/컴퓨터활용능력/ITQ/GTQ/직업상담사

교육문의 **1600-6700** www.eduwill.net

· 2022 소비자가 선택한 최고의 브랜드 공무원·자격증 교육 1위 (조선일보) · 2023 대한민국 브랜드만족도 공무원·자격증·취업·학원·편입·부동산 실무 교육 1위 (한경비즈니스) · 2017/2022 에듀윌 공무원 과정 최종 환급자 수 기준 · 2022년 공인중개사 직영학원 기준 · YES24 공인중개사 부문, 2023 공인중개사 심정욱 필살키 최종이론&마무리100선 민법 및 민사특별법 (2023년 10월 월별 베스트) 그 외 다수 · 교보문고 취업/수험서 부문, 2020 에듀윌 농협은행 6급 NCS 직무능력평가+실전모의고사 4회 (2020년 1월 27일~2월 5일, 인터넷 주간 베스트) 그 외 다수 · YES24 컴퓨터활용능력 부문, 2024 컴퓨터활용능력 1급 필기 초단기끝장(2023년 10월 3~4주 주별 베스트) 그 외 다수 · 인터파크 자격서/수험서 부문, 에듀윌 한국사능력검정시험 2주끝장 심화 (1, 2, 3급) (2020년 6~8월 월간 베스트) 그 외 다수 · YES24 국어 외국어사전 영어 토익/TOEIC 기출문제/모의고사 분야 베스트셀러 1위 (에듀윌 토익 READING RC 4주끝장 리딩 종합서, 2022년 9월 4주 주별 베스트) · 에듀윌 토익 교재 입문~실전 인강 무료 제공 (2022년 최신 강좌 기준/109강) · 2022년 종강반 중 모든 평가항목 정상 참여자 기준, 99% (평생교육원, 사회교육원) · 2008년~2022년까지 약 206만 누적수강학점으로 과목 운영 (평생교육원 기준) · A사, B사 최대 200% 환급 서비스 (2022년 6월 기준) · 에듀윌 국비교육원 구로센터 고용노동부 지정 '5년우수훈련기관' 선정 (2023~2027) · KRI 한국기록원 2016, 2017, 2019년 공인중개사 최다 합격자 배출 공식 인증 (2024년 현재까지 업계 최고 기록)